信息化新核心课程（NCC）新电商专业系列教材

U0742450

# 电商运营与推广

教育部教育管理信息中心◎组编

郑常员 三虎◎编著

人民邮电出版社

北京

图书在版编目（CIP）数据

新电商运营与推广 / 教育部教育管理信息中心组编 ；
郑常员，三虎编著. -- 北京 ：人民邮电出版社，2020.8（2024.2重印）
ISBN 978-7-115-53591-7

Ⅰ. ①新… Ⅱ. ①教… ②郑… ③三… Ⅲ. ①电子商
务—商业经营 Ⅳ. ①F713.365.2

中国版本图书馆CIP数据核字(2020)第045897号

## 内 容 提 要

　　本书系统介绍了电商运营与推广的思维、策略、方法和技巧，具体内容包括新电商运营与推广的基础知识、电商运营的整体思维和常用策略、电商产品运营、电商用户运营、电商活动运营、电商内容运营、数据化运营，以及综合案例分析。

　　本书内容全面，案例丰富，实用性强，适合作为高等院校和各类电商培训机构的培训教材，也适合作为想要快速学会电商运营与推广的读者的自学用书，同时还可作为想要建设电商运营团队，以及进一步提升运营团队工作能力的运营经理或企业管理人员的参考用书。

　　◆ 组　　编　教育部教育管理信息中心

　　　　编　　著　郑常员　三　虎

　　　　责任编辑　牟桂玲

　　　　责任印制　马振武

　　◆ 人民邮电出版社出版发行　　北京市丰台区成寿寺路 11 号

　　　　邮编　100164　　电子邮件　315@ptpress.com.cn

　　　　网址　https://www.ptpress.com.cn

　　　　北京天宇星印刷厂印刷

　　◆ 开本：800×1000　1/16

　　　　印张：15　　　　　　　　　2020 年 8 月第 1 版

　　　　字数：274 千字　　　　　　2024 年 2 月北京第 9 次印刷

定价：49.80 元

读者服务热线：(010)81055410　印装质量热线：(010)81055316
反盗版热线：(010)81055315
广告经营许可证：京东市监广登字 20170147 号

# 出版说明

信息技术的飞速发展，对教育产生了革命性影响。以教育信息化带动教育现代化，是我国教育事业发展的战略选择。构建覆盖城乡各级各类学校的教育信息化体系，促进优质教育资源普及共享，推进信息技术与教育教学深度融合，对于提高教育质量、促进教育公平和构建学习型社会具有重要意义。

教育部教育管理信息中心作为教育信息化的实施和技术支撑部门，在教育部网络安全与信息化领导小组和教育部科学技术司的统筹领导下，重点推动面向学生、教师、学校管理的教育管理信息化建设，自 2000 年起开展了多项信息化人才培训工作，培养了一大批信息化人才，在教育、教学、管理及其信息化支撑保障中发挥了重要作用。

根据《教育信息化 2.0 行动计划》的有关要求，为全面提升教师和学生的信息素养，我中心于 2019 年 4 月着手开展"信息化新核心课程"（以下简称 NCC）项目建设，以推进信息技术人才培养工作的转型升级。NCC 项目将整合行业优质资源，重点关注新技术，联合高等院校、企业共同建设专业核心课程，并以高等院校学生及相关专业教师为主要培训对象，以促进信息技术与教育教学、教育管理的深度融合为着力点，以推动新技术与岗位职业能力、创业就业技能的应用发展为导向，突出创新性、实用性和可操作性，并逐步建成与之相适应的多层次、多形式、多渠道的新型培训体系。

信息化新核心课程系列教材按照 NCC 项目建设发展规划要求编写，能满足高等院校、职业院校广大师生及相关人员对信息技术教学及应用能力提升的需求，还将根据信息技术的发展，不断修改、完善和扩充，始终保持追踪信息技术最前沿的态势。为保障课程内容具有较强的针对性、科学性和指导性，项目专门成立了由部分高等院校的教授和学者，以及企业相关技术专家等组成的专家组，指导和参与专业课程规划、教材资源建设和推广培训等工作。

NCC 项目一定会为培养出更多具有创新能力和实践能力的高素质信息技术人才，为推动教育信息化发展做出贡献。

教育部教育管理信息中心

2019 年 9 月

# 前　言

## 本书的编写初衷

电子商务在我国已经发展了 20 余年，从最初的不被大众认识，到今天被消费者广泛接受，电子商务已经成为很多人生活中不可或缺的一部分，对消费者和社会都产生了巨大的影响。从消费者层面来看，网上购物、网上交易、在线电子支付等新鲜事物层出不穷，生活变得越来越方便；从社会宏观层面来看，直接或间接从事电子商务相关工作的人员已达到数千万人，电子商务年交易总额也达到数十万亿元，社会经济因此大受裨益。

早期的电子商务大多是将实体店模式照搬到网络上，但近几年来，随着智能手机与社交媒体的普及，以社交型、多渠道为显著特征的电子商务也蓬勃发展起来。如通过微信、微博、抖音等社交媒体平台推广产品，通过短视频、直播等新兴的内容形式来吸引大量用户，等等。基于此，我们为电商从业人员量身打造了本书，旨在帮助读者深刻领会电商运营与推广工作的思维、策略和方法，并切实掌握工作技能。

## 本书的内容

本书首先着重介绍了电商运营与推广的基础知识、相关的运营思维和运营策略，然后结合大量典型案例详细讲解了运营产品、用户、活动与内容的相关方法，接着讲解了利用数据分析市场、店铺和竞争对手的方法，最后辅以 3 个综合案例进行实践说明，具体如下。

第 1 ~ 2 章主要介绍电商运营与推广的基础知识，以及电商运营的整体思维与常用策略。通过对这两章的学习，读者可以对电商运营与推广工作有一个基本的认识，并切实掌握一些基础的运营思维和常用的运营策略。

第 3 ~ 6 章主要介绍电商产品运营、电商用户运营、电商活动运营以及电商内容运营的相关知识。通过对这 4 章的学习，读者可以从产品、用户、活动和内容等方面重点掌握电商运营与推广的具体工作方法和相关技巧。

第 7 章主要介绍电商数据化运营的思维和工作方法。通过对本章的学习，读者可以了解数据在运营工作中的作用，并掌握数据化运营的具体方法，包括数据的收集和整理、利用数据分析市场、利用数据诊断店铺、利用数据分析竞争对手等。

第 8 章主要介绍了 3 个电商运营与推广的综合案例。通过对本章的学习，读者可以进一步了解和掌握本书所阐述的电商运营思维、策略、方法和技巧在实际运营工作中的运用。

## 本书的特点

1. 结构合理，循序渐进

本书以电商运营与推广工作为主线，从电商运营与推广的基础知识入手，依次讲解了电商运营的思维、策略以及具体的工作方法和技巧，层层深入，循序渐进，帮助读者全面地掌握电商运营与推广的方法和技巧。

2. 案例丰富，贴合实际

本书中的案例，均来自电商运营人员的实际工作经验，这些经过实践检验的运营经验和技巧具有非常高的参考价值和借鉴意义。

3. 图解操作，易学易懂

本书涉及的操作部分，均以图解的方式讲解，零基础读者也可轻松上手、举一反三。

4. 经验分享，贴心点拨

书中特设"提示"小栏目，其内容都是资深运营人员在大量实战中总结和提炼的宝贵经验与操作技巧，可以帮助读者即时解决运营工作中的各种难题，避免走入知识理解的误区。

5. 视频教程，全程辅导

本书配套提供了书中所涉及软件工具操作的高清视频演示，视频内容清晰、直观，并配有语音讲解，以帮助读者更好地运用信息技术处理运营工作，切实提高工作质量和工作效率。

6. 超值资源，免费获取

为了便于开展教学，本书还提供了配套的教学 PPT 课件等内容。关注微信公众号"职场研究社"，回复"53591"，即可免费获取这些资源的下载链接。

## 致谢

本书从规划、编写到出版，经历了很长一段时间，经过多次修改和逐步完善，最终得以付梓问世。在此，衷心感谢教育部教育管理信息中心和人民邮电出版社对本书的编写给予的大力支持和帮助。

在编写过程中，尽管编者着力打磨内容，精益求精，但因水平有限，书中难免有不足之处，欢迎广大读者提出宝贵意见和建议，以便后续进行再版修订。本书责任编辑的联系邮箱为 luofen@ptpress.com.cn。

编者

# 目录

# 第1章

# 新电商运营与推广的基础知识

互联网的飞速发展，催生了基于互联网的电子商务（以下简称"电商"），其以淘宝、京东等网购平台的迅速崛起和网购在消费者中盛行为显著特征。如今，随着越来越多的传统企业涉足互联网电商以及各种新媒体的流行，电子商务出现了巨大的变革。在这样的大环境下，快速掌握电商运营与推广的相关知识，是每一家电商企业和每一个运营人员努力的方向。

## 1.1 认识新电商及新电商运营

随着互联网的迅猛发展，依托于互联网的电子商务走上了发展的快车道，其发展模式也发生了巨大变化。以往，线上经营与线下经营是泾渭分明的；而如今，线上和线下的商业本质重回一致，电商与传统行业基本合二为一，难分彼此。在电商新形势的冲击下，电商企业和运营人员也应改变原有的经营思路、经营渠道和推广手段来适应新的经营需求。要进行这些改变，首先就要了解新的电商形势。

### 1.1.1 新电商状况概述

随着行业的发展，电商已经呈现出不同于当初的面貌，进入了全新的运营时代。电商近几年的新变化，主要表现在以下几个方面。

（1）向社交化发展。随着微博、微信、短视频平台、直播平台等社交工具的深入发展，社交变得越来越碎片化和多元化。社交模式的发展变化使得电商的经营模式也在向多元化发展，如淘宝直播平台的迅速兴起，以及各种网红店铺在线上、线下遍地开花等。

（2）内容营销日益重要。随着新媒体多元化的发展，电商平台靠以往单一、集中的排名维度来推介产品的方式已经越来越难以满足用户的不同需求。因此，通过新媒体赋予产品内容的推荐方式迎来了新的发展机遇。例如，近几年淘宝平台上陆续出现了淘宝头条、淘宝直播等多个内容营销的新板块供商家进行内容营销。随着内容营销的发展，商家必须赋予产品新的内容，提高产品附加值，才能在未来的竞争中获得优势。

（3）个性化、多元化产品越来越受欢迎。新社交媒体的发展使得电商产品越来越多元化。过去的热销标品[①]已经不再是人人追捧的对象了；相反，个性化的定制产品，随着多元化社交的传播，越来越受欢迎。同时，消费人群的升级和新消费力量的出现，也给不少产品、产业和生产方式的升级带来了新机会，使其发展更加多元化。

例如，曾经在电商市场上无人问津的生鲜产品，如今成了电商的新"蓝海"，拥有巨大的市场潜力。很多电商企业纷纷开始争夺这块重要阵地，如淘宝、天猫、京东、苏宁易购等大型电商平台都已建立起各自的生鲜频道并投入重金。

（4）由电商平台主导集中挖掘优质产品。近几年，由于消费升级和用户日益增长的对优质产品的需求，各个电商平台都在不断地挖掘优质产品。例如，淘宝平台就打造出了各种优质产品资质，如中国质造、极有家等，产品必须要由商家申请，并经过淘宝平台严格地检测后，才能打上这些资质标签，这些标签反过来会让消费者更加信任并购买产品，从而促进产品的销量；淘宝平台还为优质产品设计了一些流量入口，如必买清单、有好货等，商家可拿出自己的优质产品报名参加。其中，淘宝的"有好货"板块首页如图 1-1 所示。这些板块在平台的推荐下，可以为在该板块内展示的产品带来较大的流量，但前提是产品必须质量过硬，还要有一定的特色。

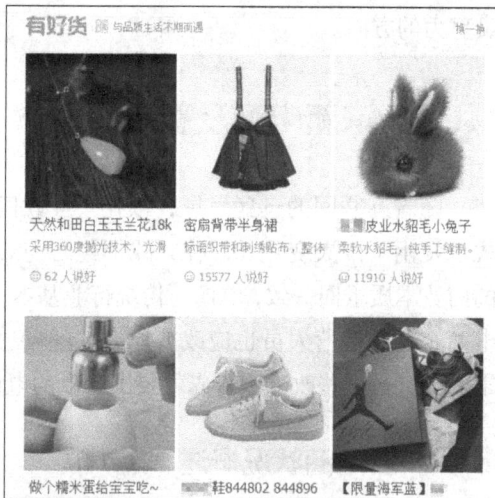

图 1-1　淘宝"有好货"板块首页

（5）"先售后货"模式的出现。现在很多商家在推出新产品时，都会通过新品预售的方式进行销售。一家销售茶叶的店铺在新茶上市之前，先通过预售的方式进行销售，用户如果需要这款茶叶，可以提前下单购买，如图 1-2 所示。新茶临上市前，商家再按照用户的订单确定进货的数量，这样不仅可以更好地满足用户的个性化需求，还能够降低库存积压的风险。

（6）农村电商的发展。由于国家政策和平台对农村电商的推广与支持，以及物流行业的高速发展，农村电商成了新的电商热点。农村电商不仅方便了身处农村的消费者购物，而且还将农村丰富的农产品销售出去，同时带动了农村电商培训、农村物流等周边

---

① 标品，即规格化的产品，有明确的型号，如笔记本、手机、电器、美妆品等。相对而言，无法进行规格化分类的产品即为非标品，如服装、鞋子、玩具等。

产业的发展。例如，阿里巴巴集团推出了农村淘宝项目，如图 1-3 所示。农村淘宝项目通过建立县、村两级服务网络，充分发挥电子商务优势，突破物流、信息流的瓶颈，实现"网货下乡"和"农产品进城"的双向流通功能。

图 1-2　通过店铺预售方式销售的产品

（7）跨境电商的发展。随着经济的深度全球化以及互联网基础设施与全球性物流网络的进一步完善，跨境电商已经蓬勃发展起来。据统计，2018 年中国海关验放的跨境电商进出口商品总额为 1347 亿元，比 2017 年增长了 49.3%，增速非常可观。目前，不少境内企业纷纷上线跨境电商平台，如速卖通、Wish、亚马逊等，面向国外用户销售产品；同时，一些大型电商平台也纷纷自建全球购物频道，依托自己的平台流量和国际物流渠道批量采购境外的优质产品销售给境内的消费者，如京东的"海

图 1-3　农村淘宝服务中心

囤全球"、天猫的"天猫国际"等购物频道，如图 1-4 所示。可以预见的是，跨境电商在国家的支持下，将会发展得更快更好。

可以说，新电商运营就是在传统电商运营的基础上，结合新媒体社交工具，通过内容营销、社群营销等手段而形成的电商运营新模式。

图 1-4　电商平台自建跨境购物频道

## 1.1.2　新电商的运营趋势

经过十几年的发展，电子商务已颇具规模。那么在新的形势之下，其在运营方面会有哪些发展趋势呢？

### 1. 电商市场会越来越规范

《中华人民共和国电子商务法》（以下简称《电商法》）自 2019 年 1 月 1 日起实施。从此电商将有法可循、有法可依，电商市场也将会变得更加规范有序。

如果电商市场不规范，存在大量以次充好、虚假评价、虚增销量的行为，那么这些行为将对规范经营的商家造成严重损害，长此以往将形成"劣币驱逐良币"的效应。《电商法》的实施剑指市场乱象与违规操作，为商家带来相对平等的竞争机会，营造良性竞争的氛围，使商家能够专注于研发产品、开拓市场及提高服务质量，消费者也可从中受益，从而使电商市场获得正向循环，也为电商市场的可持续发展提供了有力保障。

### 2. 信息数据化、决策数据化是新趋势

近年来，电商中出现了一个新概念——新零售。新零售是指以消费者体验为中心，有机结合实体店、电商、微商等多种商业形式的新电商形态，是基于大数据的"人、货、场"

重构。其中，"人"是指用户与工作人员，"货"是指产品、服务等有价值的出售品，"场"则是指销售、仓储、办公等的场所。这三者在新电商形态下，将通过大数据技术进行重组，以达到最佳组合效果。可以说，在新零售形态中，数据是驱动业务开展、推进产业升级的新动力。

【实例1】

　　"盒马鲜生"是阿里巴巴依据消费者大数据对线下超市进行重构的新零售业态。与传统超市不同的是，"盒马鲜生"的选址是以淘宝、天猫的零售数据为依据的，选择在支付能力较强、晚上大部分时间在家的家庭用户的聚居地或白领用户的办公聚集地设店，以期达到较高的交易率。

　　"盒马鲜生"还运用大数据，将移动互联网、智能物联网、自动化等技术与先进的设备结合起来，实现人、货、场三者之间的最优匹配，从供货、仓储到配送，都达到了极高的效率。

　　由于"盒马鲜生"采用了线上、线下结合的形式，因此用户既可以在其 App 上下单，由送货员送货上门，也可以亲自到店购物。在这两种订单来源中，线上订单占比超过 50%，成熟店铺甚至可以达到 70%，而且线上商品转化率[①]高达 35%，远高于传统电商线上商品的转化率。

　　由此可见，"盒马鲜生"是一个新零售的范例，它结合了多种商业形式组成泛零售形态，利用大数据实现"人、货、场"的重构，成功地将零售量提高到传统超市的 3 ~ 5 倍。

　　在电商发展的早期阶段，只要把产品放到网上去展示，就能获取流量，所以多上新、多开店曾经是非常有效的获取流量的方法。但现在电商运营方式早已发生了改变，从经营商品转移到经营用户，从只做线上拓展到线上、线下结合，商家们纷纷将实体商店作为新零售的线下阵地，以此研究消费者动线并使其数据化；同时将网店作为新零售的线上阵地，并综合研究线上、线下的数据，为营销推广的重要决策提供依据。

ⓘ 提示　**什么是消费者动线**

　　消费者动线，又称为用户动线、客动线、客流动线，是指消费者的流动路线。由于消费者的流动方向是被商家有计划地引导的，因此也把消费者动线称为"客导线"。在大型超市、大家具卖场等实体商场中，消费者动线比较明显。

---

① 转化率的含义在 1.4.1 小节的表 1-4 中有详细的解释。

### 3. 扩展经营渠道，获取更多机会

过去，人们认为"在淘宝开店"就等同于"做电商"，但现在就不一样了，已经涌现出了很多新的电商平台，如京东、当当以及各类微店等。一个商家同时在多个电商平台经营网店已成为新常态——有实力的商家选择在多个电商平台上同时开店，这是多渠道经营的一种表现。

当然，多渠道经营也不仅仅是指多电商平台经营，微信、微博、抖音、今日头条等社交平台以及其他专门的网络社区也是商家需要经营的重要渠道。例如，销售汽车相关用品的商家可以挖掘一下汽车之家、易车网、爱卡汽车等汽车相关网站，因为很多有车的人都会关注这些网站。事实上，汽车之家网站上就有专门销售汽车相关用品的频道，其主页如图 1-5 所示。

图 1-5　汽车之家网站的车品销售频道

总之，消费者在哪里，商家就应该出现在哪里。多渠道经营就是要商家根据经营范围想办法到消费者所在的地方去，与消费者建立联结，获取消费者的信任，并影响这些消费者的购买行为，这将会是电商发展的新思路。

### 4. 电商平台大力发展内容板块，以内容吸引用户

当下，"内容营销"是新电商领域最热门的词之一，因为在这个流量至关重要的领域，以优质内容吸引用户是一种引流并留存用户的主要方法。

通过内容营销，商家更易于为产品打造鲜明的风格，形成独特的品牌格调，从而培养更多、更忠实的用户。内容营销的表现形式是多种多样的，包括文字、图片、短视频、直播、VR/AR 等；内容营销的平台也并不只是电商平台，还包括各类社交平台，如在抖音直播平台上就可以使用有趣的短视频来推销产品。

淘宝的手机版( 以下简称手机淘宝 )首页上的内容板块就有淘宝头条、淘抢购、有好货、

淘宝直播等,这些板块不仅产品阵容强大,而且所用的内容营销形式也丰富多样,如图1-6
所示。

图1-6　手机淘宝的首页

在微信、微博、抖音等平台中,内容营销也发展得如火如荼,大量的优质内容创作
者活跃在这些平台上,他们在利用优质内容吸引用户的同时,也利用优质内容推销产品。

综上所述,新电商及新运营理念的出现,对所有涉足电子商务的商家来说,既是一
种考验,也是一种机遇。只有善于学习并把握形势的商家,才能在新的环境中成长壮大。

## 1.2　电商的经营模式

随着电商应用领域的不断扩大和信息服务方式的不断创新,电商的经营模式也在不
断发展变化。这里主要介绍目前比较常见的4种经营模式:平台电商模式、社交电商模式、
跨境电商模式和视频电商模式。

### 1.2.1　平台电商模式

前文提到的淘宝、天猫、京东等都可以称为电商平台。此外,知名的电商平台还有当当、
唯品会等。所谓电商平台,是指一个能够把很多商家的线上店铺集中起来的虚拟场所,
消费者可以通过互联网直接访问并购买产品,因而电商平台实质上类似于线下的商场、

购物中心或步行街等。商家可以入驻这些电商平台，即在这些平台上"开店"。某商家在天猫平台的店铺首页如图 1-7 所示，消费者可以通过此"门面"进入该店铺选购产品。

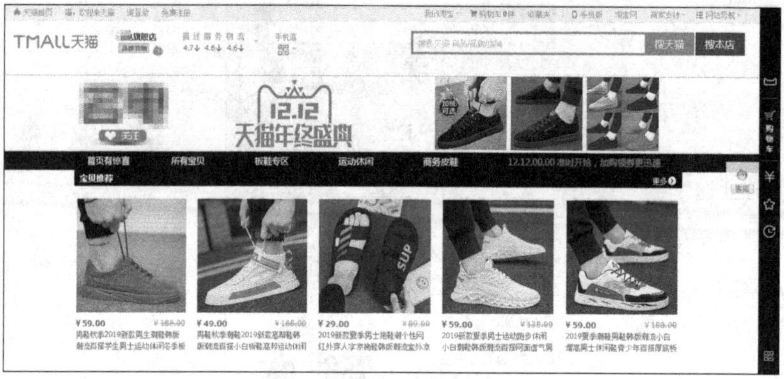

图 1-7　天猫平台上的店铺首页

商家在入驻平台后，就会充分利用平台的流量资源来吸引用户购物，一般的做法有商品页面展示、大型促销活动、投放广告等。

## 1.2.2　社交电商模式

互联网的发展推动了社交与电子商务的结合。随着各类新型网络社交工具的出现，电商活动逐渐发展出了社交电商模式——利用微博、微信、抖音等社交工具传播分享产品内容，从而实现商品交易。通过社交工具的精准推送功能，电商经营不再只是"人找货"，而是出现了"货找人"的形式。

因而，社交电商主要有以下几个特点。

（1）用户黏性大、可互动性强。

（2）用户细分精确。

（3）营销成本与时间成本低。

（4）人脉资源丰富，商业潜力大。

社交电商的产业链模型如图 1-8 所示。从消费者的角度来说，社交电商对消费者的购物倾向影响比较明显，主要体现在对店铺和产品的选择、消费评价和购物分享等方面；从电商平台和商家的角度来说，与消费者进行社交互动，可与消费者加强沟通交流，提升消费者的忠诚度，使产品可以更为顺利地被推广和销售出去；从社交网络媒体的角度来说，帮助电子商务开展营销，可以获得相应的广告收入。

很多人认为社交电商就是"社交＋电子商务"。其实，社交电商并不是社交和电商的简单组合，它拥有多种形态的运营模式。

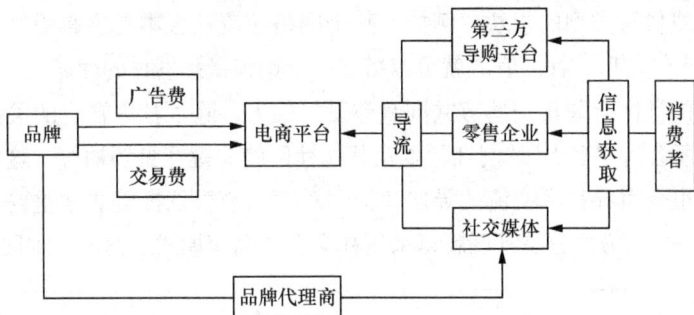

图 1-8　社交电商产业链模型

### 1. 电商引导社交模式

电商引导社交模式主要有两种运营方式：一种是电商平台或商家开设一个社区，用以加强与用户之间的交流，增强用户黏性，促进用户购买，如手机淘宝中的微淘，如图 1-9 所示；另一种是电商平台或商家搭建好社区后，邀请社交领域的关键意见领袖①来社区做商品导购，从而提高商品的转化率，例如小米社区的"米粉达人"板块就经常邀请一些达人来发布技术帖或推荐新产品，如图 1-10 所示。

图 1-9　手机淘宝中的微淘页面

图 1-10　小米社区中的"米粉达人"板块

### 2. 社交引导电商模式

社交引导电商模式一般是从主题社区起步，当社区有了一定规模的用户群体之后，

① 关键意见领袖（Key Opinion Leader，KOL）：相比于一般的社区用户，关键意见领袖了解更多的产品信息，精通更多的产品知识，在相关群体中具有较强的号召力，并对该群体的购买行为有较大影响。在电商平台上，这些关键意见领袖通常能够引导购买风向，他们也因此颇受商家的青睐。

会搭建一个在线付费类型的板块。例如，某个网络交流社区本是摄影爱好者的聚集地，当社区聚集起人气之后，社区官方就可以搭建一个销售摄影器材的商城。

这种类型的社区会聚集一些有共同兴趣爱好的人，除了社区自有的关键意见领袖之外，社区可能还会请"名人""网红"以及其他社区的关键意见领袖等，这些人会产生更优质的内容，也会引导社区交流的导向，他们对商品销售发挥着非常重要的作用。"什么值得买"这一生活方式分享社区就是采用社交引导电商模式运营的，如图 1-11 所示。

图 1-11 "什么值得买"社区的主页面

### 3. 导购型模式

导购型模式可以分为平台和个体两种类型。平台型导购模式就是通过导购平台，聘请关键意见领袖作为导购，吸引用户购买，这样更容易使用户产生信任感和黏性，例如蘑菇街最初就是一个导购平台，如图 1-12 所示。个体型导购模式则是个体利用可以触及的社交网络平台主动推送关于产品的内容，从而引导他人购买，例如微商、淘宝客以及抖音主播等就采用了典型的个体型导购模式。

图 1-12 蘑菇街的导购平台页面

### 4. 拼团平台模式

拼团平台模式是指通过团购模式推广与销售产品，主要的团购对象是一些需求广、单价低、性价比高的产品，通过强调实惠的方式吸引用户群体。拼多多就是拼团平台模式的典型代表，其 App 主页如图 1-13 所示。

图 1-13　拼多多的 App 主页

## 1.2.3　跨境电商模式

顾名思义，跨境电子商务（以下简称跨境电商）就是通过互联网对境内外的产品进行买卖的商业活动。其接洽、商谈和支付等行为大多是通过互联网完成的。

> **ℹ 提示**　**跨境进口零售电商、海淘和代购之间的关系**
>
> **跨境进口零售电商：**国内电子商务企业将国外进口商品销售给国内个人消费者。
>
> **海淘：**消费者通过互联网检索国外商品的信息并通过电子订单发出购物请求，由国外购物网站通过国际快递发货或由转运公司代收货物再转寄到国内，送到消费者手中。
>
> **代购：**消费者找人帮忙在国外购买所需的产品，然后代购人通过国际快递将产品邮寄给消费者或直接将商品携带回国并送到消费者手中。
>
> 跨境进口零售电商和海淘的销售主体是不同的，前者为国内电商平台，后者为国外电商平台。如果是在国内电商平台上完成的代购行为属于跨境进口零售电商；如果是在非电商平台上完成的代购行为则不属于跨境进口零售电商。

随着跨境电商政策的不断完善以及跨境电商运营的不断创新，跨境电商出现了越来越多的商业模式。目前，跨境进口零售电商主要有5种模式，其各自的优缺点如表1-1所示。

表1-1 跨境进口零售电商的5种模式及其优缺点

| 运营模式 | 优点 | 缺点 | 典型代表 |
| --- | --- | --- | --- |
| M2C①平台招商模式 | 用户信任度高，商家需有海外零售资质和授权；产品是海外直邮的，并且提供本地退换货服务 | 大多数商家为代运营，成本较高；品牌端的管控力度弱 | 天猫国际、洋码头（针对商户） |
| C2C②海外买手模式 | 买手的数量多，适合做平台，且SKU③的问题容易解决；可以满足用户细分化、多样化、个性化的购物需求；每一个买手都有可能是一个关键意见领袖，有自己的特质和偏好，可以将自己朋友圈的用户引入平台，帮助平台做营销，同时也建立起个人信任机制 | 管理成本较高，售后问题多；物流时效性较难控制；商品同质化现象较为严重 | 淘宝全球购、洋码头扫货App（针对个人买手）、街蜜 |
| B2C④保税自营+直采模式 | 平台直接参与货源组织、物流仓储等交易流程，因而容易把控商品质量，物流的时效性好；由于有足够的资金支持，比较容易丰富产品线 | 运营成本较高，只适合比较成熟的大商家去做，不适用中小商家尝试 | 京东、聚美优品、蜜芽 |
| 特卖会模式 | 有足够的利润空间；容易提高用户回购率；特卖会可以最大化地利用现金流 | 进入门槛低，因此竞争激烈；物流成本较高；商家需要有很强的海外货源背景 | 唯品会、考拉海淘 |
| 社交导购模式 | 在前期运营中优势明显，易切入、成本低；有品牌效应，用户忠诚度高，平台具有一定的权威性；有利于打造爆款 | 过于依赖外部供应商和外部供应链；在中长期运营中缺乏核心竞争力 | 什么值得买 |

以上5种跨境电商运营模式均属于跨境进口零售电商，除此之外，跨境出口电商也是跨境电商的重要组成部分之一。跨境出口电商是指国内电子商务企业将国内的产品销售给国外的消费者。跨境出口电商主要分为B2B⑤和B2C两种模式，其中B2B模式的平

---

① M2C：Manufacturers to Consumer 的缩写，是指生产厂家直接对消费者提供本厂产品或服务的一种电子商务模式。
② C2C：Customer to Customer 的缩写，是指个人对个人的电子商务模式。
③ SKU：Stock Keeping Uint 的缩写，是库存进出计量的单位，可以是件、盒、托盘等单位，如衬衫的SKU为件，香皂的SKU为盒。
④ B2C：Business to Customer 的缩写，是指企业对个人的电子商务模式。
⑤ B2B：Business To Business 的缩写，是指企业对企业的电子商务模式。

台主要针对国外的企业消费者，如阿里巴巴出口通、敦煌网等；B2C 模式主要针对国外的个人消费者，常见的跨境出口零售电商平台有亚马逊、速卖通和 Wish 等。

### 1.2.4　视频电商模式

随着电脑网络通信技术与视频技术的发展，视频营销形式已广泛应用于电商领域，视频电商成了近两年电商的热门发展方向。

视频电商是指商家把产品视频广告、视频宣传短片或视频直播投放到电商平台或视频平台上，供消费者观赏、了解，从而达到高效率、低成本、形象化的传播目的。

淘宝推出产品的短视频与直播频道后，很多商家都在产品详情页上添加了短视频，也有不少商家利用直播的形式销售产品，这种营销方式受到了广大消费者的欢迎。在聚集了大量年轻用户的快手、抖音等直播平台与短视频平台上，也出现了视频营销，虽然这些平台本身并非电商平台，但由于其具有足够多的优质用户，他们对于有趣的、新鲜的营销内容的接受度较高，因此视频营销在这些平台上的发展势头甚至比在电商平台上还好。

相较于图文形式，视频传达的视觉信息更加丰富，当然，视频电商的作用并非是简单地介绍产品信息，而是将娱乐和营销进行深度融合，以有趣、新鲜的视频内容打动用户，从而让用户易于接受产品并乐于消费。由于优质视频平台拥有极高的人气，而电商则可以通过交易将人气变现，这种模式让两个原本不相关的行业互相结合，实现优势互补，共同创造价值，分享利润。

与其他电商模式相比，视频电商能传达更为丰富的信息。网络购物虽然能给消费者带来便利的购物体验和价格便宜的产品，但却无法给予消费者真实的触摸体验。消费者只能通过商家提供的图片和文字来了解产品，进而做出购买决策，但仅有图片和文字，并不能让消费者对产品形成完整的认知，有时候甚至会让他们产生错误的购买判断。而视频电商模式提供了更丰富的产品细节，让网络购物更加直观、真实，能够帮助消费者更好地做出购买决策。

此外，产品的使用体验也可以被拍成视频进行分享。这种分享可能是由商家来进行，也可能是由消费者、关键意见领袖（KOL）或第三方测评平台自发进行。与产品说明视频相比，这类体验分享视频所提供的信息更多，更具说服力，更易被消费者接受。

## 1.3　对电商运营工作的认知

无论哪种电商经营模式，都需要运营人员来实现与维持。运营人员要做的工作的范围较广，涉及产品、用户、活动等多个方面，因此运营人员应对工作内容以及工作所需能力有一定的了解，并积极地做好自身的职业规划，这样才能够更好地开展运营工作。

### 1.3.1　电商运营工作的主要内容

电商运营工作的核心任务是销售更多的产品。围绕这个核心任务，运营工作大体上可分为产品运营、用户运营、内容运营、活动运营和数字运营等，其具体的工作内容各不相同。

#### 1. 产品运营

产品的设计、生产和销售不能盲目地进行，要符合市场与用户的需求。产品的运营主要就是解决这方面的矛盾，具体来说包括产品的定位、选品、规划、管理和推广等一系列的工作。产品是定期上新还是一次性布局？产品是全渠道推广还是单渠道强推？产品是单独销售还是组合销售？产品应该怎样定价？这些都需要运营人员去思考并想办法解决。例如，一家店铺在最近一段时间，出现了一款销售情况非常好的产品，运营人员就可以考虑通过关联搭配的方式来带动店铺中其他产品的销量，并制订出详细的产品关联搭配方案。

【实例2】

某手机店铺的运营人员发现不少用户希望新手机能配合新充电器使用，所以运营人员利用这种心理，在商品详情页中将手机和充电器进行关联销售，如图1-14所示。通过这一关联销售的举措，该店铺很好地提升了店铺的整体销售额。

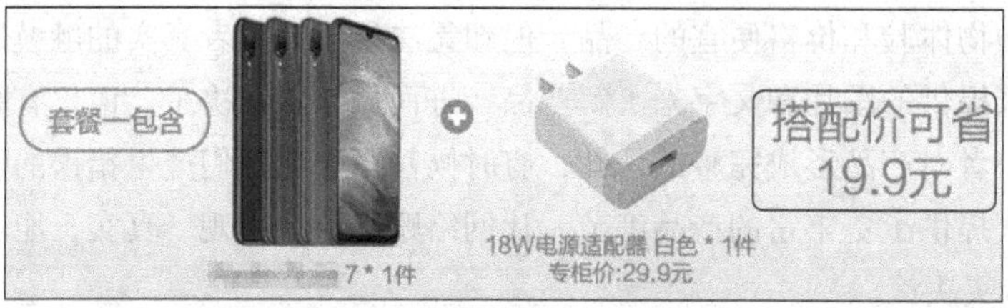

图1-14　手机和充电器的关联销售

#### 2. 用户运营

用户运营的主要目的是吸引并留住用户、持续发展壮大用户群体、提高用户的活跃度，以及激发用户对产品或品牌的自发传播热情。要实现实些目的，具体来说需要做以下几项工作。

（1）对已有的成交用户进行维护，提高其黏性。

（2）负责新成交用户资源的导入与维护。

（3）提高微信等社交工具上成交用户的活跃度。

（4）分析和挖掘用户需求。

（5）对用户进行分层管理，制订并实施针对不同层级用户的维护策略和活动计划，提升用户数量并提高用户的活跃度和忠诚度。

### 3. 内容运营

内容运营的工作主要是创造各种类型的内容，多方面、多环节地进行内容营销，其具体工作内容如下。

（1）负责电商平台活动运营中的文案工作。

（2）优化产品标题，撰写产品详情页文案，以提高访问者在店铺相关页面上的停留时间与转化率。

（3）对店铺的内容页面进行改进，包括店铺首页、产品详情页和活动页面等，具体的改进方法是监测数据、分析结果并及时进行修改优化。

内容运营工作会细分出很多看似零散又相互关联的工作，如文案创作和评论处理好像没有什么关联性，实质上两者的主要目的都在于展现品牌调性、传达产品价值，并对潜在用户进行培养和引导转化。

### 4. 活动运营

活动运营是指通过组织活动来达到一定运营目标的运营工作，具体包括策划、准备、实施和评估总结等环节。运营人员需要组织店铺的日常促销活动，如新品促销、限时抢购、感恩回馈以及一些大型的营销活动，如"6·18""双 11"、年终大促等。例如，某店铺策划了先领券再购物的满减活动，如图 1-15 所示。该活动实施后，用户为了获得优惠，往往会多买商品凑单，该店铺的销售额也因此提升。

在营销推广活动实施后，运营人员还需要对活动的效果进行汇总评估，以便为后续营销推广活动的策划开展提供数据支持和经验借鉴。

图 1-15　店铺满减活动

### 5. 数据运营

店铺运营的方方面面都要用到数据，可以说数据是店铺运营的基础。由于电商数据的种类众多，数据的采集与分析也是一个较为重要的技能，因此这里将数据运营工作单独列出。数据运营工作主要是搜集和分析数据，并依据分析结果为店铺的经营决策提供有力的支撑。

【实例3】

　　运营人员每天都要查看店铺的相关数据，包括主图数据、详情页数据、产品数据、客户数据、市场数据、推广数据、SEO[①]数据等。一家店铺的动态评分如图1-16所示，从该图中可以看出，在该动态评分中关于产品实物与其描述相符程度的评分与同行业相比偏低，这时运营人员就应该进一步检查店铺中产品的主图和详情页，查找"言不符实"之处，并进行优化。

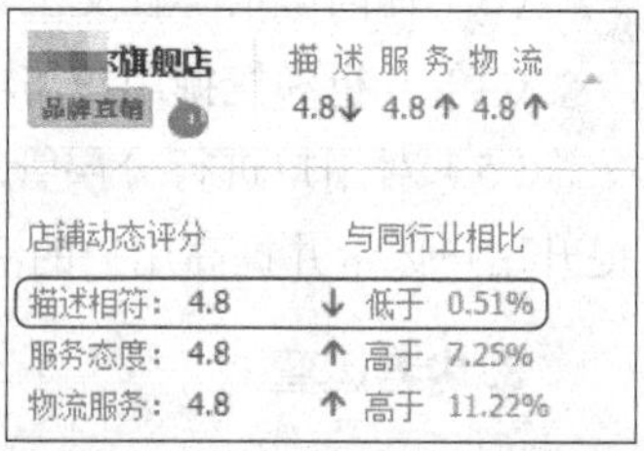

图1-16　某店铺的动态评分

## 1.3.2　电商运营人员应该具备的能力

　　电商运营是一种综合性的工作，从业者需具备多方面的能力才能胜任。一般来说，电商运营人员需要具备以下能力。

　　（1）策划能力。运营人员要参与大量的策划工作，例如产品策划、推广策划、活动策划等，因此运营人员应对各种策划工作有一定的了解，做到从调研到制订计划，都能独立完成或与团队合作完成。

　　（2）执行能力。无论是推广计划还是营销活动，都需要执行才能见到效果。运营人员应具备一定的执行能力，能够将制订的计划或活动实施下去。

　　（3）数据分析能力。店铺运营涉及大量的数据，运营人员需具备一定的数据分析能力，并能根据分析结果做出决策。例如，通过分析某品类产品上一年度的销售情况，对本年度的进货数量进行调整。

　　（4）文案撰写能力。在运营工作中，经常要用到各种文案，如广告文案、活动说明文案、品牌故事文案、产品介绍文案等。这就要求运营人员具备一定的文案撰写能力，不仅能够有条有理地进行表达，还能够在文案中注入情感、突出卖点，以此来打动消费者。

　　（5）沟通能力。运营人员经常要和其他部门的同事进行沟通，特别是在实施营销计划或开展营销活动的过程中，沟通会更为频繁；在进行市场调研时，也会和消费者进行沟通。这就要求运营人员具备良好的沟通能力，能够高效、准确地与他人交换意见，并能说服他人协助自己开展工作。

　　（6）抗压能力。运营人员在大型营销活动期间的工作压力会非常大，这就要求运营人员具备一定的抗压能力，能够在心理上进行自我调节，减轻负面情绪的影响，有始有

---

① SEO，即 Search Engine Optimization 的简称，中文意思为"搜索引擎优化"，其具体含义在 1.4.1 小节的表1-3 内的"基础统计类"术语里有详细的解释。

终地完成繁重的工作。

当然，初入行的运营人员一般不太可能同时具备这些能力，这就需要运营人员在工作中进行锻炼，有意识地补齐自己的短板，逐步提高自己的运营工作水平。

### 1.3.3　电商运营职业规划表

电商运营新人要成长为高级的运营人才，需要长期的经验积累和不断地学习。一般情况下，运营人员的成长可以分为 5 个阶段，在每个阶段，运营人员都需要突破一些障碍，获取新的能力。

这 5 个成长阶段的能力构成及职业规划如表 1-2 所示。

表 1-2　运营人员 5 个成长阶段的能力构成及职业规划

| 阶段类型 | 阶段标志 | 主要障碍 | 提升方法 |
| --- | --- | --- | --- |
| 入门阶段 | 仅有不足 1 年的工作经验 | 学习能力、执行力与逻辑分析能力不足 | （1）多接触与工作相关的新鲜事物<br>（2）多学习、多提问、多思考<br>（3）主动锻炼自己的执行力 |
| 成长阶段 | 有 1 ~ 3 年工作经验；已掌握部分专业技能，但还不能独当一面 | 对专业知识的理解不够透彻；对专业技能的掌握不够扎实 | （1）深入学习专业知识，增强专业底蕴<br>（2）结合运营理论提高专业技能 |
| 专家阶段 | 有 3 ~ 5 年工作经验；对专业知识有比较深入的理解；有丰富的实操经验，能够制订各种运营策略，并能够推动其实施 | 战略思维不足；管理能力、领导能力、跨部门沟通协调能力还需进一步提升 | （1）多阅读具有一定深度的运营书籍；多分析行业中的一些成功案例；多与高层次的运营专家交流<br>（2）思想上要从"执行者"转变为"领导者" |
| 高级专家阶段 | 有 5 年以上工作经验；对运营有很深刻的理解；运营能力不受行业限制，进入任何行业均可迅速摸清脉络，能自主制定相应的运营战略，并能领导运营计划的执行 | 格局与眼界还有进一步提升的空间 | 多关注资本市场、技术革新、全球动态等信息，提升自身格局和眼界，从更高层次来看待企业运营 |

电商运营人员在每一个成长阶段，都会遇到一些障碍，克服障碍并提升自己才能在职业发展的道路上不断迈上一个个新的台阶。

## 1.4　电商运营团队的管理

　　一支优秀的电商运营团队，可以帮助企业提高综合竞争力，降低经营成本并优化资源配置。要让运营团队变得优秀，就必须拥有一套科学、高效的管理体系。在管理电商运营团队时，团队负责人需要全面了解和掌握运营团队的岗位职责，并制定科学、合理的绩效考核机制，同时还要对团队成员进行有效的团队激励。另外，团队负责人还应组织团队成员进行定期的培训与学习，参加丰富多彩的团建活动，以此提升成员的工作能力与团队向心力。

### 1.4.1　电商运营团队的岗位职责

　　在 1.3.1 中介绍过电商运营的工作内容，主要包括用户运营、产品运营与活动运营等几个方面。但具体到运营团队成员的工作上，则应分为 SEO 与整治、站内营销、站外营销以及与其他部门的配合等内容，如表 1-3 所示。

表 1-3　运营团队的主要工作内容

| 序号 | 工作内容 | 具体内容 |
|:--:|:--:|:--|
| 1 | SEO 与整治 | （1）对产品关键字进行 SEO 处理<br>（2）研究用户的心理需求，优化对应的产品文案<br>（3）研究市场最新动态和竞争对手的运营情况，发掘新的商机或产品<br>（4）研究平台类目和搜索引擎机制，提炼有用信息，优化店铺经营<br>（5）充分利用各平台自带的工具软件对店铺进行各项常规性优化<br>（6）分析店铺各项统计数据，及时发现潜在问题并有效处理 |
| 2 | 站内营销 | （1）优化有价流量的获取途径（如淘宝平台的直通车、钻石展位等）<br>（2）在平台内部的论坛上发帖、顶帖等<br>（3）店铺内部活动的策划和实施<br>（4）平台内部促销活动的策划和实施 |
| 3 | 站外营销 | （1）各大社交平台账号的建立与宣传<br>（2）在有关行业的门户网站或论坛发帖、顶帖<br>（3）在百度贴吧、百度知道等平台进行宣传推广 |
| 4 | 与其他部门的配合 | （1）积极向客服部门咨询最新的用户需求及意见，了解市场的最新情况<br>（2）积极配合设计部门的工作，做好产品设计、产品文案等的优化处理<br>（3）积极配合财务部门的工作，对财务部门所需的费用细则、活动预算等资料进行优化处理 |

　　除以上工作内容外，运营人员还应定期（如每周或每月）整理以上工作内容，以文

档的形式向上级汇报，便于上级掌握运营团队的工作进度与工作成果。

## 1.4.2 电商运营团队绩效考核

绩效考核是指管理者按照一定的工作目标和绩效标准对企业、部门或员工的工作任务完成情况进行评估，并根据评估结果对其进行奖惩的一种团队管理手段，其目的在于提升员工的业务水平和工作效率。

### 1. 关键绩效指标

关键绩效指标（Key Performance Index，KPI）用于衡量员工的工作业绩，以便进行绩效考核，以及查找工作中存在的问题，提升业务质量。KPI 作为绩效考核的量化指标，不仅可以帮助管理者科学地分析员工的工作能力及其能力的发挥程度，对员工做出正确的评价，进而做到人尽其才，才尽其用；而且能调动员工的工作积极性，提高其工作效率，保障企业的高效运作。

电商运营工作中常见的关键绩效考核指标如表 1-4 所示。

表 1-4　电商运营工作中常见的关键绩效考核指标

| 指标名称 | 具体含义 |
|---|---|
| PV | 该指标可以反映店铺的整体表现水平，包括首页与详情页视觉体验、各页面间的关联度等，是衡量转换率、成交额、客单价的重要指标 |
| UV | 该指标可以衡量营销活动或其他方式引流到网店的用户数量 |
| 人均访问页面量 | 人均访问页面量＝PV÷UV。该指标越高，说明网店与用户之间的黏度越强。影响黏度的因素包括商品款式、商品可选性、页面内容的详细程度等 |
| 成交人数 | 该指标可以用于计算客单价和成交转化率 |
| 成交额 | 单位时间内的销售额。该指标以用户完成成交并最终付款为标准，付款但尚未完成成交过程的订单不计算在内（因为用户可能因为各种原因申请退款） |
| 转换率/转化率 | 该指标是双向考核指标，一方面可以考核运营人员在店铺运营上的整体水平，另一方面也可以验证店铺独立访客的质量 |
| 到达率 | 该指标可以反映投放广告获取用户的效果。例如，多个平台的广告集中对应一个目标页面，那么目标页面应具备分别统计多个广告来源数量的功能 |
| 跳出率/跳失率 | 该指标越高，表示大部分进入店铺的用户对于该页面的内容不感兴趣，说明推广对象的选择有误，或者广告内容针对性不明确，导致访客质量不高 |

### 2. 电商运营团队绩效考核表

绩效考核指标的设置是核定员工的职务调整、薪酬福利、培训机会及奖金等的重要依据。由于各个店铺的情况不同，其具体的考核指标和评定分数也会有所不同。对于电商运营团队，绩效考核的内容主要包括3部分：KPI、工作能力和工作态度。其中，KPI占据总考核比重的70%，重点考查运营团队的运营策划和数据分析两个指标。

表1-5给出了一家电商企业运营团队的绩效考核表供大家参考。各电商企业或店铺可以根据自己的实际情况，对考核指标进行调整、完善，以做出更实用的、适合自己企业或店铺的电商团队绩效考核表。

表1-5　电商企业运营团队绩效考核表

| 项目 | 具体指标 | 指标权重 | 评分标准 | 备注 |
|---|---|---|---|---|
| KPI（70%） | 运营策划 | 40% | （1）店铺的日常维护和更新<br>（2）根据市场需求制定合理的运营方案<br>（3）各项运营活动的策划、协调、跟进和总结 | |
| | 数据分析 | 30% | （1）进行行业调研，为运营决策和活动策划提供数据支持<br>（2）通过数据指导店铺的各项运营决策，分析店铺各项运营活动的结果<br>（3）对店铺流量进行深度分析 | |
| 工作能力（15%） | 技术能力 | 5% | 策划经验、数据建模能力等 | |
| | 计划和执行能力 | 5% | （1）运营工作的计划和组织情况<br>（2）运营工作的执行力，工作完成的准确性和效率 | |
| | 沟通和交流能力 | 5% | 包括口头沟通和书面沟通，是否能够倾听他人的发言以及团队合作等情况 | |
| 工作态度（15%） | 责任心 | 5% | 对待日常工作的责任心，对待临时增加的工作的态度 | |
| | 积极性 | 5% | 对待工作的主动性，是否善于主动思考问题 | |
| | 协作性 | 5% | 团队协作情况 | |

以上考核指标有的可以通过数据来决定分数，有的则由负责人灵活计分。对考核中未明文规定的考核项目，可酌情加减分，如为店铺做出重大贡献、因个人原因给店铺造成严重的经济损失等。

## 1.4.3　提升电商运营团队的竞争力

运营工作是电商经营的重中之重，电商企业需要大力提升电商运营团队的竞争力，这样才能让运营团队更好地为企业发展做贡献。要提升电商运营团队的竞争力，管理者可以从 3 个方面入手：一是为团队成员建立高效的团队激励机制，提高团队成员的工作积极性；二是定期组织团队成员进行培训和学习，提高团队成员的运营能力；三是组织团队活动，增强运营团队的凝聚力。

### 1. 团队激励机制

管理者都希望员工能努力工作，并为此制定了相应的绩效考核机制，对绩效不佳的员工进行相应处罚。实际上，还应制定相应的激励机制，让员工有努力工作的动力。在管理中，一定要做到赏罚分明。赏罚分明，就可以同时对员工实现正向、负向激励，让员工更加认同企业，更加服从管理。

当员工在某项任务中表现出色时，很需要得到认可。管理人员的认可是一种性价比较高的激励手段，但使用的次数不可太多，否则其效果将会减弱。激励员工时应注意以下几点。

➢ 物质激励：对表现优异的员工给予物质奖励，有利于提升员工的工作积极性。一般物质奖励体现为工资、奖金、福利等。

➢ 精神激励：口头赞美，是激发员工、鼓舞员工的重要激励手段。

➢ 个性化激励方案：员工的需求多种多样，应根据员工的情况，采用不同的个性激励方案。

管理人员在进行激励时，可以结合物质激励和精神激励两种方式。如运营人员在一场活动中，由于准备充分，活动效果大大超出了预期。管理人员可在周会或月会上对运营小组进行口头赞美，同时给予 1000 元现金红包的物质激励。如此，在该小组被肯定的同时，其他小组的员工也有了努力的动力。

### 2. 定期的培训与学习

培训是一种投入，也是一种产出。定期的培训能让员工在个人能力、工作技能上有所提升。在竞争时代中，优质的人才能为企业带来更多的利润。所以，不少企业都开始引入全方位的培训机制，建立培训小组或部门，加强对员工的培训。

培训员工的方式多种多样，如自学培训、视频培训、外部培训、内部讲师培训等。企业可根据经济状况来选择相应的培训方式。

➢ 自学培训。培训不受时间、地点、形式的限制，特别适合新入职员工的培训。团队在缺乏资金时，可以该培训方式为主。

➢ 视频培训。有很多视频类学习网站（如淘宝大学培训视频），一般花费几千元可购买一年的视频服务，可重复用于员工培训。

➢ 外部培训。自学和视频培训存在滞后性，员工在培训过程中遇到问题无法得到有效解答。因此，当企业盈亏能维持平衡后，可以花费更多的资金和精力在培训上，如找外部培训机构到公司来进行现场培训。

➤ 内部讲师培训。当公司员工规模已上百，且还在持续增长时，请外部讲师培训，势必会增加培训成本。这种情况下，可以考虑组建内部讲师培训团队。内部讲师的培训内容可根据企业发展实情来制定，这样更具有针对性。

培训也是一种教育活动，是传播和创新企业文化、思想、知识和技能的一种活动。所以在培训前，相关人员需要有完善、科学的计划，并根据实际情况不断修改，才能使培训效果最大化。

### 3. 组织团建活动

举行团建活动可以增强团队的凝聚力和团队精神，从而对工作环境产生影响，营造一种积极向上的工作氛围。

例如，在春暖花开的日子里，选择近郊的农家乐，把员工们聚到一起度过快乐的时光。除了吃饭、聊天外，还可策划一些互动活动，让员工们都参与其中。同时，用镜头记录下活动过程，把照片洗出来，张贴在公司文化墙上，让这些美好的瞬间成为永恒，给员工留下温馨的回忆，增强员工对团队的归属感。

## 1.5 电商运营与推广的常见术语

随着电商发展得越来越成熟、越来越规范，在电商运营的过程中也形成了不少专业术语。下面整理了电商运营工作中常用的专业术语，如表1-6所示。

表1-6 电商运营工作的常见术语

| 项目 | 常见术语 |
| --- | --- |
| 电子商务模式 | B2B 模式（Business to Business）：企业对企业模式，如阿里巴巴、慧聪网等 |
| | B2C 模式（Business to Customer）：企业对个人模式，如天猫、京东、亚马逊、当当等 |
| | C2C 模式（Customer to Customer）：个人对个人模式，如 eBay、淘宝网等 |
| | O2O 模式（Online to Offline）：线上对线下的团购模式，如美团网、百度、糯米等 |
| | 浏览量（Page View，PV）：店铺各页面被查看的次数 |
| | 独立访客数（Unique Visitor，UV）：店铺各页面的访问人数 |
| | 收藏量：用户在访问店铺页面过程中，添加收藏的总次数 |
| | 浏览回头客：前 6 天内访问过店铺且计算当日又来访问的用户数 |

续表

| 项目 | 常见术语 |
|---|---|
| 电子商务模式 | 浏览回头率：浏览店铺页面的回头客数量占店铺总访客数的百分比 |
| | 跳失率：用户进入目标页面后，没有点击目标页面上任何链接就离开的访问次数占该页面总访问次数的比例 |
| | 平均访问深度：用户平均每次连续访问浏览的店铺页面数 |
| | 平均访问时间：用户打开该商品页面到打开下一个商品页面的平均时间间隔 |
| 销售分析类 | 成交用户数：成功拍下商品并完成付款的人数 |
| | 客单价：每一个用户平均购买商品的金额，即平均交易金额；客单价＝成交金额÷成交用户数。为方便体现不同时间周期的客单价，客单价通常可分为"月客单价""周客单价""单日客单价"等 |
| | 成交转化率（简称转化率）：成交用户数在独立访客数中的占比，其计算公式为：成交转化率＝成交用户数÷访客数 |
| | 到达率：目标页面的访问数与广告展现次数之间的比值，其计算公式为：到达率＝目标页面的访问数÷广告展现次数 |
| 电商营销方式 | 点击付费竞价广告（Pay Per Click，PPC）：一种按照点击量计费的网页广告，其特点在于广告被用户点击后才计算广告费用，不点击则不计算费用 |
| | 电子邮件营销（Email Direct Marketing，EDM）：利用电子邮件与用户进行沟通交流，向其发送店铺或产品的相关信息，以此来促进销售的一种营销手段 |
| | 搜索引擎优化（Search Engine Optimization，SEO）：在百度、搜狗、必应等搜索引擎上通过优化关键词等方式提升目标网页的排名，使排名更加靠前，更容易被互联网用户看到并点击 |
| | 搜索引擎竞价排名：当用户搜索预设的关键词时，搜索引擎将展示广告内容给用户。出价高的广告将会得到优先展示 |
| | 社群营销：利用论坛与社交网络①进行推广营销 |
| | 按销售额提成付费（Cost Per Sales，CPS）：根据实际的销售量进行收费的一种商业合作方式。例如代销模式，代销者通过销售他人的产品来获取提成，而提成的多少通常是由销售量决定的。 |

　　为了提升电商运营和推广的工作效率和工作质量，提升运营人员的整体业务水平，提高销售业绩，一般电商企业都会为员工制定 KPI。在上述电商运营工作的常见术语表中，有很多常用的电商专业术语都与电商从业人员的绩效考核指标息息相关。关于电商运营绩效考核指标的相关内容，将在本书第 7 章进行详细讲解。

① 社交网络（Social Networking Service，SNS），是指通过社交关系建立起来的网络。这里的社交关系包括现实生活中的关系以及互联网上的关系，例如微信、QQ 里的好友就构成了社交网络。

> **ℹ 提示** 　浏览量与访问量的区别和计算
>
> 浏览量与访问量都是用来表示店铺的页面访问数量的，也都属于电商企业的关键绩效指标，但二者在具体的定义和计算方法上存在一定的差异。
>
> 浏览量，即 PV 量，是指一个独立的 IP 地址在 24 小时内访问网店页面的数量，注意一个独立 IP 在 24 小时内重复访问一个页面只计算一个 PV。
>
> 访问量，即 UV 量，是指网店独立访客的数量，以访客账号为计算依据。

## 1.6　电商运营与推广的重要目标：用户转化

在电商运营和推广的过程中，提高用户转化率是一个较为重要的目标。无论是开展推广营销活动，还是编写出更好的产品详情页面，又或是提高客服工作水平，目的都是促进产品的销售，也就是提高用户转化率。

如何提高用户转化率？从用户流动的路径来看，整个过程像一个漏斗，如图 1-17 所示。用户从投放渠道开始过滤，经过跳转页面 / 链接、浏览活动内容、咨询 / 互动等环节，最终转化为实现了消费的用户。

由于每一层的转化率都不可能是 100%（实际上远小于 100%），所以到达下一层的用户数量会逐级递减，最终实现消费的用户数量肯定远远小于最初的渠道用户流量数。所以，要增加最终转化的用户数量，就应当将每一层的转化率都进行优化提升。反过来讲，当最终转化率过低时，应该找出有问题的每一个环节并进行处理。

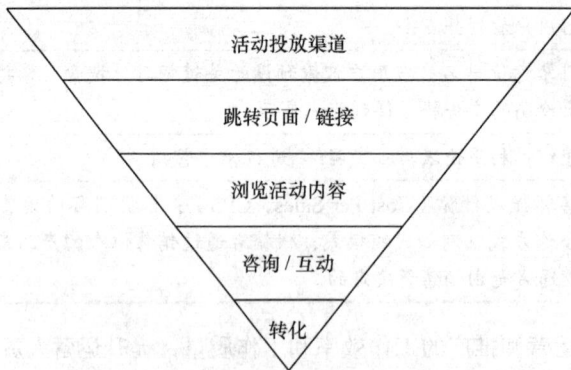

图 1-17　用户转化漏斗图

**【实例 4】**

某店铺在微博平台上开展推广活动，通过一条微博简要地宣传活动，并给出可以跳转到店铺在所属平台设置的活动说明页面的链接，用户可通过该链接进入活动说明页面。当用户浏览完活动的详细内容后，如果想参加则会被引导到店铺客服处，客服将与用户进行互动，引导用户下单，从而实现最终的转化。

在这个案例中，与漏斗图所示各个环节对应的关系为：

投放渠道＝微博平台

跳转页面/链接＝一条吸引用户参加活动的微博

浏览活动内容＝店铺活动说明页面

咨询/互动＝客服与参加活动的用户进行互动

转化＝用户下单

如果漏斗图中的每一步都已经优化到位，此时要进一步提升转化率，往往会采取以下两种方式。

### 1. 简化漏斗步骤

从阅读内容到被转化的中间步骤越多，用户流失得就越多，因为流量和转化率都在层层递减。所以运营人员要尽可能想办法简化用户的转化步骤，减少无用步骤带来的损失，这样才能转化更多的用户。

【实例5】

一家网店在自家的微信公众号中举办了一次活动，用户只需要关注公众号并且参与活动就有机会获得奖励。这家网店将公众号中的活动内容分别分享在用户微信群和用户QQ群里面。结果，微信群内参与活动的人数远多于QQ群内参与活动的人数。

运营人员调查后发现，从微信群中关注公众号并参加活动的步骤相对简单，用户只需要打开链接，单击公众号名称，关注并参与活动即可；而通过QQ群参与活动的步骤就相对要复杂一些了，用户需要先在QQ群中打开链接，保存公众号的二维码，然后打开微信，再扫描二维码，关注公众号并参加活动。保存二维码，再通过微信扫描打开公众号这个步骤，将不高的转化率再次降低，这也是最后导致QQ群内转化率非常低的根本原因。

### 2. 转化方程式

如果将漏斗图中各层的转化率合并一下，那么转化漏斗可以写作一个公式：

转化量＝渠道流量 × 各层转化率的乘积

从公式上看，想要提升转化量，最简单的办法就是增加投放渠道的数量或扩大其规模，以此增大渠道流量。因为提升各层转化率并不容易，既烦琐又耗时，而增加渠道流量相对简单，见效也快，在经费充足、时间紧迫的情况下，可以考虑从渠道流量入手以提高最终的转化率。

## 实践与练习

1. 如果你准备从事电商运营工作，你打算如何规划自己的职业生涯呢？请编写你的电商运营职业规划表。
2. 请根据电商运营岗位的职责和能力要求，制作一份电商运营人员日常运营工作计划表。

# 第2章

# 电商运营的整体思维与常用策略

从事电商运营工作的人员，要想把控好电商运营的方向，就需要具备一定的战略思维，同时还需要熟练掌握相应的运营策略。在实际的运营工作中，电商运营人员需要根据电商运营的整体思维和具体情况，灵活运用各种运营策略去解决所遇到的运营问题，提高自己的运营效率。相对于各种具体的运营方法与技巧而言，运营的思维与策略比较抽象，需要运营人员花费更多的时间去学习并理解。

## 2.1 电商运营的整体思维

思维是认识过程的高级阶段，人们通过思维来探索和发现事物内部的本质联系和规律。那么什么是电商运营思维？它如何指导电商运营行为？在移动互联网时代下，又有哪些新的电商运营思维呢？

### 2.1.1 认识电商运营的整体思维

电商运营思维，是指在电商运营工作中形成的一套可以指导电商运营行为的思考模式。一般情况下，开展电商运营往往基于以下5项基本准则。

> 以用户为出发点。

> 以利益最大化为原则。

> 以服务满意度为目标。

> 以结果为导向。

> 以业务为根本。

运营思维通常会有一个发展的过程：从处理简单问题开始，发展到能分析、解决复杂问题，再到能够站在一定高度观察并总揽全局。例如，一位运营新手刚开始只会策划一些简单的线上活动；但随着运营工作经验的不断丰富，运营思维的不断发展，他就可以成功运作整个店铺的活动；再经过一段时间，他即可作为运营战略的制定者，为店铺指导运营方向。

电商运营是一种比较复杂、具有挑战性的工作，因而运营思维对于运营人员的重要作用不言而喻，其作用主要体现在以下 3 个方面。

（1）有利于运营知识的消化吸收与迁移转化。构建良好的运营思维模式有助于运营人员更好地掌握新知识和新经验，并将其很好地迁移应用到新的运营项目中。

（2）有利于问题解决能力的提升。一套良好的电商运营思维，能够让运营人员在日常的运营工作中更有底气，遇到棘手问题时，不会自乱阵脚。就算不能立刻想出一个好的解决方案，也知道应该怎么去寻找解决问题的路径。

（3）有利于职业发展。如果运营人员想将自己从执行者转变为管理者或知识变现者，就要有意识地训练自己的运营思维，全面构筑自己的运营能力体系，这样才能为自己的职业发展打下坚实的基础。

看待事物的角度不同，总结提炼出的思维模式也不同。下面就从实际运营工作的角度出发，重点介绍 3 种运营思维模式：流程化运营、精细化运营和生态化运营。

## 2.1.2　流程化运营

一个成熟的运营人员拿到一个任务后，需要将这个任务的整个流程梳理出来，然后在流程中加入必要环节并优化方案。

假设，某电商品牌要做一个活动来给微信公众号增加公众号文章的订阅量，运营人员应如何运作呢？运用流程化思维，运营人员可以先将整个活动的流程梳理出来，如图 2-1 所示。

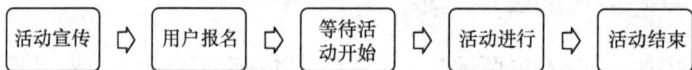

活动宣传 ⇨ 用户报名 ⇨ 等待活动开始 ⇨ 活动进行 ⇨ 活动结束

图 2-1　活动流程

基于上述流程，可进一步细化每一个环节，如图 2-2 所示。设置并量化每个环节的目标，最大化地发挥各个环节的价值，最后实现提升订阅量这个运营目标。同时还要为后续的用户运营做好规划，增强用户黏性，避免用户流失。

拿到某个具体任务后，运营人员一般采用以下 3 个步骤来思考和解决问题。

（1）明确自己想要的目标和结果。

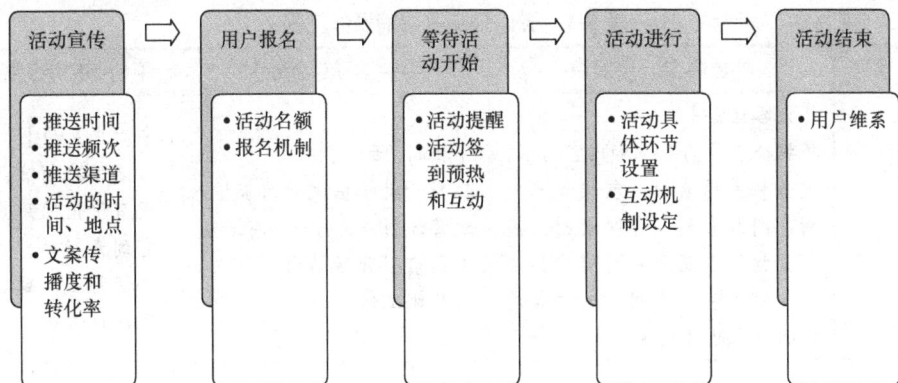

图 2-2 细化活动流程

（2）明确完成这个任务的整个流程，以及所要经历的主要环节。

（3）思考是否能在每个环节都给用户创造一些不同的体验，并且尽力使这些体验有助于实现运营目标。

当所做的活动效果不佳时，运营人员应分析其具体原因。参考第 1 章 1.5 节中讲解的用户转化漏斗模型，可先把该活动的所有环节都列举出来，再就每一个环节的相关数据做具体问题分析，并进行处理。

> **ℹ️ 提示　流程化运营思维的运用**
>
> 流程化运营思维既可运用于当前问题的处理，也可以在完成当前任务后，把经验沉淀下来，形成一个标准流程，以供下次遇到类似任务时参考借鉴，从而提升工作效率。

## 2.1.3　精细化运营

什么是精细化运营？简单来说，精细化运营实质上就是要善于做任务分解——把大任务分解成多项小任务，并且要能够精细地掌控这些小任务。

精细化运营思维往往需要流程化思维的配合才能达成运营目标。通常的做法是先通过流程化思维制定出框架，然后利用精细化运营思维细化每一步的流程。例如，微信公众号营销有一个较为标准化的操作流程，如表 2-1 所示，在该流程中，可将微信公众号的运营工作拆分成几个主要板块及若干个子板块，再分别界定出每个子板块需要做的具体事情，这就是流程化思维与精细化运营思维配合的一个简单例子。

表 2-1 微信公众号营销操作流程

| 板块序号 | 平台内容运营板块 | 平台活动运营板块 | 平台用户运营板块 |
|---|---|---|---|
| 1 | 【内容储备】<br>根据公众号的定位和内容需求，储备相关的素材，包括文章素材、图片素材、音频素材、视频素材，以及用户的留言和疑难问答等相关素材，为平台内容的输出做好准备 | 【拉新[①]活动】<br>拉新活动根据运营需求排入运营计划来进行，如有活动，则提前召开活动项目会议安排具体工作 | 【用户互动】<br>回复用户留言，整理有价值的用户留言到素材库，就某个话题或问题征集用户的回复 |
| 2 | 【内容规划】<br>提前制订下个月的平台运营规划，具体落实到周、天，并确定各个任务的负责人 | 【营销活动】<br>根据实时热点并结合平台特性，策划相关的营销活动，制订活动策划方案，并将活动项目推进表进行提案申报，提案通过后按照项目推进表开展活动 | |
| 3 | 【内容产出】<br>根据内容规划产出内容，包括素材获取和整理、文章编辑排版、文章图片的制作、文章互动话题以及广告的插入，完成文章的预览审核和发布，将内容推送出去 | | |
| 4 | 【数据统计及复盘】<br>文章推送 24 小时后，查看微信后台数据，统计包括用户分析、图文分析、消息分析等在内的数据，根据数据统计结果进行复盘，得出可行性强的建议 | | |

## 2.1.4 生态化运营

所谓生态环境，在电商领域是指一个众多参与者共同构建的"能量场"，在这个"能量场"中，参与者们相互促进、共同进步，从而使整个"能量场"的价值不断提升。例如，在微信中，利用微信群和朋友圈就可以构建一个小生态。群友平时可在群中交流，彼此提供信息，成为对方的好友；而通过查看朋友圈又能增进彼此的了解，创造出更多的交

① 拉新：网络用语，指通过各种运营推广方式获得新用户。

流话题。运营人员如果能有效利用这样的一个生态环境，不仅可以事半功倍地管理好用户群，还可以让用户群自然、良性地发展下去。

对于运营人员来说，搭建一个运作良好的生态环境，关键在于正确理解生态环境中参与者之间的各种价值关系。因而，运营工作其实不是在直接完成 KPI 考核，而是在搭建良性的生态环境，当生态环境发展起来后，自然能满足 KPI 的考核要求。

## 2.1.5　电商运营的思维训练工具

运营人员的流程化运营思维、精细化运营思维和生态化运营思维并不是孤立的，而是相辅相成的，在实际工作中需要综合运用并进行有意识的训练。下面介绍两种常用的思维训练工具：分层和四象限。

### 1. 分层

在电商运营中，分层的思想被广泛应用于用户分层。这是因为在运营过程中，用户分层的作用很明显，它能帮助运营人员把用户分成各个层次的不同群体，运营人员可以根据不同群体的特点，有的放矢地制定更精准的运营策略。此外，分层思想在分析产品和分解任务等方面也有较好的作用。下面就以对用户分层为例进行介绍。

运营人员可以用单维度（即 1 个指标，如 1 年内购物金额）来对用户进行分层；也可以用双维度（即 2 个指标，如 1 年内购物金额和购买频次）来对用户进行分层；还可以通过 3 个维度的 RFM 用户分层模型〔如最近一次购物时间（R）、购买频次（F）、一年内购物金额（M）〕来对用户进行分层。RFM 用户分层模型如图 2-3 所示。

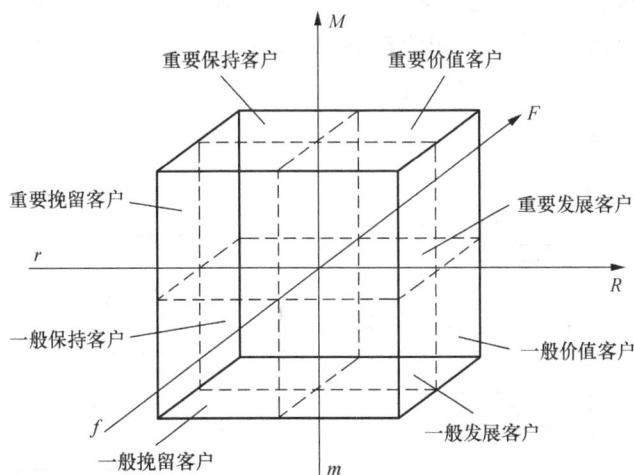

图 2-3　RFM 用户分层模型

目前，零售行业使用最为广泛的用户分层模型就是 RFM 用户分层模型。该模型通过最近一次购物时间（R）、购买频次（F）、一年内购物金额（M）等 3 个指标划分出 5 个用户等级，一共形成了 125 类用户。

为了方便执行，最终可以将 125 类用户归纳成八大类用户，如表 2-2 所示。运营人员可以根据这八大类用户的实际情况，制订出有针对性的运营策略。

表 2-2　RFM 用户分层模型的用户层级表

| RFM 值<br>客户类型 | 最近一次购物时间（R） | 购买频次（F） | 一年内购物金额（M） |
| --- | --- | --- | --- |
| 重要价值用户 | 高 | 高 | 高 |
| 一般价值用户 | 高 | 高 | 低 |
| 重要发展客户 | 高 | 低 | 高 |
| 一般发展客户 | 高 | 低 | 低 |
| 重要保持客户 | 低 | 高 | 高 |
| 一般保持客户 | 低 | 高 | 低 |
| 重要挽留客户 | 低 | 低 | 高 |
| 一般挽留客户 | 低 | 低 | 低 |

### 2. 四象限

四象限也是一种很好的思维训练工具，最常见的应用是对事情的优先级进行排序，把要做的事情按照紧急、不紧急、重要、不重要的排列组合分成 4 个象限，如图 2-4 所示。

另外，波士顿矩阵也是一种用四象限的方法定义业务板块从而使运营人员能够有针对性处理业务的模型，如图 2-5 所示。

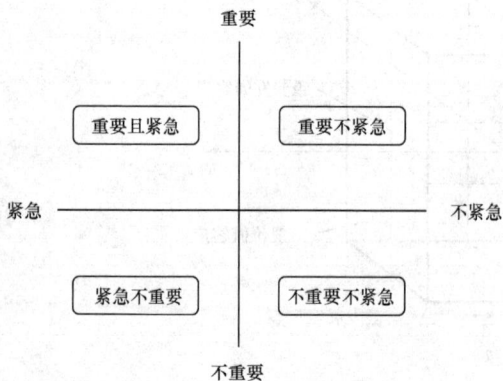

图 2-4　四象限法则

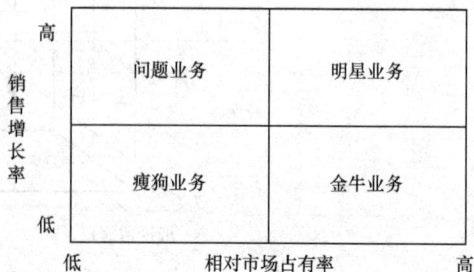

图 2-5　波士顿矩阵

在电商运营工作中，四象限经常被用于产品结构分析、用户类型分析、流量渠道优先级分析等方面。

【实例 1】

某网店需要对最近投放的广告关键词进行评估。在收集好转化数据与最近一周的关键词报告后，运营人员将"点击量"作为横坐标，将"转化量"作为纵坐标，做出一个四象限图，如图 2-6 所示。

图 2-6 中的转化量与点击量坐标的上限应以数据集中最大的数值为准，如果随意设置上限数值的话，就可能会让所有的关键词都归入某一个或两个象限，这样是无法进行正确分析的。在将关键词按照各自的转化量与点击量分别归入 4 个象限以后，可以看出这些关键词可分为 4 类：高点击量高转化率、低点击量高转化率、低点击量低转化率、高点击量低转化率，这 4 类关键词应分别进行处理。

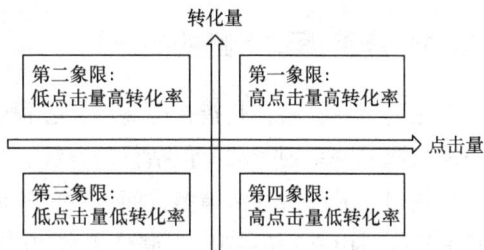

图 2-6　关键词四象限分析

（1）高点击量高转化率。

这类关键词本身具有吸引力，转化率也较高，说明设置到位，需要做的就是扩展其使用范围。例如，原本只在电脑端投放的关键词，可以尝试在移动端也进行投放；原本投放力度不大的，可以加大投放力度。

（2）低点击量高转化率。

这类关键词转化效果不错，但是点击量低。对于这类关键词，应重点提升点击量，如提升点击出价，争取更多的展现机会。

（3）低点击量低转化率。

这类"双低"关键词的出现很有可能是因为排名不好或创意不好。运营人员可以考虑提高出价来加大展现机会，以观后效。如其点击量上去了，转化率仍然不高，则可以考虑更换或放弃。

（4）高点击量低转化率。

这类关键词的点击量不错，但转化率上不去，也就是说花费了推广费，但没有起到应有的效果。对于这类词，可适当调低价格或放弃，这样可以把费用分配到其他优质关键词上，提高推广费用的利用率。

训练运营思维的方法还有很多，如 SWOT 分析法、逆向分析法、属性列举法等，这里就不逐一介绍了，感兴趣的读者可以自行寻找相关的资料来研究并进行训练。

## 2.2 电商运营的常用策略

电商运营有两大操作对象，一个是用户，另一个是产品。无论是对用户进行运营还是对产品进行运营，都需要有效的运营策略。掌握常用的电商运营策略，能更好地开展电商运营工作。

### 2.2.1 电商运营策略的概念与作用

电商运营策略，是指在电商运营过程中，企业为了实现某一运营目标，根据市场环境所采取的一系列行动，包括行动方针、方案和竞争方式等。电商运营策略需要运营人员从用户、品牌、营销等多方面入手，选择适合的运营方向，制订合理的发展计划，其目的是吸引用户、拓展市场、降低成本和风险、获取经济利益，从而实现既定的运营目标。电商运营策略并不是一成不变的，可随内部条件和外部环境的变动而进行相应的调整。

电商运营策略的重要性主要体现在以下几个方面。

（1）运营策略是决定企业正常运营的关键性因素。

一家电商企业能否高效地实现自己的运营目标，关键就在于其对运营策略的选择和制订。如果企业运营策略的选择和制定不合理、不科学，那么很有可能会使企业的各项运营活动无法正常进行。所以运营策略实际上是决定电商企业正常运营的关键性因素。

（2）运营策略是企业实现运营目标的前提条件。

电商企业为了实现生存、盈利、发展等运营目标，首先要选择和制订好适合自身发展的运营策略。目标的实现有赖于策略，而策略是为了目标服务，这是始终贯穿电商企业整个运营工作的一个重要规律，因而运营策略是企业目标得以实现的重要保证。

（3）运营策略是企业及其所有员工的行动纲领。

电商企业的负责人要按照什么准则来安排企业的日常经营活动呢？只能是依靠企业所制定的运营策略，企业的所有日常经营活动都必须要满足运营策略的要求。因此从一定意义上来说，运营策略可以作为企业的行动纲领，使所有的人都按照规划好的运营策略安排自己的日常经营活动，这样才能保证企业既能充满活力，又能有序发展。

下面介绍电商运营工作的常用策略。

### 2.2.2 产品导向策略

产品导向策略主要是指那些只经营某一种特定产品的电商企业，在不进行产品更新的前提下，需要设法寻找和扩大该产品市场的运营策略。

根据产品导向策略的含义，运营人员需要考虑4个方面的内容，如图2-7所示。

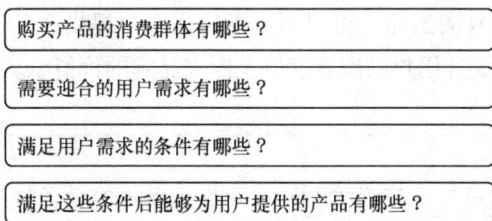

图 2-7　产品导向策略需要考虑的问题

　　产品导向是指商家可以确定自己所要销售的产品和产品的生产技术，但对于购买产品的消费群体和所要迎合的用户需求暂时没有确定，有待商家自己去寻找和发掘。这种情况在一些商家接手他人的企业、店铺或生产设备时比较常见。这时商家一般会沿用原有的产品与销售渠道，但自己也会对消费者定位、用户需求等因素进行探索，立足于当前产品，逐渐调整产品属性，使之更加符合消费者的需要。

　　当商家的自身研发实力相对薄弱，但产品在市场上较受欢迎时，也可以采用产品导向策略，对用户与产品需求进行调研并逐步调整，在提升销量的同时，也可以慢慢积累研发经验。当经验与资金充足时，企业即可对产品进行"大改"或研发新的产品。

## 2.2.3　用户导向策略

　　用户导向策略其实是以用户为中心的一种运营策略，它要求商家以满足用户需求为导向、以增加用户价值为出发点，在经营过程中注重对用户消费能力、消费偏好以及消费行为的调查和分析。

　　用户导向策略的积极作用主要有以下几点。

➢ 可以促使商家真正对用户负责。

➢ 可以在做出运营决策时减少不必要的干扰。

➢ 可以激发员工更多的创新行为。

➢ 可以为用户提供更广泛的选择。

➢ 提供的产品和服务更符合用户的需求，不易造成资源浪费。

　　采用用户导向策略可以从以下几个方面入手。

➢ 了解、研究、分析用户的需要。

➢ 了解用户对产品的价格接受程度。

➢ 考虑如何给用户带来最便捷的购物体验。

➢ 以用户为中心，通过沟通互动等途径，优化整合营销方式，把用户和商家自己的利益无形地整合到一起。

　　商家在日常运营中，必须要将"一切以用户为中心"的用户导向观念贯穿整个店铺的运营工作。实施用户导向策略，可以帮助商家向用户提供产品、服务、品牌形象等多重价值，从而全方位地提升用户的满意度以及商家品牌的价值感。

【实例2】

星巴克作为全球著名的咖啡连锁品牌，在世界各地的很多城市都有自己的门店，消费者也都很喜欢购买星巴克的咖啡。销售咖啡的店铺有很多，为什么偏偏星巴克的咖啡能够受到众多消费者的青睐呢？其实大多数用户钟爱的并不是咖啡本身，而是一种遍及世界的高标准。例如，星巴克以用户为中心而设立的产品质量标准、服务标准、环境标准以及价值标准等。星巴克的所有经营者、供应商、员工以及其他合作者都能够从用户的角度出发，有效地为用户提供高品质的、有价值的产品和服务，这也是星巴克能够受到众多消费者青睐的重要原因。

## 2.2.4　市场营销导向策略

市场营销导向策略是以市场和用户的需求为依据，为用户提供产品，以获取利润的一种经营策略，也是一种新型的企业经营理论。市场营销导向理论认为，企业实现各项目标的关键在于正确地确定目标市场的需求，并且能比竞争者更高效地去满足目标市场的需求。

与传统的经营观念相比，市场营销导向策略并不是一味地强化销售职能，单纯地追求销售量的增长，而是以市场和用户需求为中心，通过满足市场和用户的需求来不断提升自己的市场占有率，从而获取丰厚的利润。

无论是做产品还是做服务，选择一个具有潜力的市场都非常重要。商家在进入一个市场之前必须对其进行市场调研，充分了解目标市场的需求，并对产品进行不断改进，以适应市场需求。而组织各种营销活动又是运营人员最常使用的运营手段之一，运营人员可以根据节日、事件等进行形式多样的营销活动。所以，简单来说，市场营销导向策略就是从市场营销的角度来分析用户的需求，再根据用户需求开展各种营销活动，以真正解决用户的需求痛点，实现共赢的一种策略。

【实例3】

美国著名的钟表品牌天美时钟表公司在第二次世界大战前是一个非常不起眼的小公司，为了能够在美国市场上占据一席之地，他们当时采用的经营策略就是市场营销导向策略。当时，著名的钟表公司几乎都生产的是价格较为昂贵的手表，并且通过大百货商店或珠宝商店等渠道进行销售。天美时钟表公司经过调查研究发现，市场上的手表购买者大致可以分为 3 类：第一类消费者希望能用较低的价格购买到具备简单计时功能的实用型手表，这类消费者的占比大约为 23%；第二类消费者不是特别在意手表的价格，只是希望能够购买到一款计时准确、经久耐用或式样好看的手表，这类消费者的占比大约为 46%；第三类消费者希望购买到做工精美的名贵手表，并将其作为礼物赠送亲友，这类消费者的占比大约为 31%。

由此，天美时钟表公司发现，以往那些著名的钟表公司提供的产品仅能满足第三类消费者的需求，而第一类消费者和第二类消费者所在的市场才是一个潜在的、充满生机的大市场。于是天美时钟表公司根据第一类消费者和第二类消费者所在市场的需求，推出了一种叫作"天美时"的物美价廉的手表，承诺一年内保修，而且利用新的销售渠道大力推销该产品，结果美时钟表公司很快就提高了自己公司的市场占有率，最终成为世界上最大的钟表公司之一。

## 2.2.5　数据导向策略

电商运营活动，从策划、实施到效果评估，都可以通过数据来进行监控和优化。数据既是决策的基础，也是修正的准绳，更是效果评估的依据。因此，电商企业在运营过程中，通过数据分析来把控运营导向是非常重要、也是非常普遍的做法。例如，阿里指数就是阿里巴巴公司为了解电子商务平台的市场动向而专门搭建的数据分析平台，其界面如图 2-8 所示。

图 2-8　阿里指数的首页

下面来看看在电商运营中进行数据分析的一些要点。

### 1. 明确数据分析的具体对象

运营人员在做数据分析前必须要先知道分析什么，即运营人员必须要具有一定的商业敏感度，知道自己应该用什么样的数据来实现既定的运营目标。运营人员不一定擅长算回归方程或擅长画函数图像，但一定要有商业意识，要深入了解不同的数据对具体的运营工作意味着什么，要能看见数据中存在的价值，知道应该用什么样的逻辑去分析数据，并能通过数据分析来解决运营过程中所遇到的问题。

【实例4】

A、B 两家网店的运营人员为更好地制定网店下一阶段的运营方案，将对店铺的运营数据进行仔细分析。但是由于这两家网店的实际情况不一样，所以两家网店的运营人员需要重点关注和分析的数据有所不同。A 网店是一家刚刚开店不到一个月的新店铺；而B 网店是一家经营多年，拥有一定人气和口碑，并且占据了大部分市场份额的大型网店。对于 A 网店来说，现阶段的主要运营目标是获取大量流量和人气，所以应该将数据分析的关注点放在访客数据方面；对于 B 网店来说，店铺在此前的经营过程中已经累积了大量的人气，所以引流不是 B 网店运营的重点，现阶段 B 网店应该将数据分析的关注点放在产品的交易转化以及用户的维护等方面。

### 2. 关注店铺的异常数据

数据指标的异常变化是外界市场环境变化的客观反映，所以运营人员需要特别关注店铺的异常数据。例如，发现店铺的 PV 量减少（或出现异常），就应该及时对该项数据进行深入分析，查看是搜索来源减少还是直接访问量减少。如果是搜索量减少，那就需要进一步分析关键词及搜索引擎的设置是否存在问题。

### 3. 分析用户的消费心理和习惯

数据分析工作有一个重要作用，就是探究用户的访问焦点，挖掘用户的潜在需求，从而对运营工作进行相应的优化调整。运营人员可以通过投票调查及问题提交等方式来获取用户的基本信息，并据此分析、揣摩用户的消费心理和消费习惯，以便进一步改进用户体验和开展营销活动。

### 4. 分析用户的购买行为

通常，电商平台的数据库都会帮助商家收集用户的购买时间、购买商品、购买数量、支付金额等信息，运营人员可以利用这些数据来分析用户的交易行为，估计用户的价值以及对其进行扩展营销的可能性。用户的购买行为分析一般包括传统的 RFM 用户分层模型、会员聚类、会员的生命周期分析以及活跃度分析等。

### 2.2.6　电商运营策略的整体应用

电商运营工作应该遵循企业发展的方向，明确运营目标，确立完整的工作框架，并将各种运营策略综合应用于日常运营工作。

（1）成本控制。资金是电商运营的关键一环，整个运营工作的规划布局需要建立在所要投入的运营预算资金储备的基础之上，以有效控制运营成本，管控运营风险。

（2）市场分析。在计划推出一款新产品之前，运营人员首先需要对该产品的市场前景进行分析，之后再考虑是否要推出该款产品。

（3）明确目标用户。运营人员需要根据产品和店铺的定位来选择和确定目标用户，为其提供最优质的产品和服务。产品的最终用户又可以分为组织性用户和个体用户两种类型。

（4）产品的包装。这里，产品的包装并非指产品的外包装，而是指通过提炼产品的优势卖点、功能、价值和定位等信息来制作广告、详情页等，向消费者进行宣传的包装方式。

（5）产品的定价。运营人员应根据市场定位、目标用户群体、竞争对手的情况等因素来综合考虑如何制定产品价格竞争策略。

（6）新品推广。一款新产品上市，可能还没有多少用户知道，这时运营人员就需要运用各种营销推广手段，最大限度地提高产品的知名度。

（7）售后服务。产品销售出去以后，商家还需要为用户提供一定的售后服务，以此来增强用户对产品和店铺的信任感。

## 实践与练习

1．请为一个在微博平台上进行的推广活动设计一套流程，并对每个步骤进行细化。

2．请登入淘宝网店的后台，简述后台所提供的数据的意义及作用。

# 第3章

# 电商产品运营

在电商运营中，产品是核心竞争力之一，占有很重要的地位。因此，做好产品运营工作对电商企业而言是非常关键的。运营人员应站在经营全局的高度上对产品进行管理，并能熟练使用产品定位、选品与定价等技能，大中型电商企业的运营人员还应掌握产品供应链的管理技能。

## 3.1 认识品牌定位与产品规划

品牌的定位决定了一家店铺的经营方向，而产品的规划则决定了产品的具体销售策略。因此，品牌定位与产品规划是每一位电商运营人员都必须要了解和掌握的基本技能。

### 3.1.1 品牌定位的作用与重要性

品牌定位是每个店铺开始运营的基础。那么什么是品牌定位呢？品牌定位是指通过分析目标市场与竞争品牌，建立一个与目标市场相关的，与原始产品相符的、明确的，又区别于竞争对手的品牌形象。同时，运营人员需要对品牌的形象进行设计和传播，使目标用户对该店铺的品牌形成独特的记忆和认知。

下面以几家坚果电商的品牌定位为例进行说明，如表 3-1 所示。

从表 3-1 中可见，这几家店铺的品牌定位都很明确，而且各自的发展方向、目标消费群体与相应的营销方式都有差异，这样可以避免盲目运营、减少试错成本，从而有利于品牌的发展。

#### 1. 品牌定位的作用

品牌定位实际上是要解决 3 个问题，即目标用户是谁？满足用户什么需求？用户为什么要选择你的品牌？店铺在运营初期有可能会有多种定位方向，但最终目的都是建立对目标用户有吸引力的竞争优势和记忆点。品牌定位的作用就在于通过一系列手段将这种竞争优势和记忆点清晰地传递给目标用户，从而加深用户对品牌形象的认知、从而提高产品转化率。

表 3-1　几家坚果电商的品牌定位

| 类别 | 三只松鼠 | 百草味 | 良品铺子 | 新农哥 |
|---|---|---|---|---|
| 发展方向 | 2012 年成立的线上电商品牌，专注于坚果产品，经历子品牌整合为单一品牌的过程，目前正着力向线下发展 | 2010 年开始布局线上电商，由于线下有一定知名度，转为线上运营后很快成为各大电商平台食品类目的核心商家，形成线上做销售，线下打造品牌的运营模式 | 采用"线下孵化线上"的模式，快速实现线上布局，用户可随意选择购物方式 | 2006 年从线下商场超市起家；2008 年进驻淘宝商城；2010 全面布局线上市场，与 1 号店、QQ 商城、京东商城、当当网等多家电商平台进行深入合作。目前正在重新开辟线下销路，如零食专卖店、茶馆、KTV 等 |
| 目标消费群体 | 年轻消费群体 | 年轻消费群体 | 年轻消费群体 | 25 岁以上消费群体 |
| 营销方式和策略 | 利用互联网，以可爱、萌态十足的松鼠作为品牌形象，注重运用自媒体推广 | 品质驱动，利用影视与媒体推广 | 以"提供商品质食品，用美味感动世界"为品牌使命，名人代言强化互动和体验 | 回归营销本质，把产品做到极致 |
| 品牌定位 | 真实、有温度的纯互联网食品品牌 | 趣味零售探索家 | 4 亿吃货挑剔之选的高品质零售品牌 | 充满朝气，锐意进取的引领者；清新自然，时尚环保的坚果王，信赖可靠，亲切友善的好食友 |

品牌定位可以起到精准导航的作用，为用户选购电商产品指明方向。例如，人们一提到国货护肤品大多会联想到百雀羚，一提到坚果电商品牌大多会想到三只松鼠，一提到品质男装大多会想到海澜之家等。上述这些品牌都是通过产品属性、功能、风格、价格、服务等因素建立竞争优势，通过具体方法来形成目标用户对品牌的心理认知。因此，运营人员在进行品牌定位时，一定要深度挖掘用户的某项需求，让用户一旦产生相关需求就会想到自家品牌。

### 2. 品牌定位的重要性

如今，电商产品同质化的现象严重。在电商平台上任意搜索某一个产品，在搜索结果中往往会出现大量材质相似、功能相似，甚至连产品图片和描述都相似的产品。如果同质化产品越来越多，就会使市场逐步演变成以价格为主的恶性竞争。

为了打破产品同质化日趋严重的现状，品牌需要实行差异化定位。从电商平台的角度来考虑，其需要为不同用户的个性化需求提供大量新产品的展示；从商家角度考虑，要想规避同质化产品的价格战，就需要在产品上寻求差异化；从用户角度考虑，"90后""00后"日益成为消费主力，他们强调个性、紧追潮流、喜欢新奇事物，而满足主力消费人群的需求是电商平台和商家共同的价值体现。

### 3.1.2　产品规划的内容

品牌定位最终要落实到产品上，因此产品规划对于品牌形象的建立至关重要。产品规划主要涉及产品定位、品类规划、产品选品、产品定价4个方面的内容。

#### 1. 产品定位

产品定位是指在产品设计研发之初或在产品进行市场推广的过程中，商家通过一定的营销手段使得该产品在用户心中确立一个具体形象的过程。产品有了定位，店铺才有明确的发展方向。

产品定位应以品牌定位为基础，受品牌定位的指导，但要比品牌定位更具体，即产品定位要打造出产品的特色，为产品赋予一定的形象，以适应用户的个性化需求。例如，韩都衣舍电商女装品牌的品牌定位为"韩风快时尚"，该品牌旗下的多款"IP联名"系列产品既服从了该品牌定位，又拥有产品自身鲜明的定位。

#### 2. 类目规划

产品类目的规划和管理是电商运营的重中之重。将新的产品正确地归入某个具体品类中，是最基础的类目管理工作。每个电商平台都有一级、二级、三级等不同等级的类目，例如淘宝平台的产品类目，其左边区域为一级类目，右边区域为二级类目，如图3-1所示。

此外，每家店铺也有自己的产品类目，包括主品类、次品类，大分类、小分类等。例如图3-2所示的这家淘宝店铺，就根据产品的功能将产品分为多个类目，还专门设计了关于产品推荐的"爆款榜单"类目。

可见，类目规划不仅是基于产品的品类规划，还是基于用户消费心理的精准"导购"。因此，运营人员在深度分析市场数据之后，应对类目结构进行合理布局，通过各个类目之间的关联形成高效产品组合，为用户提供多样化的产品选择和贴心的购物导航，从而在有效的管理下提升销售业绩，实现营销资源的最大化利用，强化店铺抵御风险的能力。

#### 3. 选品

选品顾名思义，就是选择产品。在确定了产品的定位与类目之后，运营人员需要对具体销售的产品进行选择。

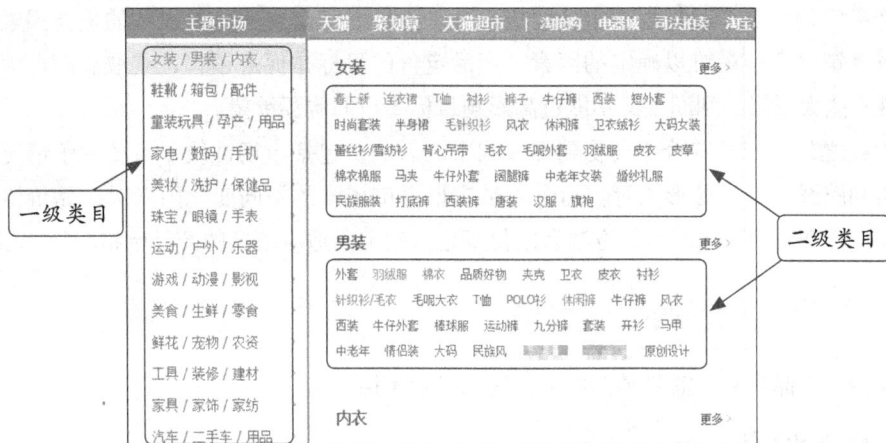

图 3-1 淘宝平台的产品类目

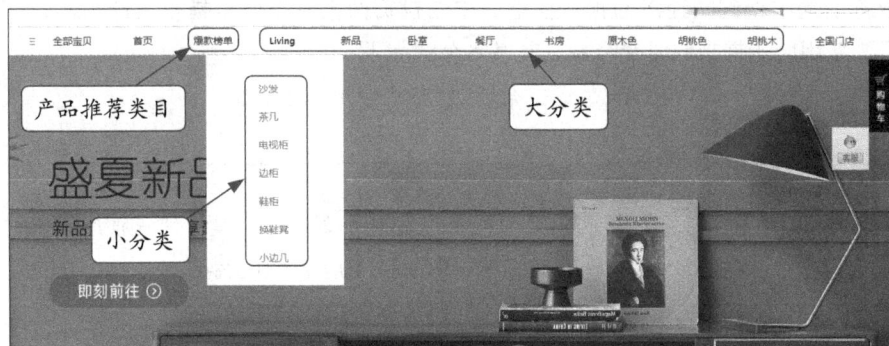

图 3-2 店铺的产品类目规划

选品是电商运营过程中非常重要的一个环节，也是影响产品销量的主要因素之一。在如今的市场环境下，商家们缺乏的往往不是产品本身，而是缺乏对产品款式受欢迎程度的把控以及对产品质量的保障。例如，A 店铺没有对市场上的产品进行分析选品，随便找了一款产品就上架销售了；而 B 店铺对市场上的产品进行了详细的分析研究，并运用了一些的选品技巧和工具，选出了一款目前在市场上比较受欢迎的产品进行销售，排除运气成分以外，A 店铺和 B 店铺最后的销售结果是可想而知的。

产品选品基本有两种情况。一是初次开店，在没有确定具体销售的产品的情况下，产品要如何选择？二是针对拥有固定产品线的店铺，在产品上新时如何选择合适的款式？无论是哪种情况，运营人员都应该尽量根据产品的品质、风格、类型、功能、价格等因素来选择符合市场需求的产品进行销售。

#### 4. 产品定价

产品定价，是产品规划的重要组成部分。价格通常是影响交易成败的重要因素，也是市场营销组合中最难以确定的因素。产品定价的目标是促进销售、获取利润。因此，定价既不能太低影响利润，又不能过高影响目标用户的购买欲望。

除此之外，产品定价还会受到很多因素的影响，包括市场性质、市场竞争情况、销售策略和路线、产品的形象等。运营人员应根据市场中的不同变化因素对产品价格的影响程度，合理采用不同的定价方法和定价策略，制定出适应市场的产品价格。

### 3.1.3　了解产品规划的相关术语

要做好产品规划，需要掌握以下常用的专业术语。

#### 1. 投资回报率

投资回报率（Return On Investment，ROI）是指通过投资而应返回的价值，即企业从一项投资活动中得到的经济回报。在电商中的投资回报率主要是指投入产出比，即通过投入推广费用所能带来的成交金额。其基本公式如下：

$$ROI= 总成交金额 \div 推广费用 \times 100\%$$

【实例1】

某店铺2019年3月推出一款新产品，推广费用为2万元，通过付费推广带来的成交额为10万元，则该款新产品的投资回报率（ROI）=10÷2×100%=5。

#### 2. 复购率

复购率即重复购买率，是指用户对某一品牌的产品或服务的重复购买次数。复购率越高，用户对品牌的忠诚度就越高，反之则越低。

复购率的计算方法有两种。一种是按用户数计算，即重复购买的用户数占总用户数的比值。例如，有10个用户购买了产品，其中5个产生了重复购买，则该产品的复购率为50%。另一种是按交易数计算，即重复购买的交易次数与总交易次数的比值。例如，某一个月内，某个产品一共产生了100笔交易，其中有20个用户进行了二次购买，这20个用户中又有10个用户进行第三次购买，则重复购买次数为30次，因而该产品的复购率为30%。一般情况下建议采用第一种方法计算产品复购率。

#### 3. 毛利、毛利率和加价率

毛利是指产品的销售收入或营业收入（即产品的销售价）减去产品进货成本（即产

品的进货价）后的余额。其计算公式如下：

$$毛利 = 销售价 - 进货价$$

毛利率是指毛利与销售收入或营业收入的百分比。其计算公式如下：

$$毛利率 = （销售价 - 进货价） \div 销售价 \times 100\%$$

加价率是指毛利与产品进货成本的百分比，是制定产品价格的重要依据之一。其计算公式如下：

$$加价率 = （销售价 - 进货价） \div 进货价 \times 100\%$$

注意毛利率与加价率的区别。毛利率可以看作是用该产品的毛利除以该产品的销售价，因而产品的毛利率是不可能超过 100% 的，而加价率则是用该产品的毛利除以该产品的进货价，因而加价率有可能超过 100%。例如，销售价超过进货价的 2 倍，那么加价率则超过 100%。

【实例 2】

某店铺进了一批毛衣，单件进价为 100 元，销售价定为 240 元。那么这批毛衣的毛利率和加价率分别如下：

$$毛利率 = （240-100） \div 240 \times 100\% = 58.3\%$$

$$加价率 = （240-100） \div 100 \times 100\% = 140\%$$

### 4. 存货单位

存货单位（Stock Keeping Unit，SKU），即仓储物品的库存计量单位，可以是以件、盒、托盘等为单位。SKU 是大型连锁超市配送中心的重要物流管理方法。如今 SKU 已经引申为产品统一编号的简称，每种产品均对应唯一的 SKU 编码。

对电商而言，SKU 有以下两种解释。

第一种解释，SKU 是指一款产品，每款产品都有一个 SKU 编码，以便识别产品。

第二种解释，一款产品若有多个样式或颜色，则有多个 SKU 编码。例如，店铺销售的某款衣服，有红色、白色、蓝色 3 个颜色，则 SKU 编码也有 3 个。如果 SKU 编码都相同，则会出现混淆，容易发错货。

具体怎样使用 SKU，需要根据实际情况而定，一般以方便销售、不易引发错误为编码原则。

## 3.2　产品定位的方法

做电商应该卖什么样的产品？这个问题没有一个绝对的答案。电商市场中各种品类的产品都有销售得很好的。一款产品的定位需要考虑到很多方面的因素，一般来说，商家会在最开始就明确产品定位，然后在产品的发展过程中不断对产品定位进行调整，而且往往成功的产品总是在不断地调整后才找到适合的定位。

### 3.2.1 产品定位的策略

随着人们生活品质的提高，用户对于产品的选择标准已经从单纯的产品要求提升到搭配购物体验的要求。例如，用户在购买产品时除了关注产品本身，还会关注与该产品相关的附属品、赠品、包装与服务等。因此，这里所讲的电商产品定位，也不仅限于单独售卖的产品，还包含赠品、包装与服务等。

产品定位的核心是通过差异化的产品来满足目标消费者或目标市场的需求，通过差异化竞争来实现最终目的。根据产品规格的不同，产品定位的策略也会有所不同，下面将从标品和非标品两个方面来讲述产品定位的策略。

#### 1. 标品的定位策略

标品是指具有统一市场标准的产品，这类产品一般有明确的规格型号，如手机、电脑、家电产品、化妆品等。

这类产品大部分都是规格化和标准化生产的，因此运营人员在对这类产品进行产品定位时，可以从服务或赠品等方面对产品实行差异化定位。例如，同样是销售手机的店铺，有些店铺只销售官方标配的产品，而有些店铺除了销售官方标配的产品，还会将一些配套的相关产品与手机组合成套餐供用户选择，或者额外赠送一些产品作为增值服务，如图3-3所示。

图3-3 手机的产品定位策略

**2. 非标品的定位策略**

非标品是指无法按照国家颁布的统一的行业标准和规格制造、生产的产品，如服装、鞋子、包等。非标品通常款式多、选择面广，强调"个性化"。因此，运营人员在对这类产品进行产品定位时，除了利用适用标品的赠品和服务进行差异化定位以外，还可以从产品的风格、功能特性和包装等方面进行差异化定位。例如某家店铺销售的产品是一款女士双肩包，商家针对该产品的风格，使用"民族风""刺绣""森系"等词汇为该产品进行定位，以此来吸引目标用户群体，如图3-4所示。

图 3-4　鞋包类产品的定位策略

## 3.2.2　产品定位的步骤

电商流量一般是以产品为入口的，也就是说，用户是通过产品进入店铺、再认识品牌的，因此产品的定位非常重要。产品定位主要有以下几个步骤。

（1）找出产品的竞争优势。运营人员通过总体市场分析、竞品分析，找出产品自身的优缺点，采取在市场上对店铺有利的产品营销策略，以获得竞争优势。

（2）找出产品的核心优势。即店铺所销售的产品具有其他竞争者无法简单模仿的优势，这种优势在市场上更具有竞争力。

（3）制定策略。以产品的数据分析为基础，制定差异化的营销策略。产品定位并非一次性的简单任务，而是一个不断调整和执行的过程，所以店铺的营销策略也需要不断变化调整，以应对市场的变化。

## 3.3　类目规划的方法

产品类目是电商平台或商家为了使用户能够有针对性地选购各种产品而做的产品分类。类目规划的核心是分析、预判市场竞争和机会，以合理地布局产品。因此，运营人员在进行类目规划时，应该通过对类目市场的数据分析来了解整个类目的市场情况，明确主攻的市场切入点。

**扫码看视频**

### 3.3.1　分析类目市场

分析类目市场主要是分析类目的相关市场需求、市场容量和竞争度三大关键指标。运营人员可以利用淘宝平台的"生意参谋"等数据分析工具对类目市场进行分析。在生意参谋的"市场"模块中，可以通过类目之间的数据对比及市场大盘情况来分析各个类目（包括其子类目）的市场容量、需求规模以及竞争情况等。

例如，在生意参谋中查看"美容护肤/美体/精油"类目的市场大盘数据，如图3-5所示。运营人员通过对访客数进行分析，可以迅速了解该类目的市场容量和人气：如果访客数较多，就说明该类目的市场容量较大，人气较高。

**图3-5　"美容护肤/美体/精油"类目的市场大盘数据**

除此之外，还可以查看"美容护肤/美体/精油"类目的"行业构成"和"卖家概况"。通过查看该类目的"行业构成"，运营人员可以了解该类目下还有哪些子行业，同时还可以对这些子行业的交易指数、交易增长幅度、支付金额较父行业占比等交易指标进行分析，如图3-6所示。通过分析这些交易指标，运营人员可以具体了解市场上热度较高的产品类目。

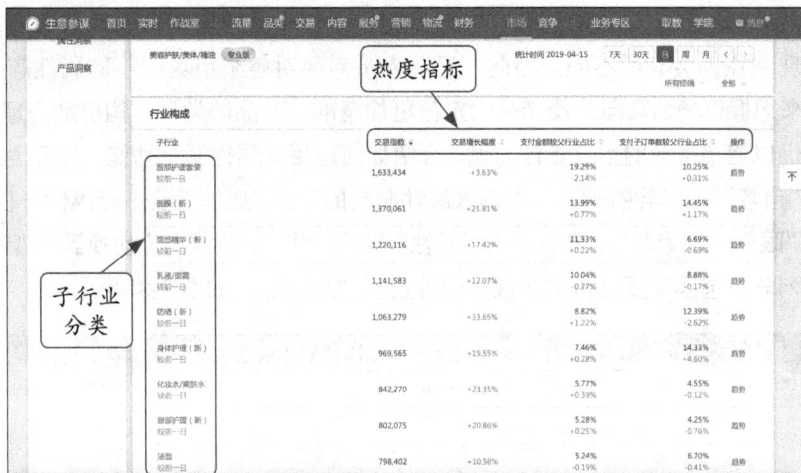

图 3-6　"美容护肤 / 美体 / 精油"类目的"行业构成"

通过查看该类目的"卖家概况",运营人员可以对该类目下各子行业的卖家数量进行对比分析,如图 3-7 所示。在选择市场切入点时,运营人员应当优先考虑交易指数较高且卖家数相对较少的子类目。

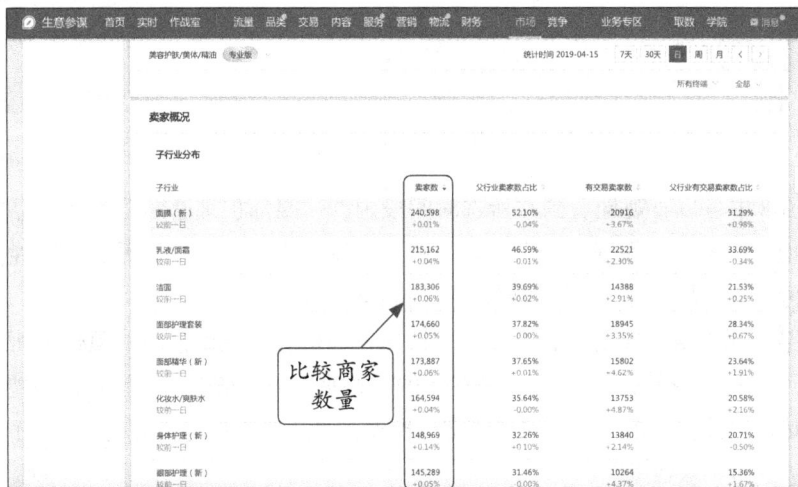

图 3-7　"美容护肤 / 美体 / 精油"类目的"卖家概况"

## 3.3.2　分析"属性"市场

产品的属性是指产品特性的集合,而属性值则是指属性的具体内容。产品的属性可以是产品的品牌、功能、功效、款式、材质等。例如,手表类产品的属性可以是"上市时间"

"产地""品牌""流行元素"等。在同一类目下，产品的属性和属性值不同，其在市场上的表现往往也会有所不同。因此，运营人员需要对整个市场中不同属性产品的数据进行分析来把握市场的动向，使产品的定位更加精准、产品的类目结构更加合理。

这里仍以淘宝平台的生意参谋为例，介绍如何运用其属性洞察功能。打开生意参谋，依次单击"市场"→"属性洞察"，❶进入属性洞察的界面，选择需要进行属性分析的类目，这里选择"眼部护理套装"，❷在"热门属性"页面中将"属性排行"切换到"热销属性"，❸在下拉列表中选择需要分析的属性，此处选择"功效"，如图3-8所示。

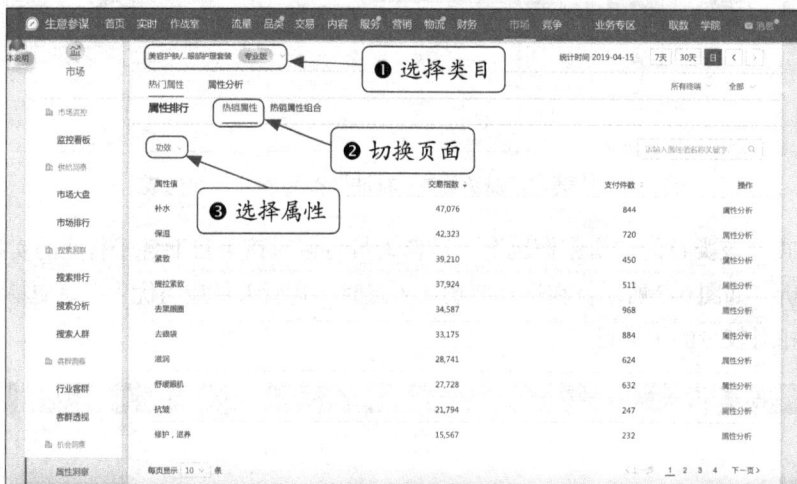

图3-8　热销属性

在图3-8中可以直观地看到在所选时间段内，"眼部护理套装"类目产品的热销属性的属性值——补水、保湿等。在"热销属性"页面中，还可以查看这些属性值的交易指数和支付件数，甚至可以对这些属性值进行具体的属性分析。

单击某一属性值后面的"属性分析"按钮，即可看到该属性值的属性分析页面，如图3-9所示（这里选择的是"功效"属性中的"补水"属性值）。在该页面中能清楚地看到涉及该热销属性值的相关产品的具体交易指标，如该产品的交易指数、支付子订单数、支付件数、支付买家数等。

在"属性洞察"界面中也可以直接对某一类目的热销产品进行属性分析。具体操作为进入"属性洞察"界面，选择需要进行属性分析的类目（如"眼部护理套装"类目）后，❶将"热门属性"页面切换到"属性分析"页面，❷将"热销榜单"切换到"商品"，如图3-10所示。通过该"热销榜单"可以查看所选时间段内"眼部护理套装"类目下的所有热销产品，以及所有热销产品的交易指数和支付件数等，并可以进一步对某款热销产品进行趋势分析。

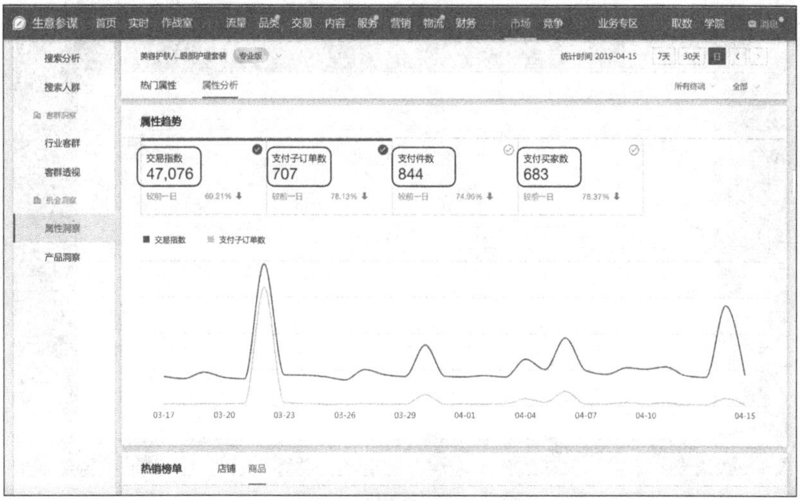

图 3-9　属性趋势分析

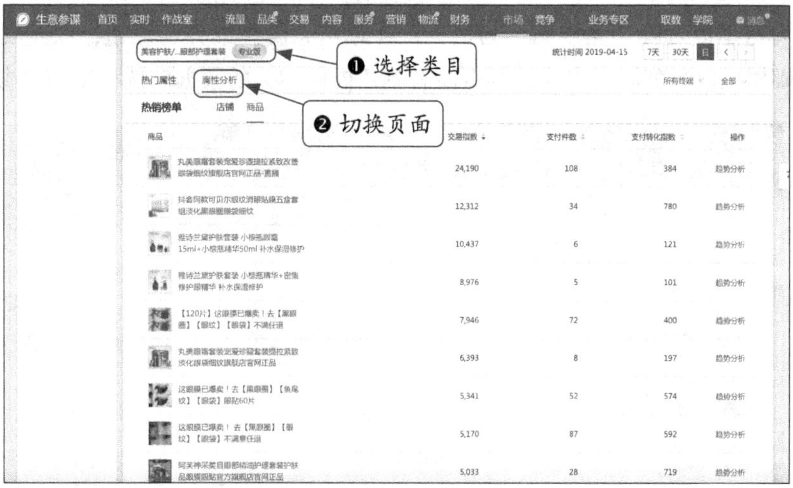

图 3-10　商品热销榜单

　　如果要对某款热销产品做进一步的分析，可单击该热销产品后面的"趋势分析"按钮，进入该产品的趋势分析页面，如图 3-11 所示。在该页面中能获取该产品的流量指数、支付转化指数、交易指数、客群指数等关键指标。

　　由于产品的属性影响着产品的搜索排名，因此属性优化在店铺 SEO 中也是非常重要的一环。对于产品属性优化，商家可以借助一些数据分析工具进行产品属性的分析和优化。

　　例如，商家可以通过阿里指数查看相关产品的细分属性的趋势：热门基础属性、热门营销属性和价格分布带。

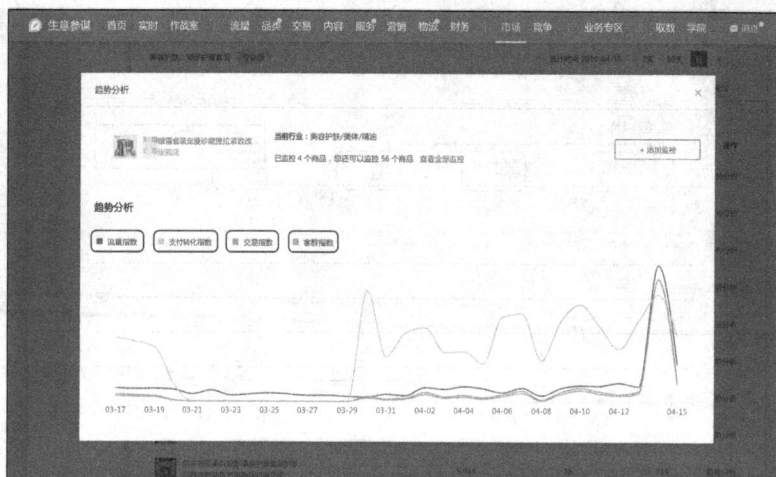

图 3-11　产品趋势分析

对于产品的热门基础属性，具体的查看步骤如图 3-12 所示，主要分为两步：❶ 选择产品类目（这里以选择"连衣裙"为例）；❷ 单击"属性细分"按钮，"连衣裙"类目的热门基础属性信息就展现出来，其页面右侧还提供相关的数据解读，供商家参考。

图 3-12　产品的热门基础属性

**ℹ 提示　切换细分属性**

在图 3-12 中，热门基础属性默认展现的是"服装风格"属性，若要查看"图案""流行元素""工艺""面料名称"等属性，可单击有相应属性关键词的选项。需要注意，不同类目下的产品，其属性关键词是不一样的。

在图 3-12 所示的"属性细分"页面中向下浏览，即可看到"连衣裙"类目产品的"热门营销属性"，如图 3-13 所示。从柱状图及其下方的数据解读来看，"新款""爆款""现

货"等属性是比较受用户喜欢的热门营销属性。商家可以将该类目的热门营销属性运用
到自己产品的关键词优化中，从而增大产品的搜索权重。

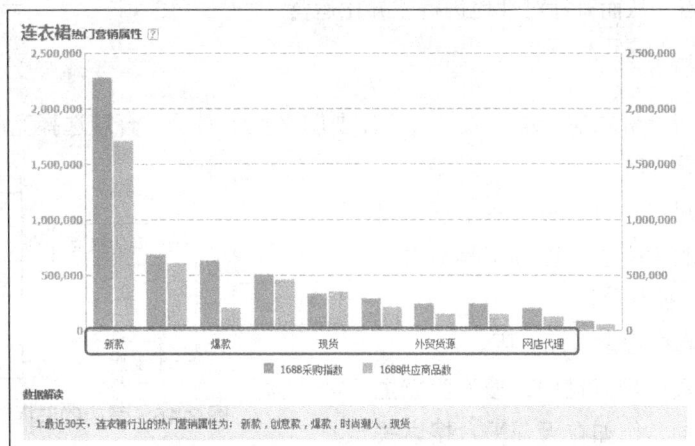

图 3-13　产品的热门营销属性

　　在图 3-12 所示的"属性细分"页面中继续向下浏览，还可以看到"连衣裙"类目产
品的"价格带分布"，如图 3-14 所示。在页面下方提供了相关的数据解读来说明用户浏
览和采购的产品价格带，以便商家更好地对该类目产品的价格属性进行优化。

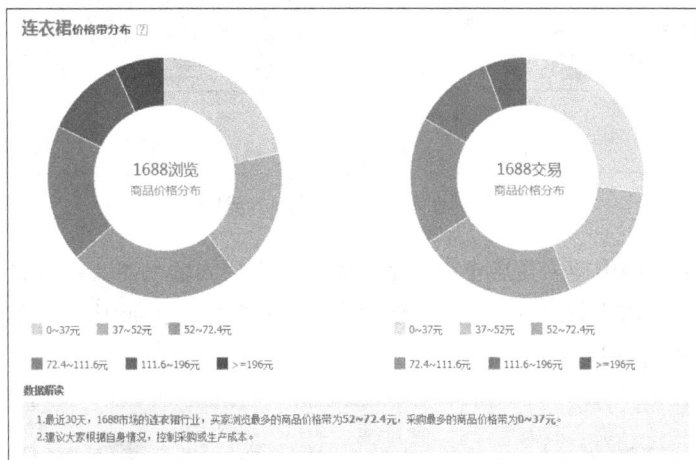

图 3-14　产品的价格带分布

### 3.3.3　竞店与竞品分析

　　在同质化日趋严重的电商市场，很多商家在找到目标市场后，没有就竞争对手进行

全面的、有针对性的分析，从而只能靠"打价格战"来获取市场占有率。通过分析竞争店铺（以下简称竞店）和竞争产品（以下简称竞品），可以快速找到品牌、产品、服务或营销的切入点，从而有针对性地进行差异化运营。

### 1. 竞店分析

在进行竞店分析之前，运营人员首先需要明确竞争对手，合理选择竞店。竞店选择的维度可参考图 3-15。

运营人员可以在直接在平台中搜索目标竞店，然后利用生意参谋等工具对目标竞店进行实时监控和分析。

（1）在平台中搜索目标竞店。

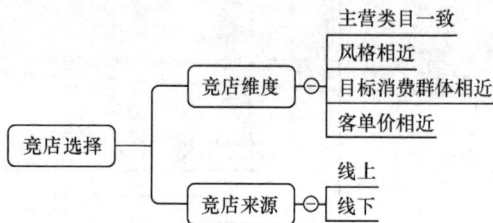

图 3-15　竞店的选择维度

在平台首页的搜索栏中，搜索商家主营类目的关键词，例如在天猫平台搜索关键词"运动鞋"，如 3-16 所示。在搜索结果的"品牌"栏中展现了该平台上所有在售的运动鞋品牌，只要单击相应的品牌名称便能进行筛选。

图 3-16　主营类目相同的品牌

如果是在淘宝网中搜索竞店也很简单，❶ 在搜索栏中输入商家主营类目的关键词，❷ 将搜索栏上方的选项卡切换为店铺，❸ 单击"搜索"按钮，如图 3-17 所示，这样就能直接搜索出与该关键词相关的店铺。

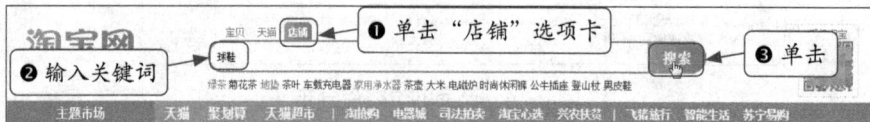

图 3-17　在淘宝网中搜索竞店

需要注意，在选择竞店时，应尽可能选择与自己店铺匹配度较高的店铺作为竞店。为方便下一步的品牌数据分析以及后期的实时监控，建议将选择的竞店数量尽量控制在

10 家以内。

（2）在生意参谋中添加"竞争店铺"。

选择好竞店以后，还需要将所挑选的竞店添加到数据分析工具中，以进行具体的分析和监控工作。下面介绍如何通过生意参谋进行竞店分析。

生意参谋的专题工具中的"竞争"模块可用于竞店添加。"竞争"模块的界面如图 3-18 所示。

图 3-18　"竞争"模块的界面

添加竞店的方法：在生意参谋的"竞争"模块界面中，❶ 单击"竞争配置"选项，❷ 切换到"竞争店铺"选项卡，❸ 单击"+"按钮，如图 3-19 所示，添加需要监控的竞店。

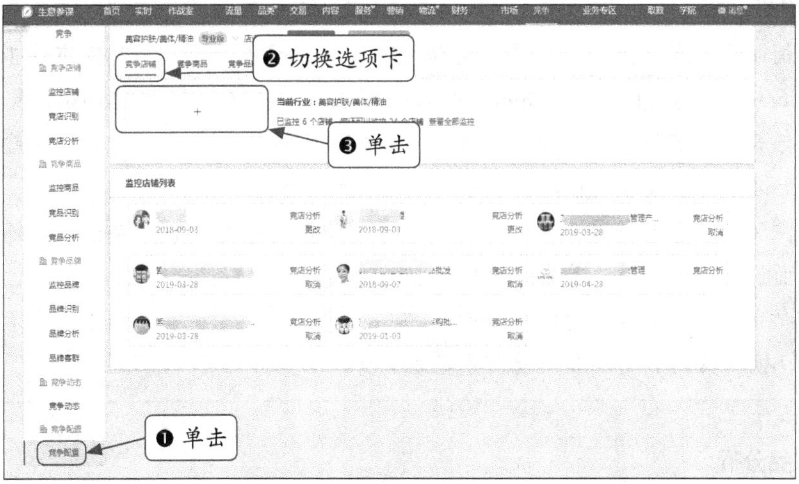

图 3-19　配置要监控的竞店

（3）品牌分析。

在添加好竞店之后，运营人员就可以对监控的竞店或竞争品牌的经营表现情况进行具体分析了。在"竞争"模块界面中，单击"品牌分析"选项，即可进入竞争品牌的分析页面。选择一个正在监控的竞争品牌，即可看到该竞争品牌的关键指标数据，还可以通过品牌趋势图直观地了解该竞争品牌近一个月内的关键指标的走势情况，从而判断出该竞争品牌在整个平台的市场容量情况，如图3-20所示。在这个环节中，运营人员可以依据竞店或竞争品牌的各项数据表现来制定运营目标。建议运营人员筛选3家以内最关注的竞争对手进行重点分析。

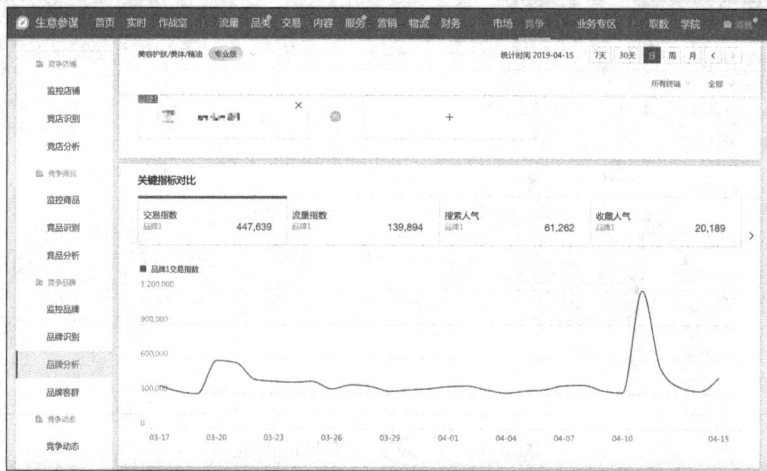

图 3-20　竞争品牌关键指标分析

【实例3】

A店铺的运营人员在对B店铺的运营关键指标进行分析时，发现B店铺3月的流量指数为156108，交易指数为356890；而A店铺3月的流量指数为155980，交易指数为169836。与B店铺相比，A店铺的流量并不算少，但在交易指数方面A店铺就远远不如B店铺了，这说明了A店铺在转化率方面存在很大的问题。

为了探究转化率较低的原因，A店铺的运营人员随即进入B店铺进行调研，发现B店铺在页面设计、客户服务等方面确实比自己的店铺做得好。于是A店铺的运营人员参考B店铺的经验，再结合自己店铺的定位，在页面设计、客户服务等方面做了相应的调整和优化，很快A店铺的转化率就有了显著提高。

## 2. 竞品分析

在完成竞店分析之后，运营人员还需要进一步对该竞店中的竞品情况进行分析。具体的竞品数据分析及操作步骤将在本书的 7.5 节中进行详细讲解，这里以生意参谋为例简单介绍一下竞品分析中所包含的主要内容。

在生意参谋的竞品分析页面中，运营人员可以看到本店和竞店的商品列表以及交易指数，如图 3-21 所示。

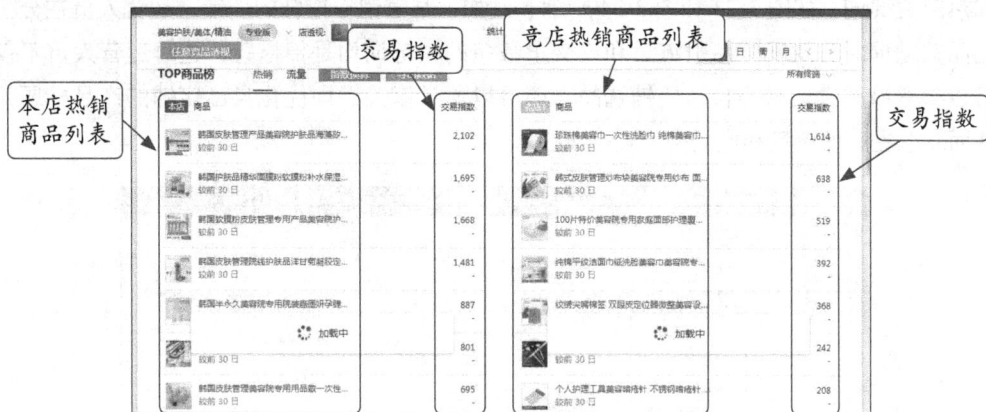

图 3-21  本店和竞店的热销商品对比

在竞品的分析中，还可以看到竞品的流量来源情况，如图 3-22 所示。分析竞品的流量来源有两方面作用，一方面运营人员可以参考竞品的流量来源情况，制订自己店铺的流量目标和流量计划；另一方面，运营人员可以通过竞争对手的流量布局情况，找到竞品推广上的优势和劣势，再结合自己店铺的实际情况，找到最合适的引流方式和引流渠道。

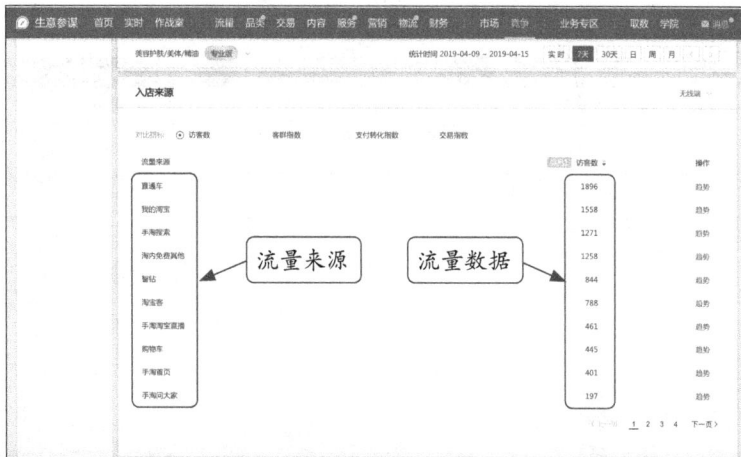

图 3-22  竞品的流量来源

例如，某淘宝店铺的运营人员通过分析竞品的流量来源，知道了店铺竞品的流量主要来自手淘搜索和直通车。运营人员在运营自己店铺的产品时就应该特别注重对产品手淘搜索的优化，并适度加大直通车的投放力度。当然，也可以反其道而行之，避开竞争激烈的渠道，从其他渠道进行突破。

　　另外，运营人员也可以通过竞品的引流关键词和成交关键词来分析竞品的热门领域和热门关键词，如图 3-23 和图 3-24 所示。例如，某家销售拖鞋的店铺，运营人员在分析竞品关键词时，发现竞品引流量和成交量最多的关键词均是棉拖鞋，这时运营人员不仅可以参考该关键词来为自己店铺选品，还可以通过该关键词优化自己店铺的产品标题，从而获取更高的流量和成交率。

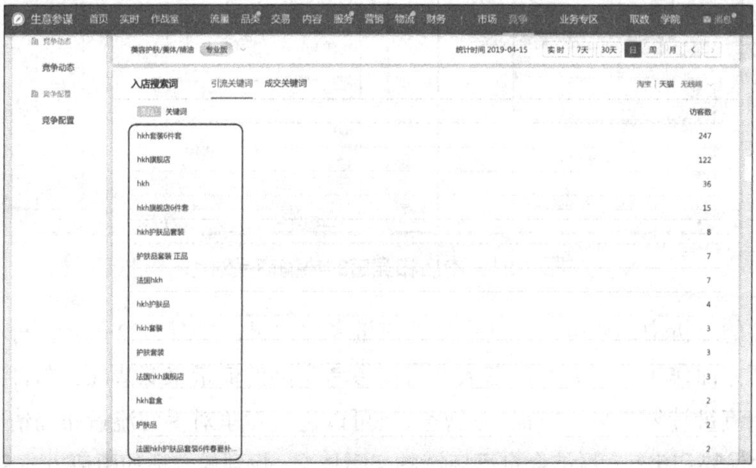

图 3-23　竞品的引流关键词

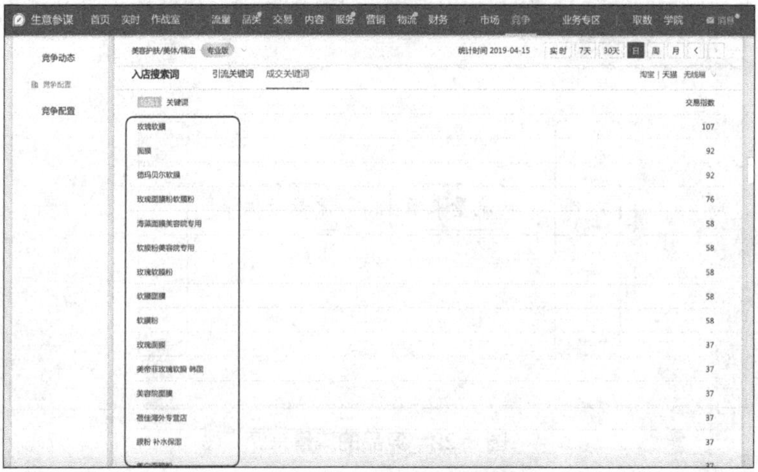

图 3-24　竞品的成交关键词

### 3.3.4　规划时应考虑多品类间产品的关联性

对多品类间产品的规划和管理既有助于对整个店铺的品类结构进行合理布局，又能对关联组合产品的销售起到促进作用，关联度高的跨品类组合产品往往能引导用户快速做出购买决策。

在设置多品类间产品关联组合时，运营人员应注意以下几个方面的问题。

（1）多品类间产品关联组合的核心原则。

运营人员在设置多品类间产品关联组合时应遵循 3 个核心原则，即客单价高的产品关联组合客单价低的产品，前端产品关联组合后端产品，耐用品关联组合快消品。

例如，在母婴用品市场中，用户通常都是在宝宝出生前 2 ～ 3 个月购买婴儿床、婴儿推车等耐用品；在产前 1 个月左右购买婴儿纸尿裤、奶瓶、待产包等快消品。这两大品类的产品均满足上述 3 个核心要素，通过产品间的高效组合，可以在销售客单价高的前端耐用品的同时，关联销售客单价低的后端快消品。例如，销售婴儿床的时候，关联销售婴儿纸尿裤。又如，销售咖啡机的同时，关联销售咖啡豆，也是采用的这种规划策略。

（2）分析用户的购买习惯和消费需求。

用户的购买习惯是指用户在自主行为中逐渐形成的且不易被改变的购买产品的行为。用户的购买习惯通常与其性别、年龄、职业、个人爱好、经济条件等因素有关。运营人员可以参考生意参谋等工具提供的消费人群数据，来制定产品的销售计划、促销策略、组合策略等，以此来满足用户的消费需求。

新店铺由于才刚开始运营，还没有人群数据，运营人员可以先根据店铺和产品的定位进行初步预判，等店铺积累一定的人气和销量以后，人群画像就会逐步清晰，数据量会越来越大，参考价值也会越来越大。正在经营中的店铺可以通过后台数据进行分析，通过年龄、职业、消费水平、消费地域等来构建不同消费层级的用户购物场景。

（3）店铺在进行定位以及品类规划的同时，一定要对自身的优势有清晰的认知并对用户强化这种认知，使其能够影响用户的购买行为。

多品类店铺的优势在于能满足不同人群的需求，能够给予用户全面、快捷的购物体验。例如，一家主营母婴类产品的店铺拥有一条非常齐全的产品线，既有婴儿床、婴儿推车、儿童汽车安全座椅、学步车、儿童桌椅等耐用品；也有哺育用品、洗护用品、湿巾、纸尿裤、儿童玩具、婴童服饰等快消品。这些产品的适用对象涵盖了 0 ～ 12 岁的小孩，能够一站式解决家长满足孩子从护理到衣着、从居家到出行、从游戏到睡眠等的购买需求，这同样也是店铺实力的体现。

有的店铺会结合自身优势，通过性价比或个性化的经营策略来运营店铺，使用户在需求产生的那一刻就会第一时间想到自己的店铺。例如，"去屑就用海飞丝"等，这些店铺或品牌都是通过对自身产品的优势进行分析之后，再采用一系列手段来加强用户对店铺或品牌的认知和记忆。

## 3.4　产品选品的方法

对于电商商家来说，正确选择经营的产品，往往是成功打开电商经营之门的重要一环。如果商家没有选对产品，即使在后续的运营中投入大量的精力和时间，也不一定能取得很好的效果，反而很有可能影响店铺的销量和利润。

### 3.4.1　掌握多种选品方法

在选择店铺经营的产品时，盲目跟风肯定是不可取的，但新手商家往往又没有选品的经验，选品时感到难以下手，那么新手商家到底应该怎样选品呢？这里介绍几种选品的方法供大家参考。

**1. 选择自己熟悉的产品或擅长的服务**

电商商家销售的产品既可以是有形的实体产品，也可以是无形的服务。无论商家选择的产品是有形的还是无形的，首先要遵循的原则就是选择自己熟悉的产品或擅长的服务。

商家必须对自己销售的产品或服务有足够的了解和认识，才能够在后期的运营中游刃有余，保证店铺的利润，否则将来在经营的过程中可能会遇到很多不必要的困难和挫折，造成无谓的损失。因此，商家在选品时应尽量选择自己熟悉的产品或擅长的服务，这样才能使店铺更长久地经营下去。

俗话说，"兴趣是最好的老师。"如果商家选择的产品既是自己所熟悉的，又是自己很感兴趣的，那就更好不过了。

**【实例 4】**

某图书公司最近请来一位网销主管，在天猫平台开设网店，从零开始，4 个月销售额达 5000 万元，一时被传为佳话。

这位看似年轻的秦主管，做网销已经有 6 年时间。据了解，秦主管之前并未涉足过图书行业，但他为何在短短 4 个月内就能把图书销售额做到 5000 万元，这是一个让人费解的问题。最后这个谜底还是秦主管自己揭开的：原来秦主管的妻子是市教委工作人员，对于教材、教辅书有足够的了解，秦主管当时面临着两家公司的邀请，最终选择图书公司也正是因为有妻子这个专家作为后盾。

秦主管入职后，通过调研公司的定位与市场规模，再结合妻子的专业意见，决定以细分市场为切入点。图书是一级类目，下面细分类目还有很多，秦主管制定了"以高考切入，攻占高中教辅，并不断铺开，向初中和考研延伸"的战略。由于高中教辅的消费需求量很大，因此利用这一品类获取流量的速度也很快，秦主管所在的公司得以迅速发展，产品迅速占领了多个细分品类。

### 2. 选择有较高复购率的产品

如果某一产品的复购率高，便能够有效提高静默成交量，降低营销成本和客服成本，因此选择有较高复购率的产品很重要。在店铺里购买产品的用户中，有很大一部分都是老用户，他们是否经常购买一些产品，决定了这些产品的复购率。复购率较高的产品一般都是一些快消易耗品，如纸巾、化妆品、食品等。淘宝上一家销售纸巾的店铺，其某款纸巾销量非常高，如图 3-25 所示。

图 3-25　一款销量非常高的产品

另外需要注意，如果发现竞店在销售一款产品，卖了一两个月就不卖了，那么这类产品有可能不好卖，或者进货不易，或者存在其他问题等，总之一定要谨慎选择。

### 3. 选择价格适中的产品

一般来说，除了商家自己独创的产品以外，产品的价格都是由厂家来决定的，在这种情况下，商家可以决定的是选择销售什么价位的产品。如果商家选择的产品价格太高，可能会失去一些潜在用户；如果选择的产品价格太低，利润就会很低。

商家在选择产品时，要从自身所处的社会阶层来考量产品的价格问题。例如，一个具有一定品牌影响力的大商家，销售一些价格低廉的产品，这就与其身份不太相符了；相反，一个兼职开网店的学生，却销售一些高端奢侈产品，这就会让用户质疑其所销售的产品是否为正品。

建议新手商家选择价格不太高的产品，这样用户的试用率会比较高。如果价格太高，试用的门槛就高了，会把一批想要尝鲜的用户拒之门外。

### 4. 选择有合适利润的商品

商家追求的就是利润，一般来说，合理的利润主要被 3 个条件制约，即客单价、毛利率和市场竞争激烈程度。

如果客单价较高，毛利率可以低一点。通常一个普通商家的毛利率为 30% ~ 40% 都是比较合理的，如果毛利率达到 70%，该产品的质量就无法保证了。

利润还取决于产品的市场竞争激烈程度。如果产品的市场竞争已经非常激烈了，适当降低利润可以增加产品的竞争优势。当然，这个还是需要根据自己的产品来决定。

## 3.4.2 如何选择引流款产品

"引流款"就是店铺用于主推的吸引流量的产品。流量对于电商企业来说是非常重要的，而引流款的主要作用就是为店铺引流，如果一家店铺能够主推引流款产品，那么店铺的流量必定是很可观的。与同类目属性的竞争对手相比，引流款具有价格或其他方面的优势，从而更利于占领电商平台上较好的位置，后期可带来较多的免费流量，其产品的转化率较高。

引流款产品通常都是目标客户群体中绝大部分用户都可以接受的大众化产品，引流款产品的毛利率要适中。在选择引流款产品时，商家应该对产品进行市场测试，产品推广初期给予比较小的流量，观察营销的数据变化情况，选择转化率较高、地域限制较少的产品。

**【实例 5】**

某店铺主营产品为家庭日用品。在 2015 年时，店主决定打造一个引流款产品。经过调研，店主发现落地式晾衣架的市场占有率还不算高，客户集中在沿海地区，当时做得最好的店铺一天大概卖 300 件左右，销量不算太高。店主还发现，晾衣架生产商绝大多数在广东，而广东的原材料管材较贵，店主决定从河北定制质量一样但更为便宜的原材料管材，这样首先在成本上就占了优势。

在差异化方面，店主发现市面上的晾衣架配件几乎千篇一律，都是灰色的。于是店主将配件颜色细分为蓝色和粉色，兼顾男士和女士的偏好。管材上，则把市面上的圆管升级成方管，使之受力更均匀，也更结实。这两点变化几乎没有增加任何成本，但在差异化上一下就拉开了距离。

改进之后，产品转化率非常高。由于前期搜索流量很小，所以重点通过直通车引进流量。稳定直通车投入之后，销量每天达到 800 件左右，让原来的第一名望尘莫及。这款落地式晾衣架成了店铺的"引流款"产品，为店铺带来了巨大的流量，让店铺内其他产品的销量也得到了较大的提升。

### 3.4.3　如何选择爆款产品

爆款产品是指在产品销售过程中，那些供不应求、销售量很高的产品，也就是大家通常所说的销售的很多、人气很高的产品。爆款产品可以给店铺引入自然流量，带动全店产品的销量，提升店铺人气。因此，打造爆款一直是店铺运营的头等大事，那么潜力爆款产品都有哪些特点呢？运营人员应该如何选择产品来打造爆款呢？

#### 1. 爆款产品应具备的特点

潜力爆款产品应具备以下几个特点。

（1）产品质量一定要可靠，不能选择劣质的产品去蒙蔽用户，否则会使自己店铺或品牌的信誉受损。

（2）在线上、线下没有被品牌垄断的产品。对于中小商家来说，不适合选择品牌特征比较明显的产品作为爆款产品，因为有一定品牌知名度的产品，大多会被大品牌商家垄断，用户的品牌忠诚度也会比较高，中小商家很少有机会。

（3）在不进行推广的情况下，也能带来很可观的销量。如果潜力爆款产品的自然流量大，在后期的推广中会起到锦上添花的作用。

（4）产品的用户反馈信息较好，回头客比较多。如果一款产品在销售初期能够得到大部分用户的认可，说明该产品很有潜力成为爆款产品。

（5）不是特别冷门的产品。例如，自创个性类的产品、不符合用户搜索习惯的产品、没有一定市场基础的产品、搜索热度太低的产品等都不适合用来打造爆款产品。

#### 2. 选择爆款产品的方法

能不能正确地选择一个具有潜质的爆款产品，直接关系到爆款是否能够被成功打造。运营人员通常可以通过跟款法、活动选款法、数据分析法以及预售法 4 种方法来选择具有潜力的爆款产品。

（1）跟款法。

跟款法是指选择其他商家的爆款来作为自己的爆款的一种选款方法，即别人什么卖得好，我们就跟着卖什么，中小商家通常使用这种选款方法。跟款法有利有弊，并不是所有的跟款产品都能够做成爆款产品。跟款法的优点在于操作简单、风险相对较小，因为其他商家能够将产品销售得很好，说明这类产品的市场需求量较大，具有成为爆款产品的潜力；跟款法的弊端在于其他商家已经在我们要跟款的产品上积攒了很多销量和评价，如果自己的产品在质量或价格上没有较大优势，很难与其竞争。

在用跟款法选择爆款产品时，如果能够跨平台操作，效果会更好的。例如，商家在淘宝、京东、拼多多等多个电商平台上都开有店铺，这时商家可以在淘宝平台上跟选一款爆款产品，然后到其他平台上进行打造，这样往往比直接在淘宝平台上打造爆款的效果更好。

（2）活动选款法。

活动选款法是指通过策划活动来选择爆款产品的一种选款方法。天猫店铺多用此方法进行选款。例如，选定 8～12 个新款产品，置于店铺首页展示位置，进行新品促销活动。在店铺首页和产品详情内页写明各种促销方式，如 1 折抢购、买一送一等，实现最大程度的引流。经过 1～2 天的活动，选出销量前三的产品作为爆款产品。为了让选出来的爆款产品更能经得起市场的考验，可以选出销量前五的产品作为潜力爆款产品，然后将这 5 款产品加大一点折扣力度再进行 1～2 天促销销售，最后选择销量前三的产品作为爆款产品。

（3）数据分析法。

数据分析法就是指通过分析网店后台数据、生意参谋的多项数据来选择爆款产品的选款方法。使用数据分析法选款，运营人员首先通过店铺后台数据，分析产品的自然流量、收藏、转化率以及用户停留时间等一系列数据，筛选出店铺中较优秀的产品；然后分析用户的地域、年龄、购买能力等，找出其中关联性最好的关键词；最后结合市场情况进行综合选款。完成选款以后，可以先通过老用户来积累销量，如使用旺旺或短信等形式通知老用户，并给予老用户一定的折扣优惠，让老用户尽量多转化，积累产品前期的基础销量和好评。

如果店铺开通了直通车，可以使用直通车长尾词低价测款引流，测款时应重点关注点击、成交、收藏、加购等指标的情况。

（4）预售法。

预售法就是通过网店预售的形式选择具有爆款潜力的产品的一种选款方法。这种选款方法是最近几年才兴起的，它的优点在于商家既可以避免压货的风险，又可以营造一种"饥饿营销"的效果。在未选择出爆款之前，商家先不进行大批量的生产，在通过预售的形式收集到用户的反馈信息后，选出更受市场欢迎的产品，不好的产品直接摒弃。接着运营人员在店铺策划一场预售活动，一般预售 2 周左右，可采用多种引流手段。例如，在特定时间内进行秒杀抢购。活动期间，运营人员应关注店铺收藏量这一重要的参考数据，选出收藏量最大的产品作为潜力爆款产品。

**ⓘ 提示**

预售期间有了基础评价，这时商家大批量生产收藏量最大的产品。生产过程中可以根据评价对产品进行进一步的优化处理，以便生产出更能满足市场需求的产品。然后结合直通车进行精准人群定向推广，同时进行详情页优化，增加买家秀等。

### 3.4.4　如何选择利润款产品

商家销售产品的最终目的是获取利润，因此利润款产品在一家店铺实际销售的产品中占比应该是最高的。利润款产品适用于目标用户群体中某一特定的小众人群，这部分人追求个性，因此，利润款产品应尽可能地突出产品的卖点及特点，以满足这部分人的购物需求。

以下 3 种类型的产品一般比较适合作为利润款产品。

➢ 搭售产品：搭售的小产品往往能够贡献较高的利润。

➢ 独占产品：商家自有货源，仅此一家有的产品。

➢ 高端产品：客单价相对较高的产品。

利润款产品的前期选款对数据的挖掘有很高的要求，运营人员应该精准分析这部分用户的偏好，挖掘出适合他们的款式、风格、价位、卖点等。对于利润款产品的推广，商家需要以更精准的方式进行人群定向推广，推广前商家需要进行少量的定向数据测试，也可以以预售的方式对产品进行调研，以获得更精准的市场销售容量。

### 3.4.5　如何选择活动款产品

活动款产品，就是商家用于做活动的产品，不同电商平台对参与活动的商家、商品都有各自的要求。

#### 1. 商家做活动的原因

商家做活动、搞促销，无非 3 个原因：清库存、冲销量、品牌体验。出发点不同，活动结果肯定不同。

（1）清库存。

如果商家做活动是为了清库存，那么这些活动款产品多半是一些陈旧或尺码不全的产品，因此这些产品带给用户的体验就相对要差一些，这时低价就是弥补用户的一个很好的方式。例如"淘清仓"就是淘宝的一个专门清理库存的电商交易平台，当当网的"当当优品"也为用户提供一些库存尾单，用超低的价格引导用户抢购，如图 3-26 所示。

图 3-26　当当网"当当优品"的孤品清仓专区

（2）冲销量。

冲销量通常是基于 3 个原因：①平台对基础成交额的要求（如淘宝搜索排名的需要）；②公司部门的 KPI 考核；③三方运营合作公司为完成业绩任务的需要。商家常常会在电商平台上做一些活动来冲销量，如与淘宝客合作、爆款打造、低价抢购等。活动期间，商家千万不能为了冲销量而不考虑其他因素的影响，如成本、人力资源等，否则会"欲速则不达"。

（3）品牌体验。

活动款产品还有一个很重要的作用，就是让用户通过体验产品来体验品牌。有很多商家都会在各大电商平台上做各种各样的活动，但这些商家能从这些活动中获取多少回头客呢？有些商家活动是做了不少，但店铺的复购率并不高，其主要原因还是在于商家对活动款产品的规划不够明确。由此可见，商家做活动的目的如果是让用户体验品牌，那么还是需要提高用户对品牌的信任度和忠诚度。活动期间，商家切记不要忽略用户的体验，以免用户对品牌产生负面的影响。

**2. 活动款产品的选款**

根据自己策划活动款产品的目的和电商平台对活动款产品的要求，商家可以确定选择活动款产品的大致思路和要求。

（1）活动款产品应该选择大众款的产品，款式简单且不挑人。

（2）季节性、流行性强的产品。

（3）复购率高的快消品。快消品的复购率相对较高，商家做活动不仅可以提高产品复购率，还可以向老用户提供优惠和福利。

（4）活动款产品的定价不能太高。因为商家要让用户看到基础销量的价格与活动折扣的落差，从而让用户产生购物的冲动，因此需要一个较大的折扣。活动款产品的利润率一般都比较低，因为商家如果想依靠活动款产品来赚钱的话，很有可能会陷入一种"非活动不走量"的窘境。

（5）活动款产品的利润率应该是店铺中最低的。由于很多活动款产品的销量是不计入搜索排名的，活动仅仅作为产品品牌对外宣传的渠道。因此，商家应该在活动期间放弃活动款产品的利润，以提高用户对产品品牌的认知度。

### 3.4.6　如何选择形象款产品

形象款产品的主要作用是展示品牌形象，因此商家应该选择一些款式独特、风格独特、设计感强、价格偏高的可体现品牌价值的产品作为形象款产品。形象款产品属于极小众的产品，一个店铺有 3 ~ 5 款形象款产品即可，适合目标消费群体中的 3 ~ 5 个细分人群。虽然形象款产品仅占店铺产品销售的极小部分，但它们的客单价和利润都保持在一个较高的水平，这样才能体现产品的价值，更好地提升品牌的形象。

某形象款手机的详情页如图 3-27 所示，这款手机体现了优良的产品品质，展示了优秀的品牌形象，即使价格较高，也让不少用户心动。

图 3-27　形象款产品

### 3.4.7　选品过程中常犯的错误

选品的成败将直接影响到店铺的经营。众所周知，选品时需要进行市场调研、竞品分析，制定合理的利润目标，但有时候即使严格执行了这些流程，选出来的产品销量仍然不好，这可能是因为选品时犯了一些想当然的错误。下面总结了一些在选品时常犯的错误，希望新手商家在选品时能够避开这些雷区。

### 1. 认为评价数量越多的产品就一定越好

很多商家都会根据平台提供的产品搜索排名，在目标类目中寻找选品思路。因此，商家们优先考虑的对象就是那些评价数量多的产品，但这样做并不正确。

众所周知，评价数量多的产品其市场容量通常都比较大，但这样的产品的竞争也十分激烈，其中不乏一些有实力的大商家，中小商家的竞争难度是相当大的。而且即使产品的评价数量多，也不一定所有的评价都是有利于产品销售的。一款产品虽然评价数量很多，但用户的好评很少，一样达不到好的销售效果。因此，对于中小商家来说，通过产品评价数量来进行选品并不是最好的方法。

### 2. 分析产品评价时只考虑差评

商家们确定一款意向产品后，为了提高用户体验，通常会通过分析竞争对手的差评，对产品进行优化和改进，以减少差评率。其实这样的做法过于片面了。商家在查看产品评价时，不仅要关注差评，还应关注好评，尤其是用户的一些真实评价。分析竞争对手的好评，一方面，商家可以看到用户的使用场景，从而让自己对产品的定位更加清晰和精准；另一方面，商家还可以从好评中知道这个产品给用户带来了哪些价值，满足了用户的哪些需求，这些就是产品的核心卖点，商家是可以借鉴的。

### 3. 调研竞争对手时只考虑短期销量

一些商家通过对竞争对手的调研，发现竞争对手的销量在调研期间很不错，再分析其竞争环境与产品利润空间等，发现都还不错，于是确定此产品为具有潜力的爆款产品，并向供应商下了大量订单。可是，在选品的过程中，这些商家却忽略了产品季节性这一重要的因素。这些商家没有考虑到有些产品是因为季节性因素才会在某段时间内销量走高，而当季节一过，这些产品的销售量便会急剧下滑。针对这类产品，如果订单量太大，在换季前没有销售完，就会造成大量库存积压。因此，商家在选品时，一定要考虑到所选产品有没有季节性。

## 3.5　产品定价的策略与方法

产品的价格不仅是竞争的重要手段，而且也是吸引消费者、塑造店铺形象的重要因素。如果商家在产品定价上有失误，就会直接影响产品的竞争力和店铺的盈利能力。因此，掌握一定的产品定价策略和定价方法对于运营人员来说非常重要。

## 3.5.1　吸脂定价策略

吸脂定价策略又称为撇脂定价策略，是指商家把新产品推向市场时，利用一些消费者的求新心理，将产品价格定在一个较高的水平，在竞争者研制出相似的产品以前，尽快地收回投资，并且获得丰厚的利润。最后随着时间的推移，再逐步降低价格使新产品进入普通消费者的市场。

### 1. 吸脂定价策略的适用范围

通常来说，适用吸脂定价策略的产品主要有全新产品、流行产品、价格弹性小的产品、受专利保护的产品等。如果店铺的产品具备以下条件，就可以采取吸脂定价策略。

（1）产品的消费群体的购买力很强且对价格不敏感。

（2）产品的消费群体的数量众多，可以保证店铺的利润空间。

（3）产品具有明显的差异化优势，市场上暂时没有竞争对手。

（4）当有竞争对手加入时，商家有能力改变定价策略，并通过提高产品的性价比来提高竞争力。

（5）产品的品牌在市场（或行业）中具有一定的影响力，即为知名品牌。

### 2. 吸脂定价策略的优缺点

吸脂定价策略的优点如下。

（1）采取高定价高利润的策略，可以实现短期利润最大化，让店铺利用新产品在短时间内快速收回投资，以减少投资风险。

（2）在新产品上市初期先制定较高的价格，当产品进入成熟期后便可以有较大的调价空间，并且通过逐步降价不仅可以提高店铺的竞争力，而且可以吸引更多偏好低价产品的消费者。

（3）利用消费者求新的这一心理，为全新产品（换代产品）制定较高的价格，可以塑造高品质、高价格的品牌形象。

（4）由于新产品在研发之初存在人力、资金、技术等各方面的不足，很难满足市场规模化生产的需求，这时采取高定价来限制需求的快速增长，不仅可以缓解产品供不应求的情况，还可以让商家获取高额利润，进而逐步扩大生产规模，以满足市场需求。

吸脂定价策略的缺点如下。

（1）高定价产品的消费群体有限，价格过高不利于市场的开拓和产品销量的增加。

（2）高定价高利润也会吸引大量竞争者。例如，市场上会出现大量仿制品和替代品，从而导致产品价格下降，商家精心打造的高价优质的产品形象可能会因此受到极大的损害，从而失去一部分消费者。

（3）由于产品的价格远高于其价值，损害了消费者的利益，容易引起消费者的抵制。

由此可见，吸脂定价策略是一种追求短期利润最大化的定价策略，如果应用不当，可能会影响店铺的长期发展。因此，商家采用这一定价策略时必须要小心谨慎。

【实例6】

苹果公司的 iPhone X 手机就采用了吸脂定价策略。以在中国市场的发售为例，iPhone X 在苹果官方商店的零售价为 8388 元人民币起。对于大多数用户来说，这属于典型的高价位产品，但该产品一上市，还是受到了不少消费者的热烈追捧，纷纷花钱购买。苹果公司的吸脂定价策略取得了成功，而且屡试不爽。每一款新产品上市后，苹果公司都通过这种定价法赚取利润。

## 3.5.2　渗透定价策略

渗透定价策略也称为低价定价策略，是指产品在进入市场初期时，以低定价尽可能地吸引消费者的一种定价策略。这种策略是以低价为手段，以一个较低的价格将产品投入市场，以快速占领市场为目标，在短时间内加速该产品成长，以牺牲利润的方式获得较高的销售量和市场占有率。拼多多"九块九特卖"专区中的产品就是采用的这种渗透定价策略，如图 3-28 所示。

图 3-28　拼多多"九块九特卖"专区

ℹ **提示**

渗透定价策略并不意味着产品的定价绝对低，而是相对于价值（或相对于同类产品）来讲比较低。

渗透定价策略的优点如下。

（1）能够使产品迅速占领市场，并且销售量大可降低成本，可获得长期稳定的市场地位；

（2）价格低、利润少，但可以有效地阻碍新竞争对手的进入。

（3）低价策略有利于扩大消费市场的消费需求。

渗透定价策略的缺点：产品利润微薄，不利于资金回收，也不利于日后提价，并有可能给用户留下低价低质的产品印象。

渗透定价策略的适用条件如下。

（1）市场对该类产品的价格十分敏感，低价可以快速提升产品的市场占有率。

（2）产品的生产和经营费用会随着经营经验和销量的增加而减少。

（3）市场对产品的需求旺盛，价低利薄不会引起市场的过度竞争。

【实例7】

小米公司的产品定价采用的就是典型的渗透定价策略。小米公司从成立之初，就给广大用户树立了"高性能，低价格"的品牌印象，每年新出的旗舰机型只卖1999元，定位低端的红米系列，定价就更便宜了。首先，小米公司通过自己浓厚的社区"基因"给自己的用户打上了"手机发烧友"的标签；然后依靠着如此有竞争力的产品价格，迅速占领了市场；最后又凭借越发成熟的产品研发供应系统，使手机生产与分销的单位成本随着生产经验的积累而下降。

## 3.5.3　竞争定价策略

竞争定价策略是指以市场上相互竞争的同类产品或服务的价格为依据确定产品价格的策略。商家通过对竞争对手的生产、服务、质量、价格、规模、经营等因素进行研究，再根据自身的实力，参考产品生产经营成本、市场供需状况以及质量或服务来确定产品的价格。

竞争定价策略主要考虑的是市场上主要竞争者的产品价格，商家的产品价格可以与竞争者产品价格的平均水平一致，且随竞争者价格的变化而做出相应的调整。同时，商家还应根据自身的信誉状况、购物环境、服务质量、经营产品的种类结构等因素来调整产品的定价。

> **ℹ 提示**
>
> 如果商家过度关注产品价格上的竞争，而忽略产品差异化的竞争优势，容易造成恶性的价格竞争，从而导致市场价格秩序混乱，使商家无利可图，不利于行业的发展。

例如，在竞争激烈的日化市场，为了生存，很多商家都会根据竞争对手的产品价格来制定自己产品的价格。宝洁公司的主要竞争对手是联合利华，因此两家公司旗下的很多产品的价格都非常相近。以宝洁公司旗下的"汰渍"洗衣液和联合利华旗下的"奥妙"洗衣液为例，两款重量均为 3 千克的洗衣液，其价格比较接近，如图 3-29 所示。

图 3-29　"汰渍"洗衣液和"奥妙"洗衣液的价格对比

### 3.5.4　组合定价策略

组合定价策略是指在对互补、关联类产品定价时，为满足消费者的某种心理需求，通过价格高低搭配组合的方式进行定价的一种产品定价策略。例如，消费者通常对滞销、高价值的产品的价格比较敏感，而对畅销、低价值产品的价格不敏感。针对这类互补、关联类产品，我们可以采取组合定价策略给它们定价，适当降低滞销、高价值的产品的价格，提高畅销、低价值产品的价格，这样可以使两类产品的销售都得利，从而提升商家的整体利润。

组合定价策略是一种很好的定价策略，它通常适用于相关类、搭配类、附加类、主副类产品。组合定价策略有利于提高产品销量、增加信誉度和曝光率并节省邮费。因此，很多网店都选择了这种定价策略。一家销售零食的店铺将多款小零食组合搭配后，合并定价进行销售，如图 3-30 所示。这些小零食中有的产品单价高一点，有的产品单价低一点，商家将其组合搭配后，在保证整体利润的基础上，制定一个合理的整体价格进行销售。

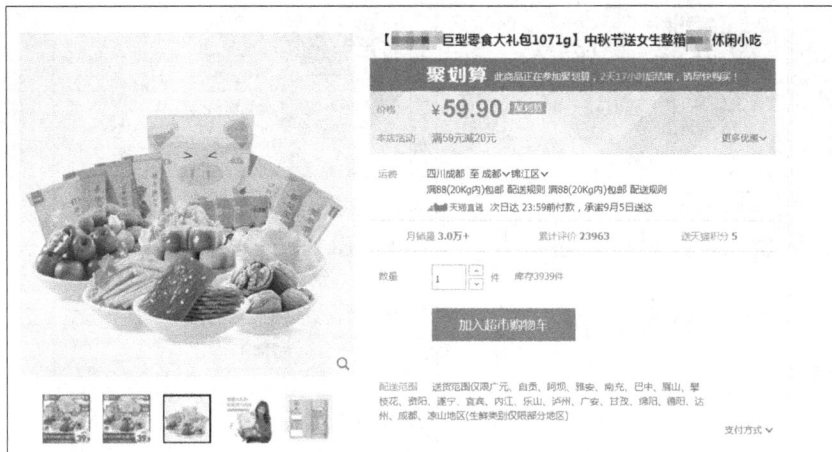

图 3-30 采用组合定价策略销售的产品

使用组合定价策略的定价思路如下。

首先，确定店铺中某种产品的价格为最低价，这款产品的主要作用是吸引消费者进店购买其他产品，可以称为引流款。

其次，确定店铺中某产品的价格为最高价，这款产品的主要作用是塑造店铺的品牌形象，提高店铺的利润，可以说是利润款和形象款产品。

最后，店铺中的其他产品也可以根据其在店铺中的不同作用而制定不同的价格。

**❶ 提示**

采取组合定价策略，一定要合理确定高价与低价的区域，使消费者易于接受，并且价格一旦确定一般不要变动。

### 3.5.5 分层定价策略

分层定价策略是一种价格差异化策略，通常是指商家向不同的用户提供相同（相近）等级、相同（相近）质量的产品或服务时，在用户之间实行不同的销售价格或收费标准的一种定价策略。

分层定价策略可以针对不同级别或层次的用户设置不同价格，如新人价、会员价、学生价等；也可以针对同一个用户的不同购买数量或购买规格收取不同价格，如单件产品价格和套餐价格的不同、定制款和普通款价格的不同等。

下面这款护眼仪采用的就是分层定价策略，同一款护眼仪的蓝牙款和语音款在功能上有些许差异，而定价就有较大差别，如图 3-31 所示。

图 3-31　采用分层定价策略的产品的价格

## 3.5.6　动态定价策略

动态定价策略也叫需求差异定价策略，是指根据市场对产品的供需关系和消费者的购买力来定价的一种策略。

动态定价策略通常是以时间、地点、产品以及不同的消费需求差异为定价的基本依据，再根据差异在基础价格上进行加价或减价。常见的动态定价形式主要有以下几种形式。

（1）依据时间定价。产品在旺季价格较高，在淡季价格较低。

（2）依据地点定价。酒店、餐厅等在热门地段价格较高，在偏僻地段价格较低。

（3）依据产品定价。在世界杯举办期间，与世界杯相关的一些产品，如参赛球队的球衣、印有吉祥物标志的 T 恤等产品的价格会比其他同类产品的价格高。

（4）依据用户需求定价。遇到雨雪天气，网约车、外卖等服务平台会对服务费实行动态加价。

动态定价策略是一种动态的定价形式，在市场上非常常见。例如，某些蔬菜在冬季价格变高，机票、酒店的价格在节假日期间会上涨，这些可能是由于市场上需求量增大或供求量减少。从一家酒店五一假期期间的房间价格和平时的房间价格的对比可以明显看出，在五一假期期间酒店的房间价格有所上涨，如图 3-32 所示。

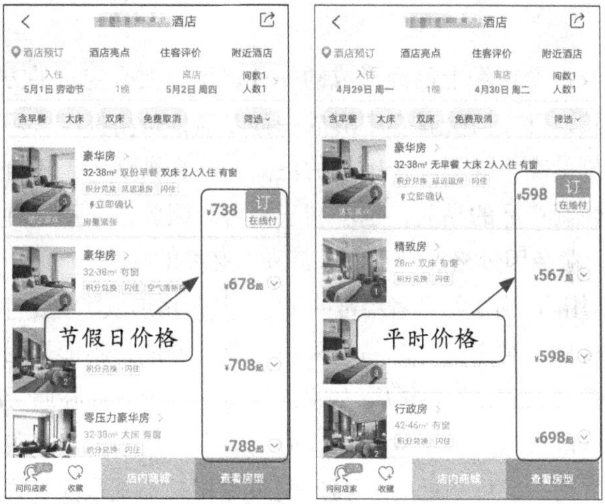

图 3-32　采用动态定价策略定价的酒店房间

## 3.5.7　常用的定价方法

不同的产品定价能够带给消费者不同的心理感受，进而直接影响消费者的消费意向。成功的经营者不仅要熟练地掌握定价的各种策略，还要善于运用这些定价策略来制定具体的定价方法。下面介绍几种常用的产品定价方法。

### 1. 成本加成定价法

成本加成定价法又叫毛利率定价法，即根据产品的单位采购成本，再加上期望的利润值形成定价。

$$产品售价 = 单位产品采购成本 \times （1+ 成本加成率）$$

成本加成定价法的产品售价是在出厂价或批发价的基础上，加上运输费、商品损耗、零售税金、经营管理费、资金利息及零售利润等形成的。成本加成率根据店铺及所经营产品的类目来定，如图书店铺的利润一般控制在 15% ~ 30%。

由于成本加成定价法简单易用，大多数商家通常采用这种定价方法。在稳定的市场环境下，运用此方法能够保证商家获取预期的利润。并且同类产品在各店铺的成本和加成率都相差不大，定价都很接近，所以，店铺之间竞争较小。另外，消费者通常觉得这种定价方法比较公平合理，易于接受。

> **ⓘ 提示**
>
> 在正常情况下，使用这种定价方法可以让商家获得预期利润，但由于没有考虑市场竞争和供求关系对价格的影响，这种价格不能适应市场的变化。

### 2. 习惯定价法

习惯定价法是指按照市场上已经形成的一种定价习惯来定价的方法。市场上的一些产品，销售时间较长，已在消费者心中形成一种习惯性价格标准，习惯性的价格易被消费者接受。如果定价偏高，既不利于销量的提高，又会被认为是不合理涨价；如果定价太低，消费者又会怀疑产品的品质，也不利于销售。因此，采用这种定价方法定价的产品价格要力求稳定，避免因价格波动给商家带来不必要的损失。

例如，一些生活用品，由于消费者经常购买，对其价格形成了固定印象，且价格很透明，消费者也习惯了此价格。对于这类产品应采用习惯定价法，不能轻易变动价格，否则会使消费者产生不适感，甚至会放弃购买。如果因原材料涨价或面临通货膨胀，需要提价时，商家要特别谨慎，可以通过降低经营费用或适当减少分量等方法来稳定产品价格。从淘宝搜索结果中可以看到，定价相近的 U 盘的购买量相差不是很大，说明这样的定价一定是被多数用户所接受的习惯价格，如图 3-33 所示。

图 3-33　采用习惯定价法进行定价的产品

### 3. 分割定价法

分割定价法就是一种运用心理策略来定价的方法，商家通过分割数字的方式将产品的价格制定得更有吸引力，能给消费者一种产品价格低廉的感觉。价格分割包括以下两种形式。

（1）用较小的单位报价。例如，将茶叶每千克 500 元报成每 100 克 50 元；电梯广告——只花 100 元，就有 100 万人看到你的广告。

（2）用较小单位产品的价格进行对比。例如，"使用这种电冰箱每天只耗 1 度电，才 0.52 元钱"；而不是"使用这种电冰箱每月只耗 30 度电，才 15.6 元"。

某贵金属产品就采用的是分割定价法，一个 100 克的银元宝售价 499 元，将价格拆分为每克 4.99 元后，用户会更容易被产品低廉的价格所吸引，如图 3-34 所示。

图 3-34　采用习惯定价法进行定价的产品

> **ⓘ 提示**
>
> 在对消费者报价时，尽量使用小单位，这样效果会更好。

### 4. 数字偏好定价法

数字偏好定价法就是利用消费者对价格数字的一种特殊心理偏好来定价的方法。数字偏好定价法属于心理定价策略，通常情况下，消费者会乐于接受自己钟爱的数字的产品价格。在产品价格中，6、8、9 等数字消费者乐于接受，要常出现；而 1、4、7 这些数字则不受欢迎，要少出现。例如，商家为其销售的玉饰品大都选择了人们喜欢的数字作为产品定价，如图 3-35 所示。

图 3-35　采用数字偏好定价法进行定价的产品

> **ⓘ 提示　数字偏好定价法应结合中国传统文化**
>
> 在中国传统文化中，8 代表着发财，6 代表着六六大顺，9 代表着长长久久，这类数字通常都有好的寓意，比较受欢迎。

### 5. 整数定价法

整数定价法是指商家利用消费者"一分钱一分货"的消费心理，并为满足消费者的支付方便这一需求，有意将产品价格定为整数的一种定价方法，以该方法确定的价格通常以"0"作为尾数。以整数定价的产品能给消费者留下一种方便、简洁的印象。整数定价法通常适用于具有高端品质或知名品牌的产品，如高档礼品、工艺品、高档时装等；流动性比较强的零售产品，如方便食品、散装小零食。图 3-36 所示的这款钢琴就采用了整数定价法进行定价。

> **ⓘ 提示**
>
> 整数定价法通常用于名牌优质产品，目标消费者很看重产品的质量，以及产品是否能体现其身份、地位等。

图 3-36 采用整数定价法进行定价的产品

### 6. 非整数定价法

非整数定价法也属于一种心理定价策略，是指当产品的价格处于整数与零头的分界线时，定价不取整数而以接近整数的方式来设定最后一位数字的定价方法。非整数定价法给消费者一种价格低、实惠的直观感受，能够满足消费者希望购买实惠产品的购物心理。例如，一件价值 10 元的产品，定价 9.8 元，虽然只少了 0.2 元，但更能激发消费者的购买欲望。非整数定价法适用于较为常见的、价值较低的、更容易被消耗的日常用品。某店铺的拖鞋就采用了非整数定价法来进行价格设定，如图 3-37 所示。

图 3-37 采用非整数定价法进行定价的产品

> **① 提示** 产品价格最后一位数字的设定
>
> 采用非整数定价法制定的产品价格，最后一位数不为"0"，并且以接近整数的方式来设定最后一位数字。最后一位数通常大于等于 5，这些数字基本上包括了消费者喜欢的数字，如 6、8、9 等。这些数字虽然与整数非常接近，但是能带给用户一种更实惠的消费感受，从而增强其购买欲望。

### 7. 折扣定价法

折扣定价法是指对产品的原价进行有条件的折扣销售，以此刺激消费者多购买，适度扩大销售量的一种定价方法。这种方法既能让消费者得到真正的实惠，又能给商家带来产品销量的快速增长，因此，它是商家经常会采取的一种定价方式，也深受消费者的喜欢。如某店铺出售的抱枕就是通过折扣价进行销售的产品，如图 3-38 所示。

图 3-38　通过折扣价进行销售的产品

> **提示　通过折扣定价法引导用户批量购买**
>
> 商家可以根据消费者的购买量来制定不同的价格。随着消费者购买量的增加，产品价格的折扣力度可以增大。例如，购买 1 件产品享受 9 折价，购买 2 件产品享受 8 折价，购买 3 件产品享受 7 折价，以此类推，这样可提高店铺的客单价。

### 8. 参考定价法

如果产品没有特别的卖点，商家也可以参考同类产品的价格来定价。以淘宝平台为例，商家可以通过阿里数据查看同类产品的价格分布，将自己的产品价格定在最易成交的价格区间内。

要查看某类产品的价格带分布图，可在阿里指数界面中切换至"属性细分"页面，并下拉页面，即可查看产品的价格带分布。例如，"连衣裙"在近 30 天内，买家浏览最多的产品价格带和采购最多的产品价格带均为 54 ~ 82 元，如图 3-39 所示。商家通过了解产品的价格带分布情况，再结合自身的成本与利润情况，合理地设置产品的价格，尽量将价格设置在最易成交的区间内。

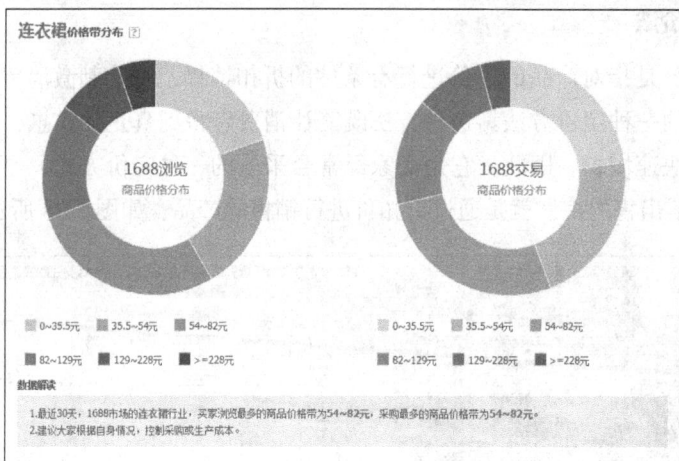

图 3-39　"连衣裙"的价格带分布

## 3.6　产品的上下架管理

产品的上下架管理是产品日常管理工作中非常重要的一环，产品上下架时间的安排及产品上下架的布局将直接影响产品在平台中的搜索权重和曝光度。

### 3.6.1　合理安排产品上下架时间

合理安排产品的上下架时间，能够使产品通过平台的搜索排名规则获取更多的自然流量，为产品的销售奠定一个很好的基础。因此，运营人员一定要重视对产品上下架时间的选择。

#### 1. 理解产品上下架时间的重要性

运营人员在编辑好产品以后，先不要随意将产品上架，因为产品的上下架时间是影响产品搜索排名的重要因素，而产品搜索排名对于自然流量的获取来说是至关重要的。

根据淘宝产品的排名规则，搜索一款产品时，产品离下架时间越近，搜索排名就会越靠前，也越容易被搜索到。所以，要想让店铺中的产品有一个好的搜索排名，获得更多用户的关注，吸引更多的自然搜索流量，就必须考虑产品的上下架时间。

根据淘宝的系统规定，产品的上架周期为 7 天，也就是说产品在某个时间上架，到 7 天后的同一时间就会下架，这是一个自动循环的周期，而这个周期内的起始时间和结束时间就是产品的上下架时间。只要知道了产品的上架时间，也就能知道产品的下架时间，因此准确地找到产品上架的最佳时间点，就能够有效地提高产品的搜索排名。

**2. 用数据分析手段把握产品上下架时间**

运营人员要想为产品获取更多的自然流量，就需要合理地安排产品的上下架时间，利用精准的数据分析为店铺中的产品找到一个最佳的上架时间点。将产品的上架时间设置在流量高峰时段，可以使产品获得更多的展示机会，从而获得更多的流量。

根据相关的数据统计，在淘宝上，一周中通常周一和周五是流量最多的两天，因此很多商家会把产品的上下架时间设置在周一或周五。而一天当中流量较多的时间段通常是在上午的 10:00—11:00，下午的 15:00—16:00 以及晚上的 20:00—22:00，因此，运营人员应当尽量把产品的上架时间设置在这几个时间段内，这样才能够获得更多的流量。

需要注意的是，虽然全网各个时段的流量变化基本相同，但是由于销售产品的类目和消费者的购买习惯不同，流量高峰时段有可能会存在一定的差异。因此，运营人员在设置产品上架时间前，一定要先利用数据分析工具去查询店铺销售的产品所在的类目的产品上架时段分布。

例如，利用数据分析工具查询"连衣裙"的上架时段分布，如图 3-40 所示，从图中可以看出该类产品的成交量高峰集中在上午的 10:00—11:00 和晚上的 20:00—23:00，基本符合全网的流量高峰时段。但是该类产品在白天的其他时段的成交量却并不突出，因此在了解全网流量高峰时间变化后，运营人员应该根据店铺所销售产品的实际情况来合理选择产品的上架时间。

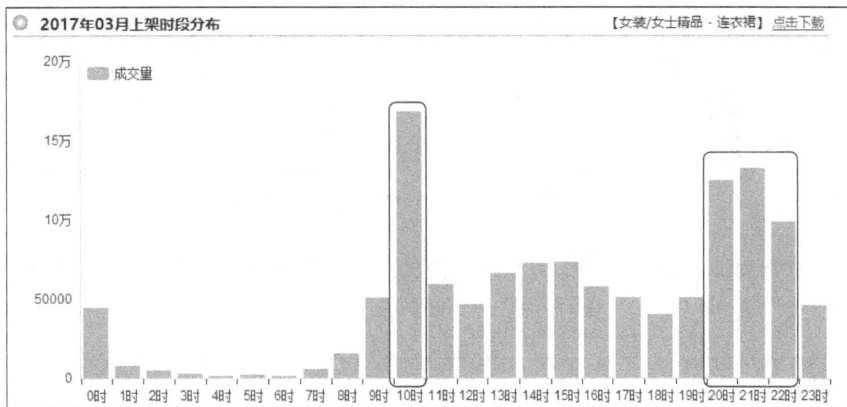

图 3-40　"连衣裙"的上架时段分布

## 3.6.2　产品上下架的基本操作

产品上下架的基本操作不只包括产品的上架、产品的下架，还包括修改产品信息、删除库存产品等。下面就以淘宝平台为例，简单介绍产品上下架的基本操作方法。

### 1. 产品的上架

一般的电商平台，在产品发布之后，还需要对产品进行上架操作，才能最终将产品呈现在用户面前。在淘宝平台上，将产品上架的方法很简单，其操作步骤如下。

（1）登录淘宝网，单击"千牛卖家中心"超级链接进入淘宝的卖家后台，在页面左侧的导航栏中，单击"宝贝管理"栏下的"仓库中的宝贝"超级链接，如图3-41所示。

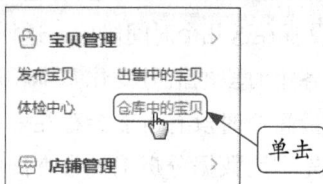

图 3-41　单击"仓库中的宝贝"超级链接

（2）在右边的页面中会出现产品列表，如果要将单个产品上架，❶只需选中该产品左侧的复选框，❷然后单击该产品右侧的"立即上架"按钮，如图3-42所示。

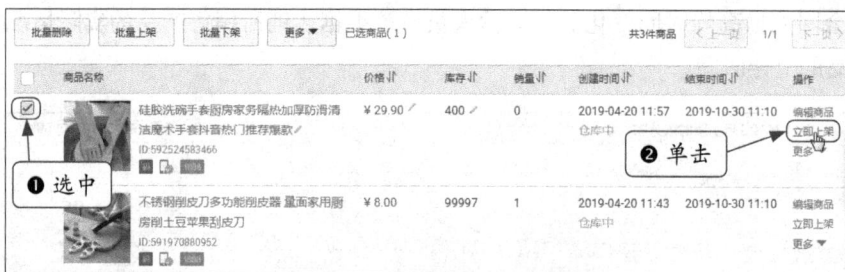

图 3-42　将单个产品上架

（3）如果要同时上架多个产品，❶可选中相应产品的复选框，❷单击产品列表上面的"批量上架"按钮，如图3-43所示。

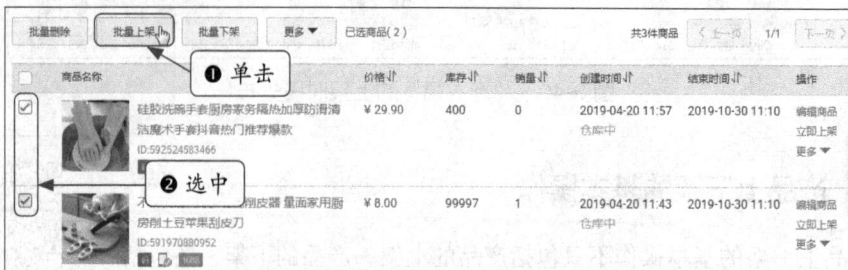

图 3-43　将多个产品上架

### 2. 产品的下架

一般来说，产品发布后，过了 7 天会自动下架再上架，不需要商家来人工管理，但有时候因为一些意外，如突然发现产品有质量问题或产品供货跟不上，此时就需要人工下架出售中的产品，其操作方法如下。

进入"卖家中心"后，单击"宝贝管理"下面的"出售中的宝贝"超级链接，在右边的页面中会出现产品列表，❶ 选中要下架的产品的复选框，❷ 单击产品列表上方或下方的"下架"按钮即可，如图 3-44 所示。

图 3-44　下架产品

### 3. 修改产品信息

有时候需要修改出售中的产品的某些信息，如颜色、数量或价格，则可以在"卖家中心"进行操作。

首先单击"宝贝管理"下面的"出售中的宝贝"超级链接，在右边的页面中会出现产品列表，单击要修改的产品右边的"编辑宝贝"超级链接即可，如图 3-45 所示。

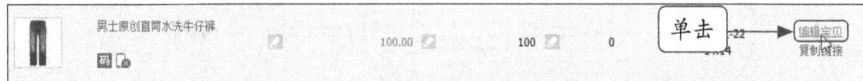

图 3-45　修改产品信息

随即会跳转到与发布产品时一样的页面，商家可以对产品信息进行修改，修改完成后单击"确定"按钮即可。

### 4. 删除库存产品

对于已经不再出售的产品，可以将之从"仓库"中删除掉，操作方法也很简单。

单击"宝贝管理"下面的"仓库中的宝贝"超级链接，在右边的页面中会出现产品列表，❶ 选中要删除的产品的复选框，❷ 单击产品列表上面或下面的"删除"按钮即可，如图 3-46 所示。

图 3-46 删除库存产品

## 3.7 电商供应链

供应链是消费和零售领域中非常重要的一个环节，谁拥有更多、更优质的供应链，谁在市场竞争中就具有更大的优势。

### 3.7.1 认识电商供应链

首先来认识一下供应链，供应链就是指由供应商、制造商（生产商）、分销商、零售商以及消费者组成的具有整体功能的网络链，如图 3-47 所示。

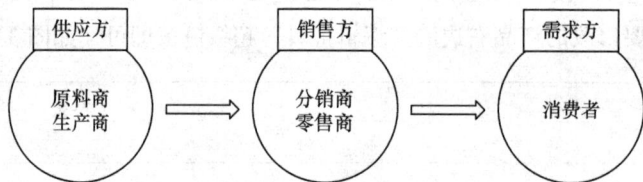

图 3-47 供应链示意图

电商供应链是指供应链在电商平台上的应用，即借助互联网信息技术，使供应链交易过程电子化。

无论是传统的供应链，还是新型的电商供应链，二者都有着物品从供应方到销售方再到需求方、物流从供应方到需求方、资金流从需求方到供应方、信息流在各种角色间相互传递的过程。因此，供应链也可以简单地概括为由物流、资金流和信息流组成的一个网络链。电商供应链主要包括供应商管理、采购管理和库存管理三大模块，它是供应商与用户之间的"高速通道"，可提升店铺的运营效率。

## 3.7.2　电商供应链的基本业务流程

电商供应链的基本模式与供应链产品的流程如表 3-2 所示。

表 3-2　电商供应链的基本模式与供应链产品的流程

| 事项 | 模式一 | 模式二 |
| --- | --- | --- |
| 商品来源 | 自购 | 商家入驻 |
| 售卖平台 | 自有平台 | 自有平台 |
| 仓储物流 | 自建仓库，第三方公司发货 | 无自建仓库，第三方公司发货 |
| 供应链产品的正向流程 | 大致流程：<br>（1）供应方是供应商，从供应商处采购商品；<br>（2）企业系统（ERP）→采购计划→采购单→商品从供应商那里到自己的仓库；<br>（3）仓库系统（WMS）→运输单／入库单→管理仓库系统中的商品；<br>（4）企业系统（ERP）→获得商品信息和库存信息→自有平台传递商品信息→消费者→商品售卖；<br>（5）订单系统（OMS）→订单信息→处理并监控订单（客审、财审、选仓、拆单、合单等）→推送到对应的仓库；<br>（6）仓库系统（WMS）→订单信息→打单、分拣、验货、出库→第三方快递公司配送；<br>（7）商品→快递配送→消费者 | 大致流程：<br>（1）供应方是入驻商家，从入驻商家处采购商品；<br>（2）入驻商家通过商家后台系统→发布商品信息和管理商品库存；<br>（3）企业系统（ERP）→审核商家的商品信息→对商家商品进行管理和售卖；<br>（4）订单系统（OMS）→订单信息→处理并监控订单（客审、财审、拆单、合单等）→推送给对应的商家；<br>（5）入驻商家后台系统→订单信息→进行订单操作和发货；<br>（6）商品→快递配送→消费者 |

**❶ 提示**

消费者对电商企业最直接的体验就是物流，因此能否高效处理和监控订单将直接影响消费者的体验。

## 3.7.3　供应链管理

供应链管理（Supply Chain Management，SCM）是指企业通过改善上、下游供应链关系，整合与优化供应链中的信息流、资金流、物流，以获得竞争优势的一种管理方法。供应链管理是一种集成的管理思想与方法，通常包括计划、采购、制造、配送、退货等五大基本内容，具体内容如表 3-3 所示。

表 3-3　供应链管理的五大基本内容

| 事项 | 内容说明 |
|------|---------|
| 计划 | 好的计划能够有效、低成本地为客户传递高质量、高价值的产品或服务 |
| 采购 | 选择适合你的产品或服务的供应商，并与供应商建立一套定价、配送和付款流程 |
| 制造 | 安排生产、测试、打包以及准备送货所需的活动 |
| 配送 | 即物流，对客户的订单进行处理，建立仓库与派送网络，派送人员提货并送货给客户、建立货品计价系统、接收付款 |
| 退货 | 建立网络，接收并处理客户退货以及售后服务问题 |

电商供应链管理则是基于开放的"平台思路"与供应商协同管理，其优点在于提升供应链效率、降低库存周转天数、以"快速响应用户需求"为协同目标，并在计划、协同与补货方面进行深入的业务和技术融合。

一个优秀的电商供应链应具备以下几个特点。

➢ 更好的商品（品质、价格）。

➢ 更快的运输。

➢ 更优质的服务。

➢ 更低的成本。

由此可见，在竞争日益激烈的电商市场中，优质供应链是抢占市场的核心利器，谁拥有优质的供应链，谁就拥有更大的利润空间，谁就会立于不败之地，这就是电商企业竞争的核心所在。

## 实践与练习

1. 请为一家销售文具产品的店铺进行产品类目规划，并简单说明理由。

2. 请采用 3 种以上的定价方法为一家家具类店铺中的产品进行定价，并简单说明这样定价的理由。

3. 请利用一款数据分析工具对"牛仔裤"类目的上下架时间进行调研分析，假如店铺要上架一件女士牛仔裤，请问应该选择什么时间上架。

# 第 4 章

# 电商用户运营

用户运营是整个电商运营工作中的一个重要环节。用户运营需要运营人员从目标用户群体的特征，如性别、年龄、职业等方面出发，分析用户的消费需求、消费特点、消费心理，根据分析结果来定制对应的运营方案。当有了一定的用户基础后，运营人员要将用户集中到群组中，实行统一的管理，吸引更多新用户，并将之转化为老用户，同时要维持老用户的数量，并挽回流失的老用户。

## 4.1 认识用户运营

用户是店铺的销售对象，是店铺产品或服务的购买者，因此，用户数量与质量对店铺的经营状况有着重大的影响。运营人员要全面认识用户运营的概念，掌握吸引新用户的方法和维护老用户的技能，建立起以用户为中心的运营思维，努力提升用户的数量与质量，为店铺创造更优质的客源。

### 4.1.1 用户运营的基本工作

用户运营，是指为了达到某种商业目的而设计的一系列与用户进行沟通、互动以及维护与其关系的行为。

用户运营的目的在于让用户信任产品或品牌，并愿意支付金钱购买产品或服务。

用户群体可以细分为潜在用户、新用户和老用户，三者间存在紧密的联系。运营工作应围绕这 3 类用户展开，将潜在用户转化为新用户，将新用户转化为老用户，通过老用户发展更多的潜在用户或新用户。

**1. 寻找潜在用户，转化为新用户**

潜在用户是指从来没有到店购物，却存在购物可能性的用户。潜在用户数量多且分布广，要将这些用户转化为新用户，关键在于如何发现这个群体，挖掘其潜在需求并激发其购买欲望。

【实例1】

在某经营母婴类产品的网店中，一名运营人员为了更好地挖掘潜在用户，推广和销售店铺的产品，加入了多个用户数量庞大的母婴类微信群。在这些专业的母婴类微信群中，既有不少新手妈妈，也有不少母婴知识达人，她们平时会交流一些母婴知识、育儿知识等，有时还会讨论一些其他的话题。

该运营人员为寻找潜在用户，经常积极地与微信群里的成员进行交流，将自己塑造成一个母婴知识达人，获取群成员的信任，之后时不时地抛出能让群成员积极参与的话题，如"4～6个月的宝宝如何添加辅食？"。该运营人员在参与讨论的同时，观察所有发表意见的群成员，筛选出真正有需求的潜在用户，以便后期对其进行进一步的营销推广。由于该运营人员已经在微信群中建立起母婴知识达人形象，所以她针对这些潜在用户推荐产品一般都不会受到抵触，转化率也较高。

一般来说，只要把情景设计好，就能找到潜在的精准用户。当然，也可以用更直接的方式来寻找用户，如举办1折秒杀、免费试用等活动。潜在用户只要到店购物一次，就能成为新用户。

### 2. 将新用户转换成老用户

新用户多次购买后就会形成习惯，从而转换成老用户。据统计，维护老用户的成本是获取新用户成本的1/6，所以很多商家都很重视将新用户转换为老用户，希望能使老用户的数量稳步增长，提升店铺的利润。

吸引新用户重复购买的重点是充分满足新用户的需求，如新用户发现产品或服务不能满足自己的需求，就会流失掉。因此，做好产品和服务，满足用户的需求是用户运营的基础。

此外，还应让新用户建立起对产品和品牌的信任。这种信任不但会提高新用户的忠诚度，促进新用户重复购买，转化为老用户，还会提高新用户的容忍度，这样即使产品或服务有时不尽人意，也会得到新用户的谅解，不会使其马上流失掉，给商家留下了宝贵的改善时间。

要让新用户建立对产品和品牌的信任，商家就要与用户保持沟通、增进关系、增加相互之间的了解。企业更新了产品或升级了服务，要在第一时间让用户知道，尽量避免因信息沟通不及时而造成的用户流失。

获取用户的信任还可以在情感方面着手，如关怀用户、赠送福利、组织用户在群里交流，甚至组织线下沙龙、体验新产品等。互动越多，感情越深，用户才会对产品和品牌产生更多的信任。所以留住新用户、提升复购率、让新用户变成老用户，要从多方面着手。

### 3. 通过老用户发展潜在用户或新用户

产品的好口碑是最好的广告。使老用户主动分享产品或品牌，分享使用体验并传递品牌信任，以吸引新的潜在用户或新用户，也是用户运营的重要工作。

在日常生活中，很多人喜欢把吃过的美食、看过的电影、读过的文章分享给好友或在网络上公开，这往往会为产品、品牌或店铺带来新的用户。作为店铺的运营人员，应鼓励老用户主动分享产品相关的正面信息，为店铺带来新的用户。

一旦用户分享了自己的体验，就能把对产品或品牌的信任传播给亲朋好友。如果其亲朋好友有这方面的需要，自然会优先考虑被推荐的产品或品牌。这样，用户群体可以如滚雪球一样壮大起来。

【实例 2】

某店铺为了发展新用户，开展了分享有礼活动。通过技术手段，为每个用户自动生成唯一的分享链接；新用户由分享链接进店并下单的消费，其总金额的 3% ～ 5% 都会作为佣金返还给分享者。佣金虽然不高，但也是一种激励和回馈，对于熟悉产品的老用户来说，这种活动是他们比较愿意去积极参与的。活动结束后，经统计，平均每名分享链接的老用户，带来了 4.6 名新用户，店铺新用户增加了 1472 名。

回顾前面的内容，再次思考什么是用户运营。用户运营就是围绕新用户和老用户，为达到让他们信任产品或品牌，并产生愿意购买、持续购买的欲望的目的而设计的一系列的行为。

## 4.1.2　用户运营中的常见思维

做好用户运营的前提是建立良好的运营思维。常见的用户运营思维包括以"用户为中心"思维和"点线"思维。以用户为中心思维是指在价值链的各个环节都以用户为中心去考虑问题，从而为用户提供优质的产品和服务；而点线思维是指既要策划出全面的用户运营主线，又要把用户运营的点落到实处。

### 1. 以用户为中心的运营思维

以用户为中心的运营思维，和传统的以产品为中心的思维有较大的区别：以产品为中心指的是企业确定产品的功能与外观时主要根据自身条件而定，后期则根据用户的反馈来不断修正产品；以用户为中心则是主动挖掘用户需求，并根据用户需求确定一系列的个性化产品或服务。

例如，OPPO将品牌目标用户定位为年轻群体，并围绕年轻群体的喜好设计产品，代言方面也找年轻群体喜欢的名人合作，该品牌因此受到用户的青睐。贯彻以用户为中心的运营思维，企业应注意以下问题。

➢ 培育企业文化。企业文化是企业发展的精神动力，它是一种价值观与行动导向。企业应培养员工形成用户至上的运营思维，特别是与用户直接接触的工作人员（如客服、维护工程师），更应按照用户至上的准则来对待用户，为用户带去良好的购物体验。

➢ 搭建用户体验平台。为更好地服务用户，企业应重视用户体验。例如，一般企业与用户的连接都是通过购物网站完成的，但用户在购物网站停留的时间一般不长，无法及时收到重要信息，这就会影响用户体验。为解决这个问题，可在用户频繁使用的微信、微博等交流App上搭建专门的体验平台，如很多品牌手机就建立了微信公众号，关注了公众号的用户可以及时收到很多重要的通知，如新手机上市、系统更新、试用申请以及各种优惠活动，这就能够让用户得到更好的服务体验。

➢ 建立以用户为中心的绩效考核机制。为更好地落实以用户为中心的运营思维，需要把一些以用户价值为主的指标加入考核体系中。例如，对于客服，可考核响应时间、好评率等指标；对于维护工程师，可考核准点率、满意率、投诉率等指标。通过考核机制把以用户为中心的思维贯彻落实到各个工作岗位上。

### 2. 点线运营思维

点线思维有一个形象的比喻，把新建房子的框架比喻成线，把填充框架的砖比喻成点。先从框架了解房子的大概，再把砖头按框架砌好。用户运营也可以被看作点线，把用户运营看成一条主线，再运营好这条线周围的点。点与线二者相辅相成，缺一不可。用户运营的点包括以下几个方面。

➢ 吸引用户：用活动、优惠等形式吸引用户。

➢ 留存用户：用户在有意向下单或初次下单后，想办法把用户留在"鱼塘"里，方便后期的活动和转化。"鱼塘"可以是微信公众号、微信群等。

➢ 和用户互动：用户在"鱼塘"里后，要想办法和他们互动，例如组织活动、群交流、留言评论、领取优惠券等，让用户对产品产生兴趣，对商家产生信任。

➢ 分析战略：在与用户互动后，运营人员应考虑如何提升转化率，这是用户运营的根本目的。

➢ 调整策略：运营人员要根据用户数据来查看运营效果，调整运营策略。

所以，整个用户运营的工作是一条线，在开展用户运营之前，运营人员要先勾勒出整个运营的"线"，再根据这条线去布置"点"，做好具体的工作。例如，要让用户参加一个微商活动，其运营流程如下。

> 吸引用户：分析产品的目标用户，进行精准曝光，例如在其他微信群、朋友圈、微博等地方发布活动信息。

> 留存用户：把这些目标用户拉进自己的群组里，如微信群。

> 和用户互动：通过在群内发红包、代金券等福利，让用户自发地拉入新人，增加用户数量。

> 转化用户：当社群内的用户人数到了一定数量（如 500 人），互动也恰到好处时，可以在群内分享产品链接和店铺。

> 分析总结：分析问题、总结成果，如卖得最好的产品是什么、如何说话的认可度最高、哪些用户流失了、流失的原因是什么等，做好分析与总结，对以后的运营大有帮助。

## 4.2　目标用户群体分析

目标用户群体分析是运营人员必备的技能之一，因为只有通过分析目标用户的特点，才能制定出相应的运营方案、个性化的产品与服务等。下面就介绍一些分析用户群体常见属性的方法。

### 4.2.1　性别分析

确定目标用户的性别，对发展新用户、将新用户转化为老用户等方面的运营活动有较大的帮助。在店铺装修风格上，以大多数目标用户的性别为主来选择装修风格，在设置活动规则方面同样应如此。例如，某店铺以经营女装为主，其目标用户大多为女性用户，店内装修风格应偏女性化，活动礼物也应优先选择女性用品。

运营人员可以根据产品的关键词在百度指数或生意参谋中获取目标用户的性别分布。如在百度指数搜索页面中输入关键词"领带"，在人群画像中将显示搜索该关键词的男女性别比例，如图 4-1 所示。根据这一结果可知，对领带感兴趣的人群中，男性占 57.96%，女性占 42.04%，由此可见，领带产品的目标用户性别为男性。

另外，运营人员可以根据用户画像制定相应的运营策略，例如，推出买领带送领带夹的活动来吸引男性用户的注意。运营人员也可以使用逆向思维来制定运营策略，例如，大多数的女性用户对领带没有兴趣，主要是由于她们自己很少需要领带，针对这一特点，运营人员可在电商平台内部、社交平台上发布一些有关领带的软文，例如，女性为男朋友、丈夫或父亲挑选领带的方法，从而吸引更多女性用户的关注。

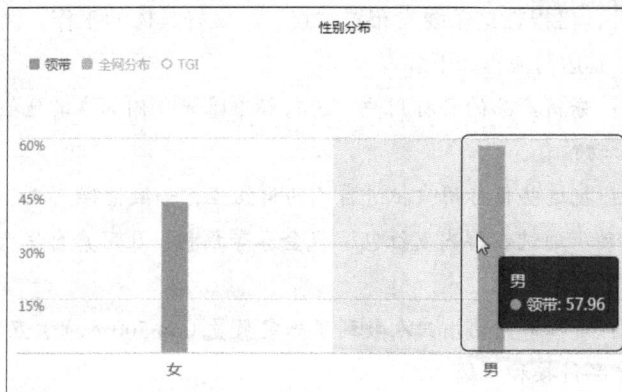

图 4-1  搜索关键词"领带"的用户的性别分布

## 4.2.2  年龄分析

不同年龄层的用户在购物方面有不同的特点，例如，年龄在 18 岁左右的用户一般是学生，消费水平普遍不高，对产品价格较为敏感。运营人员在策划活动时，应重点突出产品的性价比，吸引用户购买。年龄在 25 ~ 30 岁的用户，有一定的经济基础，通常追求的是产品的品质，因此应在文案中突出产品品牌和质量来吸引用户。

有些电商平台提供访客分析功能，运营人员可以借助该功能查看进店用户的年龄信息。如果电商平台没有提供该功能，运营人员也可以在百度指数搜索关键词来查看用户的年龄信息。例如，在百度指数中输入关键词"电视机"，在人群画像中将显示搜索该关键词的用户的年龄分布，如图 4-2 所示。根据这一结果可知，在所有搜索该关键词的用户中，年龄在 30 ~ 39 岁的占比为最高（43%），这也是电视机的主要目标用户人群，策划营销活动时应重点考虑该年龄段人群的特点。

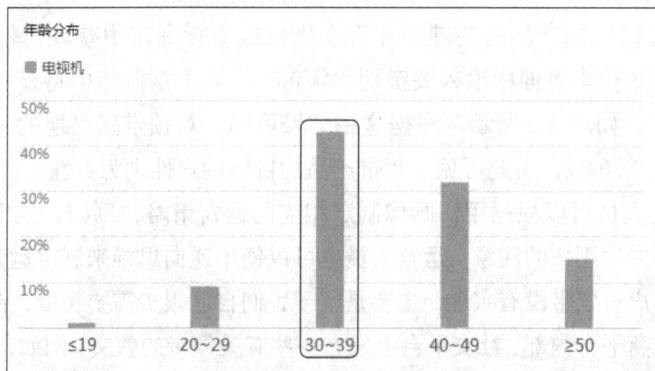

图 4-2  搜索关键词"电视机"的用户的年龄分布

通常，年龄在 30 岁～39 岁的用户，在购买电视机时更看重产品的品质和品牌。运营人员应重点用产品的品牌和品质来吸引这部分用户，不能只注重价格方面的调整。

## 4.2.3　消费水平分析

用户在网店的消费水平体现了用户的消费能力，运营人员应优化产品的价格，迎合大部分用户的消费水平。

运营人员可在电商平台的后台收集访客信息、已下单用户信息和支付金额等内容。如在淘宝、天猫平台开设的店铺，运营人员可以利用生意参谋查看近 90 天的支付金额，再根据这些消费金额分析出大部分用户的消费金额。图 4-3 所示为生意参谋中"口红"类目近 90 天的支付金额数据。

优化产品的价格不是将产品价格降低或提高到大部分用户可承受的价格上去，而是在做推广活动时，要选择大部分目标用户都能轻松接受其价格的产品作为活动产品。例如，口红类目中，支付金额在 25～45 元的用户最多，说明用户的消费水平集中在这个价位区间，那么做活动时应该将这个价格区间的产品作为活动产品，以此来吸引、转化用户，方可取得较好的活动效果。

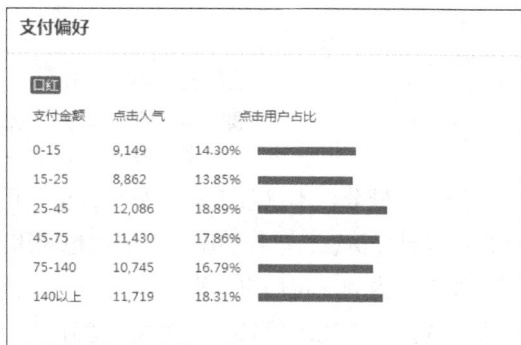

图 4-3　生意参谋中"口红"类目近 90 天的支付金额数据

## 4.2.4　地域分布

不同地域的人群有不同的性格特征、购物偏好，运营人员可以根据用户的地域分布来分析用户的偏好、风俗习惯与消费行为习惯等。例如，做食品行业的商家应该熟知"南甜北咸、东辣西酸"的基本信息。运营人员可以根据大部分用户的集中分布地域来调整运营计划。

【实例3】

在百度指数搜索"火锅底料"的人群画像，可见四川、广东、重庆对火锅底料最感兴趣，如图 4-4 所示。如果商家正好也在四川或重庆，在做营销推广时，可直接提到"川渝"关键词，如"重庆人吃了都说好的火锅底料""川渝地区用户有福了，新出一款麻辣鲜香火锅底料"等。

图 4-4　百度指数"火锅底料"地域分布图

用户地域分析不仅限于食品类目，也适用于其他类目。例如，服装类目，上海地区用户更偏向于精致、华贵的服装；云南地区用户更偏向于民族风格相关的服装。

如果店内的支付用户人群分布地域相对比较稳定，运营人员就需要根据这几个地域的人群特征，强化店铺风格。例如，某服装的支付用户人群集中在云南地区，运营人员可将云南地区特有的文化元素、地域元素设计到店铺中，增加用户的好感和黏性。

## 4.2.5　关键词分析

关键词对于产品引流至关重要，一个有吸引力的关键词，能吸引更多用户点击产品的详情页，进而促使更多用户下单，所以运营人员应分析产品目标用户搜索的关键词。例如，在生意参谋中可查看"营销偏好"和"关键词 Top"的访客数据，如图 4-5 所示。

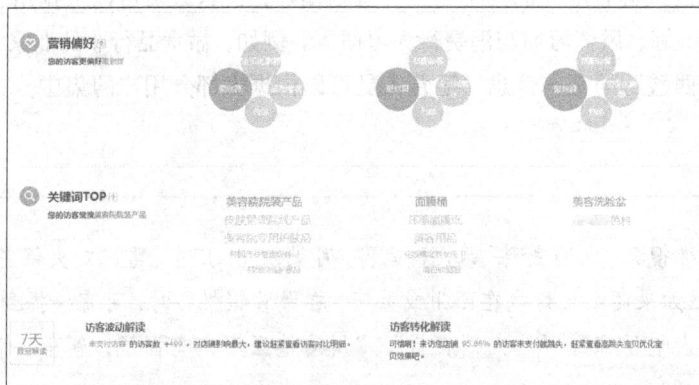

图 4-5　生意参谋中"营销偏好"和"关键词 Top"的访客数据

分析目标用户的营销偏好，可以帮助运营人员决定在店铺页面添加哪种风格的元素。例如，某店铺未支付访客的营销偏好是天天特价，为了转化这部分用户、促成交易，运营人员可在店铺首页中设置"天天特价"板块，用以展示特价产品，以达到吸引这部分用户并促成交易的目的。

分析用户的搜索关键词，可将关键词组合到产品标题、软文标题中去。例如，用户搜索词的前三是"显瘦""长款""文艺"，在组合标题时可写为"2019 夏季新款文艺中长款无袖背心打底裙薄棉提花显瘦连衣裙"。

## 4.3　用户拉新与留存

用户是店铺或企业的盈利来源，维持并壮大用户群是用户运营的主要工作，其内容主要包括两个方面：一是吸引新用户（即"拉新"），二是留存老用户。运营人员应该不断吸引新用户，然后将新用户转化为老用户，并全力维系老用户，尽量避免老用户流失，从而使用户群体不断壮大。

### 4.3.1　吸引新用户的常用方法

吸引新用户的本质，就是让一个非用户愿意去了解并关心一个品牌或商品。作为电商运营人员，需要解决两个问题：第一，如何把品牌或商品的信息传递到非用户眼前；第二，如何让非用户对传递的信息感兴趣。为了解决这两个问题，电商运营人员总结出很多有效的方法。

#### 1. 传统电商用户拉新方法

传统电商用户拉新方法包括两种：一种是让非用户成为新用户，另一种是让有购买行为的用户成为群组新成员。电商商家与用户接触的渠道很多，如店铺页面展示、短信提醒、快递包裹等。运营人员可以在多种渠道中尝试，全方位地吸引新用户。

（1）店铺页面展示。

部分运营人员会在店铺首页或商品详情页留下微信公众号、微博号。如某家店铺在商品详情页中留有相应的微博号，并给出关注的奖励：发布买家秀和微博真人秀，即可获得店铺代金券 10 元，如图 4-6 所示。

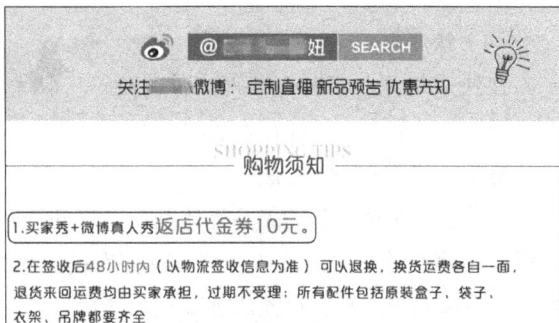

图 4-6　店铺详情页拉新

（2）在产品上放置二维码拉新。

在产品上放置二维码，吸引感兴趣的人扫描，使之成为新用户。这个方法适合用在一些高频使用的产品上，如电器、洗车器、净水器、美容套装、烘焙仪器、餐饮袋等。例如，很多笔记本电脑的键盘上就印有二维码。在使用笔记本电脑的过程中，若出现产品问题，可以关注官方微信公众号或微淘，寻找解决方法。

传统电商拉新方法还包括通过优化主图、详情页获得好排名，通过平面广告、站内广告获得点击量，参加活动、情感营销、熟人传播等。

➤ 优化主图和详情页：在没有广告和活动的前提下，用户一般看主图决定是否点击产品；再根据详情页描述决定是否拍下该产品。

➤ 站内广告：通常，电商平台都提供广告位，相当于商家花钱让产品获得显眼的展示位。如淘宝平台的钻石展位、直通车等广告位，都能让产品获得好排名。

➤ 活动：活动一般利用各种优惠来吸引新用户。例如，某商家在微店平台发起砍价活动。活动规则为 5 个店铺新人可完成砍价，每人获得 3 折购买产品的优惠。

（3）短信拉新。

在发出货物后，为体现商家的服务好，商家可通过短信联系用户，告知用户已发货、发货的快递和单号等。在结尾处，再用人性化的文字告知用户添加微信，可以查物流、退换货、领红包、联系客服等。

【实例 4】

关于文案人性化，这里举个反面例子。某短信文案为"既然遇见就是缘分，不妨聊一聊。掌柜微信：×××，添加后免费设计茶席、布置茶室，还可随时退换货哦。"这个反面案例存在的主要问题是缺少自我介绍，语气生硬。可修改为"我是×× 茶舍掌柜×××，买茶即缘分，方便加下微信，我们一起聊聊茶，有售后问题也可以随时联系我！还能免费帮你设计茶席、布置茶室"。

（4）快递附带二维码的包裹。

在快递包裹上印刷二维码，通过扫码获取优惠的方式，促使用户添加商家为微信好友。例如，之前很多店铺在发货单中留下二维码，并标注"加微信好友，返红包 3 元"。这算是微信拉新的一种方法。

不过，用感情换来的关系远比利益换来的关系维系得更持久。除了红包、礼品以外，还可采用手写或复印的方式，用 200 左右的文字讲述创业故事和店铺风格，用情怀打动用户，引起用户共鸣，自愿添加商家为微信好友。

某售卖手机壳配件的商家，在包裹中附带二维码，以扫码下载壁纸的方式引导用户关注其微信公众号，如图 4-7 所示。而图 4-8 所示的商家，则是通过刮奖的方式引导用户添加其微信号，效果也较好。

图 4-7　用手机壁纸吸引用户

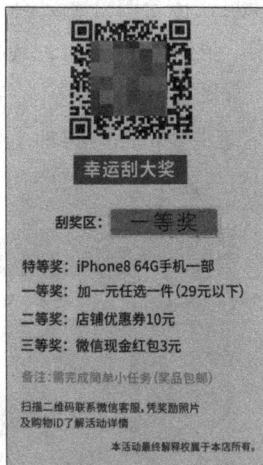

图 4-8　用刮奖形式吸引用户

　　也有部分商家，会把包裹发货单做成书签这种功能性的卡片或抽奖卡，以此来吸引用户关注，例如，很多人都很熟悉的支付宝集福等集卡兑奖活动。运营人员也可以借鉴这种拉新方式，联合几家店铺，将会员卡做成几种形式，如 3 种或 5 种，用户只需集齐所有会员卡，即可获得现金红包或指定礼物。这样不但能调动用户的积极性，还能实现联合营销，在一定程度上增加用户数量与产品销量。

> **ⓘ 提示　红包装卡券，提升打开率**
>
> 　　很多包裹里都放有礼品卡，但是有的用户根本就不看礼品卡。如何解决这个问题呢？有的运营人员想出一个办法：用红包封套包装卡券，用户看见红包以后总有忍不住想打开的欲望，这样卡券更有机会展现在用户的面前。所以，红包封套是一个引起用户关注的有效方式。

### 2. 新媒体电商用户拉新方法

　　新媒体电商用户拉新常用的方法是直播拉新和短视频拉新。目前，直播、短视频有很大的市场，运营人员可以考虑抓住这个机会吸引新用户。例如，运营人员可找网络红人做直播，并在直播中反复邀请观众关注官方微博，关注后可以领红包、领福利等。

　　（1）直播拉新。

　　互联网的在线直播发展迅速，从前几年的 YY 直播，发展到后来的映客、虎牙、全民 TV 等多个直播平台。电商在直播平台上直播成为一种新的引流方式，商家通过场景互动，吸引用户了解商品或品牌，由此诞生了新的消费形式：商家边播边卖，用户边看边买。这与以前的用户和客服打字交流不一样，用户可在直播过程中，直接通过留言或弹幕提出疑问和要求，直播人员也可通过现场展示来解决，整个互动过程更加简便、频繁，营销效果也比传统的打字交谈的效果更好。

例如，在某直播间内，共有 5939 名用户在线观看直播，并且不断有关注和购买产品的用户，如图 4-9 所示。在直播中，主播可以向用户展示产品，在线解答用户问题，让用户更直观地观察产品，再加上优惠券、折扣价的助力，就能充分调动用户购买产品的积极性。用户只需单击直播页面下方的产品购买链接，即可跳转到产品页面，如图 4-10 所示。

图 4-9　淘宝直播界面

图 4-10　产品页面

（2）短视频拉新。

近年来，短视频平台的发展也很迅速，美拍、火山、秒拍、小咖秀、抖音、快手等短视频软件层出不穷。特别是抖音，作为短视频平台的后起之秀，截至 2020 年 1 月 5 日，其日活跃用户数已超过 4 亿。抖音平台上的短视频长度大都为 15 秒，内容含量有限，但为什么抖音能在短短的几年时间内，取得如此大的市场份额呢？

➢ 黄金时间 15 秒。抖音短视频时长为 15 秒，从心理学角度来看，15 秒刚好是人专注力最集中的时长。

➢ 具有强冲击力。文字、图片、语音的冲击力，都远远比不过视频。抖音的视频内容非常吸睛，背景音乐也基本是音乐排行榜前几位的音乐的副歌部分，颇具冲击力。

➢ 大数据实现精准推送。抖音平台会根据用户兴趣为其推送内容，如用户喜欢美妆，系统会在推荐栏里更多地展现点击率高的美妆类内容。

➢ 充分利用碎片时间。在很多人抱怨压力大的社会环境下，抖音的内容以轻松、搞笑为主，让用户可以利用碎片时间进行消遣。

➤ 热门事件。在信息爆炸的环境下，阅读文字逐渐失去了人们的吸引力。一般在发生社会热门事件后，订阅号、头条新闻、微博等平台需要时间组织文字、更新内容，而短视频能快速、便捷地将热门内容呈现在大众眼前。

➤ 贴近生活、贴近普通人群。相比名人的遥不可及，抖音中这些由大众分享的生活、内容，很容易拉近用户和短视频创作者的距离。

由于短视频平台有着市场潜力大、用户多等优点，很多运营人员已经进驻短视频平台进行拉新。对于短视频中出现的产品，运营人员可以给出跳转链接，如图 4-11 所示，观众单击链接后可跳转到购买页面购买，如图 4-12 所示。一个制作优良的短视频可以吸引很多的观众前来购买产品。

图 4-11　带有跳转链接的短视频

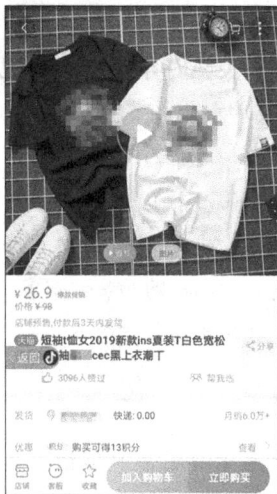

图 4-12　跳转到电商平台页面

运营人员在策划直播和短视频的内容时，应该尽量从多方面出发，寻找用户的兴趣点，再根据兴趣点展现产品。例如，运营女装的运营人员在策划短视频时，可策划出一个小场景，如"过年第一次见男朋友妈妈，不知道如何穿搭"。主播在解决问题的过程中，再适时展现店铺的产品并进行宣传，务必要让用户感觉这个视频有价值，可以帮助用户解决问题，而不是纯粹的做广告。

> **ⓘ 提示　电商平台内的短视频**
>
> 除了专门的短视频 App，部分电商平台还推出了专门的短视频板块。如手机淘宝的短视频，包括"每日好店""猜你喜欢"等。电商平台短视频的类型大体可分为商品型及内容型两类。商品型短视频，主要以展现商品卖点为主。这类短视频比较符合有购买快消品需求的用户的购买习惯，其展现时长为 9 ~ 30 秒，投放位置在主图第一张图片处或详情页里。相比商品型短视频，内容型短视频的拍摄门槛较高，多以故事情节或达人教学为主。

### 4.3.2　留存用户的常用方法

运营人员在拉到新用户以后，还要想办法把用户留下来，进行统一维护和管理。从用户的角度来看，如果与商家既没有利益也没有感情，那么他们迟早会离开。运营人员应该思考商家能为用户带来什么样的价值，以便留住更多用户。

#### 1. 给用户想要的内容

很多用户之所以愿意关注商家的微博、公众号、微淘，是因为能得到信息，如优惠信息、新品信息等。运营人员在策划内容时就要注意，内容应紧扣目标用户关注的话题，才能吸引用户。用户的评价、关注偏好或商家与用户之间发生的故事等，都可以作为内容素材，这些素材既能体现商家与用户的互动，又能让官方账号更接地气，显得更亲切。在规划用户相关性内容时，运营人员需要把握好"施其所求"和"价值优先"两个原则。

➢ 施其所求。要了解目标群体的属性，充分了解他们的特质，如喜好、性别、年龄、职业、地域等。了解了这些信息以后，运营人员才能在规划内容时做到有的放矢，该用户所需要的东西。

➢ 价值优先。在摸清用户喜好的前提下，提供有价值的内容。例如，目标用户是女性，就以养生美容、化妆购物、情感家庭类信息为主；如果是男性，就以体育竞技、社会时政、经济民生、数码设备等内容为主。

【实例5】

一家专营宠物用品的店铺，其目标用户是喜欢宠物的人群。这个群体以女性为主，大多为都市白领，平时喜欢通过微博、微淘观看一些宠物视频。该商家的运营人员在策划微淘内容时，以猫咪的行为习惯开篇，引起用户的注意，如图4-13所示。当用户点击文章，可看到文章内容与养成猫咪不挑食的好习惯相关，同时产品信息也以不令人反感的方式穿插其中，如图4-14所示。

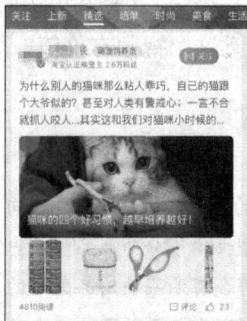

图4-13　微淘标题页面

图4-14　微淘内容页面

运营人员在策划内容时，切勿为了讨好用户而过度减少广告，这样就失去了账号的营销价值。所以运营人员既要站在用户的角度考虑，也要站在企业的角度考虑，在广告插入上注意分寸，实现双赢。

**2. 给用户想要的圈子**

圈子是指一群具有共同爱好、共同品味、共同利益、共同目标的人所组成的非组织性群体。例如，汽车爱好者的圈子就有"越野车友会""特斯拉车友会"等。

想要留住用户，运营人员可以主动为用户建立圈子，并不断地给圈子注入新鲜血液，让用户喜欢这个圈子。如经营食品类目的店铺，运营人员可通过包裹单的形式，提醒用户加入"某某零食群"即可免费获得 5 元店铺抵用券。当用户加入群并得到抵用券后，还能得到运营人员在群里发布的其他福利，如手气最佳的用户可获得新品试吃名额。平时，运营人员可在群内发起一些关于食品的话题，让用户们参与讨论。久而久之，用户被这个群的话题和气氛所吸引，为了这些天南海北的群友而留下，利益反倒是次要的了。运营人员采取这些手段可以将用户留在群里。

## 4.3.3　留存用户的主要工具

留存用户的工具有很多，如淘宝平台自带的微淘，以及微博、微信和抖音等社交功能较强的 App 等。这些用户留存工具各具特点，其具体的运用方法也有一些差异。

**1. 微淘**

微淘是淘宝平台提供的商家与用户联系的平台，运营人员可用微淘给用户提供导购、对用户进行销售、与用户进行互动。微淘也是一个社区化的营销方式，运营人员只要把用户都集中在自己的微淘中即可方便地进行管理，如保持和用户的互动、让老用户活跃起来、带动口碑宣传等。

微淘用户积累是一个漫长的过程，可以说每一个用户都是来之不易的。为了让用户留存的效果更好，运营人员应注意使用以下技巧。

➢ 注重互动。微淘并不是商家唱独角戏的地方，想要增进与用户的关系，就需要运营人员投入感情去问候、评论、回复用户。

➢ 用活动带动用户的积极性。运营人员想要和用户互动，开展活动是个好方法。运营人员可以在微淘上举行活动，送出小礼品、小奖品等，让用户感到惊喜，调动用户的积极性，让用户保持住关注微淘的兴趣。

➢ 推送符合用户兴趣的内容。无论是什么类型的营销，目的性都不能太强，做微淘也一样，如果在内容中直接推广商品，被接受的可能性就不大。想要留住用户，运营人员要从用户的兴趣点出发，推送符合用户兴趣的内容。

➢ 让用户有收获。想要留住用户，就要让用户感受到收获。例如运用签到有礼、收藏有礼等小活动让用户感受到收获；也可以在微淘内容中展现一些实用技巧，让用户感到收获。总之，运营人员要让用户有收获，用户才会继续关注该账号。

### 2. 微博

微博是一种"迷你"型的日志，一条微博不超过 140 字，可以带图片、音频和视频，具有发布方便、阅读轻松的特点。这种短小精悍的内容发布形式受到了很多网民的喜爱。微博的种类繁多，其中新浪微博和腾讯微博的用户较多。如果商家想要通过微博来留存用户，新浪微博是首选，当然，也可以在其他微博平台上发布同样的消息，这样能够吸引多个平台上的微博用户。

在微博上，运营人员可以把自己塑造成一个行业专家形象，经常与用户群体互动，这样可以积累起强大的号召力。在微博这个社交平台上，"粉丝"的裂变可实现"粉丝"的大量增长，商家的号召力也能相应增强。例如，某食品类目商家在微博经常利用互动实现"粉丝"裂变。该商家某次举办了转发微博可参与抽奖的活动，"粉丝"为了获得抽奖资格，会自觉转发该微博内容，从而使更多用户加入活动，如图 4-15 所示。活动完毕后，该商家微博账号的"粉丝"数量有了一定的增长。

在积累到一定的"粉丝"后，运营人员还可以在微博建立群组，把用户都拉进群里，进行一对多的维护。

### 3. 微信

微信是基于熟人关系建立的社交平台，所以很适合留存用户。特别是微信群、朋友圈、公众号，都是留存用户的良好工具。通过微信群维护的用户，黏性更强，更适合深入联系。微信是熟人社交平台，曝光率高，推送产品信息时用户的关注度也更高。如某经营水果类目的运营人员在微信群里发布榴莲的相关信息后，引得用户关注，如图 4-16 所示。

图 4-15 微博分享抽奖活动页面图

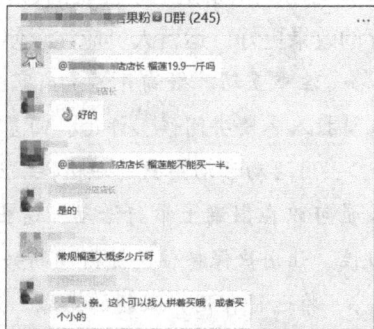

图 4-16 微信群组留存用户

微信是目前使用最频繁的社交工具之一，用微信来留存用户，既方便运营人员发布消息，也能让用户更及时地收到消息。其他平台的群组（如旺旺群、QQ 群），用户使用时间较少，消息可能无法及时传达给用户，而微信则没有这个弊端。

### 4. 抖音

抖音是一款创意类的短视频社交软件。要想留存用户，就必须通过丰富优质的内容吸引用户的注意，抢占用户的碎片化时间，这一点正是抖音的优势所在。

抖音通过个性化推荐算法和优质的短视频内容来吸引用户关注的内容，而后又利用点赞、评论等功能来促进内容消费用户与内容生产用户之间的互动，以此提高平台用户的留存率。

与电商平台淘宝合作后，抖音不仅极大地提升了用户的购物体验，也有效地增加了用户的留存率，用户只需在观看短视频的过程中，直接单击短视频中出现的产品购买链接，即可跳转到相应的淘宝产品详情页选购自己心仪的产品，如图 4-17 所示。

图 4-17　通过抖音购买产品

## 4.3.4　如何提升用户留存率

某段时间内，有若干新用户加入某个社群，在一段时间后，仍然留在社群中的用户就是留存用户，这部分用户与当时新增用户的比率即是留存率。例如，某微信公众号在活动期间，一共吸引了 5000 名新用户。经过一段时间后，留下的用户数量为 3000，则留存率 $=3000 \div 5000 \times 100\% = 60\%$。

如何提升用户留存率？运营人员需要从服务用户的角度来考虑，如是否为用户提供了优质产品和服务体验。

### 1. 建立用户流失预警机制

基本每个用户留存的工具都有计数功能，如微博、微淘有"粉丝"计数功能；微信群组有统计用户数量的功能。运营人员不能单看每天的数据变化来确定用户留存率的多少，应以数据统计、分析的结果为准。

某微信公众号"粉丝"数量变化统计如图4-18所示,该统计图详细记录了微信公众号每天新增"粉丝"、流失"粉丝"的数量。如果哪天发现"粉丝"流失严重,运营人员就要主动查找原因,如文章内容是否不符合"粉丝"的口味,文章广告是否过于明显,文章排版是否出现问题,等等。

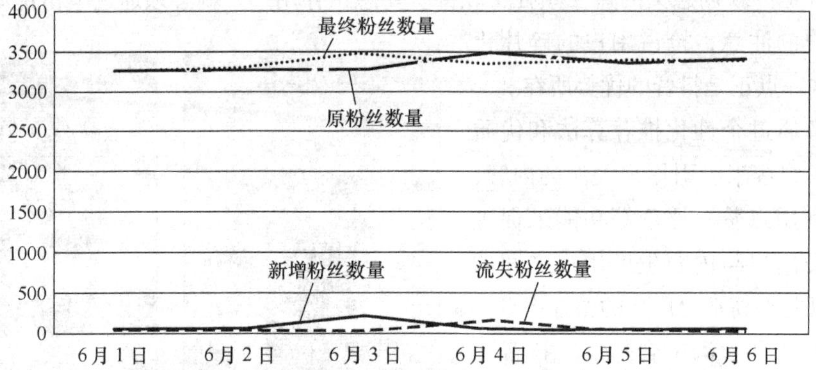

图 4-18　某微信公众号"粉丝"数量统计图

微信群、旺旺群等群组有用户数量显示,如"某某群(299)",若一名成员退群,会显示"某某群(298)",运营人员可以根据数字方便地进行统计。需要注意的是,同一个时间段内,如果进群人员数量大于退群人员数量,有可能会掩盖大量老群员退群的现象,有的运营人员只是简单统计群员总数,可能还认为群员数量增长是比较健康的,而没有意识到已经出现了导致老群员大量退群的问题。

### 2. 优化产品和服务体验

用户在什么样的情况下才会愿意长久地留下来?用户最关心的是产品和服务,如果商家的产品和服务能满足用户的需求,让用户信任产品、信任店铺,用户才可能长久地留下来。所以运营人员可以考虑通过问卷调查、投票等方式询问用户的建议和意见,以便优化产品和服务,提升用户留存率。

## 4.4　转化用户

转化用户是指促使仅仅购买过一两次的新用户多次购买,形成购买习惯,成为老用户。转化用户的重点在于从用户的心理需求出发,尽可能地满足其心理需求,从而增强其购买欲望。

## 4.4.1　抓住用户想获得优惠的倾向

作为电商工作人员，应该都知道每年在"双 11""双 12"这种大促活动时，销量都会呈直线上升趋势。静心细想，为什么这些平台大促活动会越来越火热？因为在这种大促活动期间，平台会给予一定的优惠力度，商家的打折力度也很大，双重折扣是用户平时无法享受到的优惠。所以，用户会抓住机会，集中购买产品。

很多运营人员就抓住了用户这种"优惠难得，机不可失"的心理，不定期地开展秒杀、抽奖、特惠等活动，进而促进很多新用户转化为老用户。

利用用户希求优惠的心理，可以衍生出多种形式的活动，如积分抽奖、特惠活动、每日签到、晒单返现、红包活动等。每个活动的优势、注意事项和关键要素等内容略有不同，具体内容如表 4-1 所示。

表 4-1　迎合用户希求优惠的心理可做的活动

| 名称 | 举例 | 优势 | 注意事项 | 关键要素 |
|---|---|---|---|---|
| 积分抽奖 | 店内购物 1 元等于积 1 分，积分满 1000 可以参与抽奖 | （1）增加用户回购率；<br>（2）迫使用户进行持续性关注；<br>（3）刺激用户的购买行为 | （1）拉长活动战线，尽量提高抽奖门槛，只有重复消费的用户才能参与；<br>（2）选择有诱惑力且常用的产品作为奖品，如手机、智能手表等；<br>（3）是否可以重复参与，如积分满 1000 可抽奖，那积分满 2000 是否可以抽 2 次；<br>（4）写明免责声明、活动的解释权归属方、奖品的发放规则 | 在策划积分抽奖活动时，重点设置以下关键要素：活动时间、积分规则、抽奖规则、奖项设定、兑奖规则、免责声明 |
| 特惠活动 | 原价 188 元的产品，用户在推荐 3 名好友添加客服微信后可享受 88 元的特惠价 | （1）操作简单；<br>（2）让用户感到实惠；<br>（3）迎合用户希求优惠的心理；<br>（4）吸引新用户 | （1）注明推荐方式，如甲要参与进来，客服先给他发验证码——0013，新用户在添加客服微信时，验证消息填写 0013，便于统计该用户属于哪位客服推荐的；<br>（2）规定好活动时间，如 24 小时内；<br>（3）确认活动商品数量，如一共 500 份产品，售完为止 | 在策划特惠活动时，重点设置以下关键要素：活动时间，活动产品（具体产品名称、原价、现价），购买规则 |

| 名称 | 举例 | 优势 | 注意事项 | 关键要素 |
|---|---|---|---|---|
| 每日签到 | 签到1次可得1积分,积分满99可参与抽奖1次 | (1)操作简单;<br>(2)审核方便;<br>(3)曝光度高;<br>(4)便于扩散 | (1)奖品设置合理;<br>(2)控制广告力度,避免广告过于直接,使关注的用户产生反感;<br>(3)中奖率设置合理;<br>(4)确认兑奖方式 | 在策划每日签到活动时,重点设置以下关键要素:序言(让用户参与的理由)、奖项设定、活动时间、参与方式、免责声明 |
| 晒单返现 | 用户下单拿到实物后晒单并写评论,客服选出用心的评论并将其分享至微博,由"粉丝"投票选出的最用心的评论,评论人可获得千元大奖 | (1)参加活动的前提是下单,提升销量;<br>(2)打造真实口碑,便于拉新用户;<br>(3)由"粉丝"投票决定,吸引更多用户参与;<br>(4)千元大礼迎合用户希求优惠的心理 | (1)提醒用户填写真实感受,不允许胡编乱造;<br>(2)评论文字不少于50字,图片不少于3张 | 在策划晒单返现活动时,重点设置以下关键要素:活动时间、店铺名称、店铺地址、投票规则、免责声明 |
| 红包活动 | 活动当天微信群里的用户都有机会抢现金红包 | (1)覆盖人群广;<br>(2)满足用户喜欢抢红包的心理;<br>(3)减少人工;<br>(4)操作简单;<br>(5)规则简单 | (1)告知用户加群方法;<br>(2)设置红包金额和数量;<br>(3)设定群规则,如不允许发布其他广告;<br>(4)实时发布店内广告信息;<br>(5)转化领取红包的用户 | 在策划红包活动时,重点设置以下关键要素:活动理由、活动时间、参与方式、备注 |

实际上,利用用户希求优惠的心理而开展的活动还有很多,如微博抢楼活动、好评返现、关注微信公众号得优惠券等。只要是让用户有利可图的活动,就有吸引新用户、维护老用户的作用。

## 4.4.2　利用用户追求个性化的消费特点

大家常说某种产品很个性化,这一般是指具有较强个体特性的需求和服务等。有不少用户在购物时,也喜欢追求个性化服务,例如 VIP 会员、个性化标签等。运营人员可以抓住用户追求个性化的心态,构建一

扫码看视频

系列的策略，让用户享受个性化服务，从而促进用户多次购买，转变为老用户。

很多电商购物平台中的会员体系就是很常见的个性化服务。例如，某款大衣在淘宝平台内销售，会员可享受 5.8 折的优惠，如图 4-19 所示。

图 4-19　会员价 5.8 折

会员享受的个性化服务，不仅仅体现在价格方面，还体现在服务方面。例如，某店铺每年有 30 个 "至尊" 级的 VIP 名额， "至尊" 级的 VIP 可享受店内产品 5.8 折的优惠，同时还可指定客服提供服务。一般的电商平台，都可设置用户的会员等级。这里以淘宝平台为例，介绍如何设置会员等级。

（1）登录淘宝卖家中心后台，❶单击 "营销中心" 右侧的 ">" 按钮，❷在弹出的列表中单击 "客户运营平台" 选项，如图 4-20 所示。

（2）跳转至新页面，在页面左侧的列表框中单击 "忠诚度管理" 按钮，如图 4-21 所示。

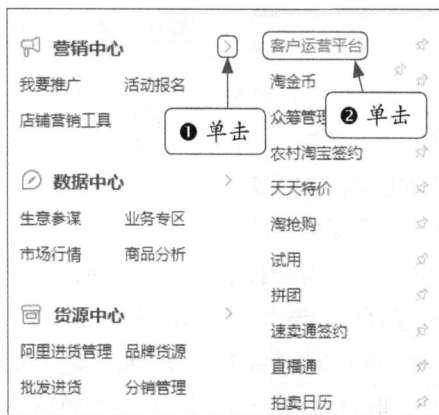

图 4-20　单击 "客户运营平台" 选项

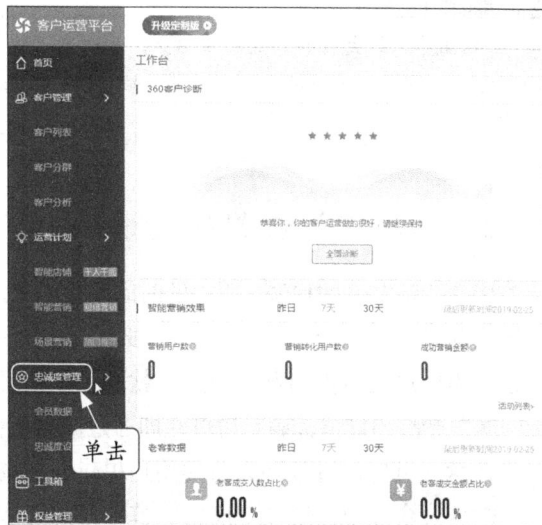

图 4-21　单击 "忠诚度管理" 按钮

（3）利用忠诚度管理下的"VIP设置"功能可设置会员等级，如入会规则、入会享有折扣等内容，如图4-22所示。

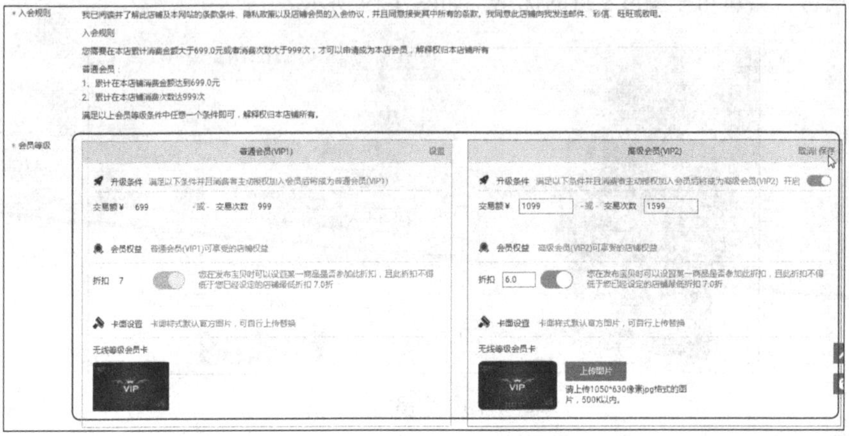

图4-22 设置会员等级

建立会员体系的优点如下。

➢ 刺激用户关注和购买。建立会员体系能刺激用户为享受高等级服务而持续关注产品和品牌，持续性地购买产品。

➢ 操作简单，获益良多。对于运营人员来说，搭建会员体系，只需在后台简单操作即可。用户参与规则也十分简单，满足一定条件即可。对商家与用户来说，操作都很简单。

**ⓘ 提示** 高等级会员的数量限制

越高等级的会员的数量应该越少，如一个店铺里的"至尊"级会员应该只设置1~3名且尽量别使之满额。其目的在于制造"紧缺感"，从而刺激用户持续关注店铺动态，争取高级会员资格。

## 4.4.3 抓住用户追求便捷的心理

随着生活节奏的加快，用户的时间呈现出碎片化的趋势，越来越多的用户追求快速、便捷的购买过程。以前，用户网购需要打开电脑，输入想购买的产品，一一对比后再下单。现在，当用户在微信朋友圈看到一款心仪产品时，可直接通过链接进入购买页面，在线询问客服产品的详情，满意后可立即通过微信支付完成订单，整个过程非常便捷。

运营人员应通过各种方法为用户提供便捷的服务，如把微信购物环节、服务环节转移到微信公众号中，这样不仅可以节省用户的购物时间，也可以让更多用户关注微信公众号，便于管理。通过微信公众号可以实现的购物环节如表4-2所示。

表 4-2　微信公众号可以实现的购物环节

| 环节名称 | 具体内容 |
| --- | --- |
| 购买环节 | （1）某位用户与朋友在微信聊天时朋友向其推荐了某个产品及商家的微信公众号，该用户如欲购买，可通过微信公众号详细地了解产品的价格、性能，并通过微信直接购买，而不用跳转到具体的购物平台上；<br>（2）如果该产品在线下有门店销售，用户又正好想去门店了解，可直接通过微信公众号了解线下门店的位置，还能在线成为微会员，在实体店购物时享受优惠 |
| 产品服务环节 | （1）用户购买产品后，可能出现不知道如何使用产品或在使用过程中出现问题的情况，如果微信公众号能针对常见的产品问题提供自助服务（通过文字、图片或视频形式），则可为用户解决部分问题；<br>（2）对于心仪的产品或已经购买到手的产品，用户都希望该产品未来能有技术上的革新。通过微信公众号发布产品升级信息，不仅可以吸引用户关注微信公众号，还能引发用户的转发、分享等动作，吸引更多的用户 |
| 售后服务环节 | 购买产品后，用户如果遇上售后问题，可以方便地通过微信公众号得到客服的实时解答。相比起联系电话客服、平台客服用户，联系微信公众号客服更方便 |
| 增值服务环节 | 增值服务是指商家作为赠品提供给用户的服务。通过微信公众号可以为用户提供一些高频的、与企业产品相关度较高的信息来吸引用户。例如，育婴产品微信公众号可以发布一些与婴儿、产期恢复相关的知识，让用户感受到关注该微信公众号的价值 |

借用微信公众号作为购物渠道的优势如下。

➤ 满足用户追求便捷的心理。

➤ 操作简单。

➤ 缩短购买时间，提升转化率。

➤ 刺激用户持续关注。

➤ 便于企业了解忠实用户数量。

运营人员在运作微信公众号时，还要考虑一些其他的问题。例如，在推文里写清客服联系方式及购买流程，提醒用户查询物流、联系售后。在制定产品价格方面，要比电商平台更具优势，才能吸引用户。运营人员偶尔还需举办几场活动来维护用户关系。

### 4.4.4　抓住用户渴望交流的心理

随着生活节奏的加快，人们的社交圈子在逐渐变小，但人们又渴望与外界交流，观察其他人的生活。部分用户也喜欢分享自己的生活方式，以寻求共鸣。所以，部分运营人员迎合用户的这种心理，利用短视频、直播、群分享等方式来制造热烈的气氛，调动用户的积极性，提升用户的购买率，还能吸引新用户、增加用户数量。

### 1. 短视频与直播

短视频和直播越来越受大众的欢迎，从用户心理学的角度来看，其原因如下。

➤ 满足用户喜欢热闹的心态。在短视频播放或直播的过程中，在线用户可通过弹幕的形式讨论产品的相关问题，如价格、材质等。相比于用户单独购物，场面热闹不少，也更吸引用户。在热闹的气氛中一起购物，用户更容易下单，转化率也更高。

➤ 满足用户的娱乐心理。用户会持续地关注有趣的短视频内容或直播内容。短视频有创意，更能得到用户的青睐；主播在直播间，偶尔聊聊生活、唱唱歌，也能满足用户的娱乐心理，更易提高用户的黏性。对于这样有意思的短视频和直播，用户更容易接受其中的产品广告，转化率自然也较高。

➤ 引起用户的共鸣。在电商平台里购物，用户只能依靠评价栏查看其他用户对产品的态度。但在短视频和直播间，用户与用户之间可以进行实时互动，不仅可以就产品的相关情况进行交流，还可以讨论共同关心的话题，用户之间也更容易产生共鸣。

因而不少商家借用短视频与直播的渠道，缩短与用户的距离，加强与用户的互动，获得了较好的营销效果。运营人员可策划相应的短视频或直播内容来转化用户。

（1）短视频转化技巧。

为迎合用户时间碎片化的特点，短视频的时长一般较短，运营人员应精心策划视频内容，争取用最短的时间说服用户购买。例如，一段推广绿萝产品的视频，应把时长控制在 30 秒之内，强调绿萝装饰室内和净化空气的作用，浅谈培养绿萝的方法、技巧，以及自己推广这款绿萝的原因（好种植、繁殖快），让用户在看完这段短视频后就想立即买入一盆绿萝。

（2）直播转化技巧。

直播平台的主播成千上万，如何才能吸引"粉丝"关注？

➤ 找准用户活跃的直播时间。根据相关调查，各类直播间的用户活跃时间不一，总的来说在 13:00 ～ 23:00 这个时段，用户活跃度较高。特别是在晚饭后的一段时间，直播用户数量可到达巅峰。

➤ 策划极具话题性的内容。主播如果单纯地唱歌、跳舞，不利于产品推广，可在直播中加入极具话题性的内容，引起"粉丝"讨论。例如，大码女装的直播，主播在介绍产品的同时，也可以抛出话题"大家有没有什么减肥经历，效果如何"，引发用户讨论的同时，再适时带入显瘦的裙装产品，这样产品更容易被用户接受。

➤ 根据资金状况选择是自己直播还是广告投放。如果是小企业、小商家，资金比较紧张，运营人员可以考虑广告投放，即付费让主播推销产品；如果是大企业、大商家，可以考虑培养专业主播进行直播、运营短视频，培养专属的"粉丝"群体。

### 2. 群分享

借用群组来管理用户的好处在于"一对多"，即一名客服可以在群里同时为几百名用户服务。用户之间也可以直接沟通、联系，购物信息更加透明化。可用于群分享的平台很多，如电商平台（淘宝旺旺群）、社交平台（微信群、微博群、QQ 群）等。

群分享可以让产品快速得到认可。例如，客服在某个微信群里发布某款新品，如果有用户询问价格，另一个对产品感兴趣的人就会紧接着询问尺码、材质……一旦有用户下单，其他感兴趣的用户也会跟着下单。除此之外，群分享还有其他方面的优势。

➢ 统一解决问题。例如，进行产品升级，商家可直接在群里通知。如果用户对升级后的产品感兴趣，会在群里进行咨询。其他人有问题，也可以进行咨询，但如果是重复问题，看聊天记录即可，不用重复性发问。

➢ 拉近用户与商家的距离。没有群组之前，商家的运营工作只能在幕后默默进行，用户无法接触到。组建群组后，运营人员可在群里发布工作日常照片、视频，拉近用户与商家之间的距离。如一家经营绿色蔬菜的商家，运营人员可以把每天采摘新鲜蔬菜的视频发在群里，让用户更全面地了解产品的生长环境、采摘过程、物流运输、包装发货等细节，从而使用户对商家产生信任感，增加下单率。

➢ 便于日后宣传推广。组建社群后，店铺相当于有了一批忠实用户，在推出拉新活动时，可以对老用户给予一定的优惠，促使他们去拉新用户。例如，某店铺在活动期间，规定邀请 5 名好友进群的老用户，可联系群主领取价值 29.9 元的水杯一个。

运营人员还可用一些技巧来活跃群组气氛，如群红包、群机器人、群投票等，这些技巧的使用效果普遍较好。

（1）红包。商家偶尔在群里发个红包，不仅能活跃气氛，还能获得用户好感。除了一般的微信红包外，QQ 群还支持发口令红包，可以将需要推广的信息设置为打开红包的口令，如图 4-23 所示；当群友想领取该红包时，就必须复制一遍该口令信息，这样他们对信息有个记忆过程，如图 4-24 所示。

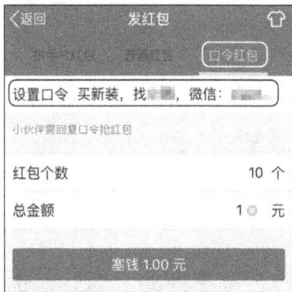

图 4-23　发 QQ 口令红包

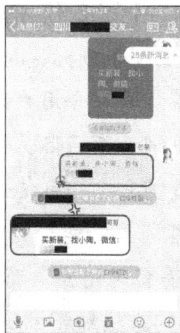

图 4-24　领取 QQ 口令红包

（2）机器人。微信群和 QQ 群都可设置群机器人。群机器人的作用在于帮助活跃群的气氛，如讲笑话、查天气、聊八卦、查运势、猜成语等。

（3）投票活动。在 QQ 群中，可发动投票活动来吸引用户注意力。例如，发起关于挑选喜欢的衣服的活动，选项中的两件衣服都是自己店内中的商品，所以无论投票结果倾向于哪一件，商家都可以理所应当地给出商品链接，引发新一轮的购买。

### 4.4.5　为同一属性的用户贴标签

很多用户都喜欢拥有自己独具个性的属性，将自己框定在某一类人当中，从而找到与自己类似的人。于是，"90 后""00 后""上班族""淘货达人"等一系列可以界定人群属性的标签应运而生。运营人员可抓住用户的这一心理特点，不断地为产品贴上标签，为产品打造专有属性的名词，吸引具有相同属性的用户来关注。

贴标签在生活中很常见，如很多贴吧、公众号软文等都会发布一些带有标签的内容。如某微淘里有很多文章标题中含"冻龄女神""微胖女生""小个子"以及"胖 MM"等标签，如图 4-25 所示。

用户在看到符合自己标签的文章标题时，会被标题所吸引，不自觉地点击并阅读。如果正文内容符合用户的口味，则很容易被用户收藏关注。这是因为标签能让用户产生归属感，从而认可相应的产品。

当用户在得知世界上有一个群体和自己的某些生活习惯与想法一致时，就可能对此群体产生一定的归属感，会愿意加入该群体。例如，一个身高 145cm 的女孩，一直因为身高自卑，也不知道怎么挑选衣服，偶然在微博看到一篇小个子女生穿搭的软文，发现文章介绍的搭配技巧解决了自己的烦恼。此外，很多人也留言表示喜欢这篇文章。因此，这个女孩很快就关注了文章的作者，甚至关注了一些留言的"粉丝"，和她们组建群组交流服装搭配经验。

运营人员在策划标签时，应注意以下问题。

➢ 标签词需符合用户的生活习惯。

➢ 标签词必须通俗易懂。

➢ 标签词和奋斗目标或信念相关时具有较好的效果。

➢ 标签词最好能让用户认为运营人员和他们是同一类

图 4-25　微淘文章的标题

人，这样容易拉近用户与商家的心理距离。

贴标签的方法对于商家前期用户挖掘与积累用户是有帮助的。当然，也应配合其他营销方法，尽快增加用户数量。

## 4.5　激活用户

有很多用户在店内购买过一两次产品或服务以后，由于各种原因逐渐"沉睡"，不再进店购物。这类用户如果被激活，可以有效地提升店铺销量。运营人员应先对用户消费行为进行分析，掌握激活这类用户常用的方法，再进行相应操作。

### 4.5.1　用户消费数据分析

通过用户消费数据分析，如最近一次消费、消费频率分析、消费金额分析，商家就可以知道用户的大体情况，并制定相应的用户激活方法。例如，结合最近一次用户的消费时间和消费频率，可判断距离用户下一次交易的时间大概还有多久。结合消费频率和消费金额，可以大致知道该用户属于店铺的哪类用户，是否需要重点维护。

#### 1. 最近一次消费时长

最近一次消费时长是指用户上一次消费的时间到当前统计时间的间隔时间。最近一次消费时长是衡量用户的重要指标之一，该指标可以反映用户的忠诚度。上一次消费时间越近的用户越容易激活，因为消费记忆是随着时间流逝而递减的，消费记忆越鲜明，则越容易激活。

【实例6】

甲用户1个月前在店内购买了一盒面膜，乙用户在12个月前也在店内购买了一盒同款面膜。对于甲用户而言，如果她认可该产品，商家只需要在服务或价格方面给予她一些优惠，很容易激活。例如，由客服发送短信，询问对方面膜的体验效果如何，是否有建议或意见，并告知最近回购可享受8.8折优惠。对于乙用户而言，12个月的时间内，她可能已经购买了其他商家的面膜，激活难度就比较大了。

运营人员通过统计最近一次消费时长还可以检测店铺目前的发展情况，如所有用户的最近消费时长的平均数比上一次统计时更短，则表示用户越来越习惯在本店消费，店铺处于发展状态；反之则表示用户越来越不愿意到本店消费，店铺处于衰退状态。

#### 2. 消费频率分析

消费频率是指用户在指定时间段内购买产品或服务的次数。一般而言，消费频率高的用户，可能是满意度、忠诚度都很高的用户，其激活难度相对而言也较低。

#### 3. 消费金额分析

消费金额指的是用户购买店内产品或服务金额的多少。通过比较用户在指定时间段内购买店内产品或服务的金额，可以分析用户购买态度的变化。如果消费金额下降，则应找出原因进行改进。

## 4.5.2　激活用户的常用方法

用户"沉睡"的原因有多种，如产品更新频率太低，无法满足用户追求新鲜的心理；与用户的互动少，用户被其他店铺所吸引；本店产品被其他店铺的同类产品所替代等。运营人员应当根据用户"沉睡"的原因，制定相应的"唤醒"计划，如产品优化更新、活动促销、提供特色服务等。

### 1. 产品优化更新

用户的需求会不断变化，如果产品一成不变，则用户必然会流失。例如，一家销售蛋糕的网店，因为蛋糕使用的原材料质量较好而收获了大量的忠实用户。虽然店家严格把控产品的质量关，但从未对蛋糕款式进行过创新或改变。随着使用抖音短视频 App 的人增多，抖音短视频中也出现了很多富有创意的蛋糕款式，该店铺的很多老用户被其他店铺的创意蛋糕所吸引，从而成为该店铺的"沉睡"用户。

案例中的蛋糕店，如果一直不对蛋糕款式进行创新，必然会流失更多用户。所以，正确的做法应该是根据用户需求，优化、更新产品和服务。

### 2. 节日活动促销

通常，店铺在节日期间会推出各种各样的促销活动。例如，经营保温杯的店铺在七夕节推出第二件半价的活动。该活动一方面可以吸引新用户的参与，另一方面可以激活老用户，让用户觉得自己是被商家重视的，从而在优惠的诱惑下，再次购物。

### 3. 推出特色产品、服务、内容

当店铺推出特色产品或服务时，最先通知的应该是老用户，让老用户享受优待，从而加深其与店铺的感情。例如，某款指定水杯可享受刻字的服务，运营人员可通过短信的方式告知老用户这一消息。老用户如果认可杯子的质量，并且对杯子上刻字也感兴趣的话，就会考虑再次回购，这样就激活了老用户。

### 4. 大力度的优惠条件

在激活用户时，除了表现出诚意以外，还需要利用一些优惠条件，才能更容易地达到目的。优惠方式多种多样，如价格折扣、满赠、满减等。其中，最直接也最吸引人的就是价格折扣。产品的价格，往往是除了商品质量、性能和款式以外，决定用户是否购买的关键因素。折扣后的价格，往往能让很多本不需要该类产品或并不急需该类产品的用户下单购买,从而实现商家激活用户的目的。

## 4.5.3　激活用户的具体方式

前面介绍了激活用户常用的方法,这里进一步介绍激活用户的具体方式。激活老用户,常用方式主要有微信推送、短信推送、邮件推送、购物平台内部推送等方式。对于高客单价的产品,商家还可以通过电话回访的方式来激活用户,如保险、房子、汽车等产品就更适合通过电话交谈的方式来激活用户。

### 1. 微信推送

微信推送主要包括朋友圈推送、微信群推送以及公众号推送。通常,朋友圈和微信群的推送内容可以相对接地气一些,不用过于考究,可交由客服人员管理;公众号的推送内容就要精心设计,难度相对较大,需由专业的运营人员管理。

➢ 朋友圈推送。在微信各功能服务模块中,朋友圈关注度高居第一,在朋友圈推送消息激活老用户是较为有效的方法。推送的消息应简洁且有吸引力,文字言简意赅地说明卖点,配图也要精心设计。例如,"掌柜的叫你进店领红包了!凡在 3 月 6 日~3 月 8 日期间进店的"粉丝",都可领取现金红包 1 个,金额 1 ~ 99 元不等,快来试试手气吧!"配图中可放置店铺二维码图片和 1 个醒目的红包图片。

➢ 微信群推送。微信群因用户数量多,有个明显的优点:能快速得到回应,放大推送效果。例如,管理员在群里发布近期的优惠活动信息,可能会有用户询问更多的活动细节,管理员在回复时,其他用户也可看到,可能会产生参与的兴趣,这样参与活动的用户数量就增多了,激活用户的效果也就更好了。

➢ 微信公众号推送。如果微信公众号推送的文章图文并茂,再加上一个好标题,则文章被点击阅读的可能性很大,且微信公众号文章方便被用户分享、转发到朋友圈或微信群,能起到吸引新用户的作用。电商商家可通过微信公众号发布有趣的文章,并在文章中带上优惠促销活动信息,那么该文章可能会被微信公众号的关注者广泛阅读并自发分享,文章中的优惠促销信息也就得到了推广,不仅老用户会参与活动,很多潜在用户也会纷纷参与。这样,一篇文章就同时起到了激活和拉新的作用,如图 4-26 所示。

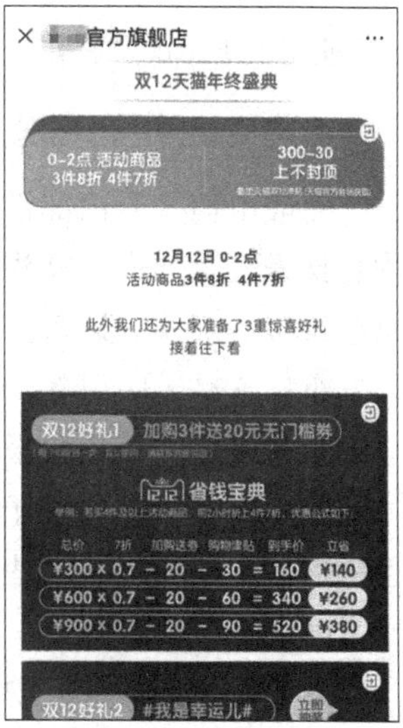

图 4-26　某微信公众号推文

### 2. 短信推送

短信推送主要是通过手机短信提前告知用户产品更新、折扣等活动信息,吸引用户的关注和消费,以达到激活用户的目的。在店内消费过一次以上的用户都会留下手机号码，运营人员可根据用户的手机号码发送短信，这样能够覆盖绝大多数用户。

运营人员需根据产品定位来编辑短信内容，如在分析一款补水面膜的目标用户的年龄、爱好、购物特点后，再编辑这样的短信内容进行发送："亲，这个冬季格外干燥，您的肌肤感受到干渴了吗？我们家免费向会员开放保湿护理课，快来联系客服了解详情吧。"

> **ⓘ 提示　短信推送的时间**
>
> 发送短信时注意选择合适的时间，做到既不给用户造成困扰，又能不被用户忽略。例如，上午09:00—11:00、下午14:00—16:00，这两个时段是大多数人的工作时间，外部打扰比较少，抽个一两分钟来看短信也比较方便；晚上21:00—23:00，这时用户可能在休闲娱乐，心态比较放松，查看短信的可能性也很大。最好不要在上班前后以及用餐时间发送短信，因为用户在上下班路上以及用餐时，可能既没有心情，也没有闲暇来查看短信。

### 3. 电子邮件推送

很多人都注册了自己的电子邮箱，用于在工作和生活中与他人进行交流。电子邮件虽然即时性不强，但用户数量是非常多的，因此电子邮件推广也是一种被广泛使用的营销模式。电子邮件可实现一对多的免费推送，与短信推送相比，其成本更低廉。

运营人员在策划内容时，最忌长篇大论，没有重点，应力求用最简单的文字表达出重点内容。如果邮件中带链接，则一定要用最具吸引力的文字吸引用户点击。此外，邮件内容应尽量通俗易懂。例如，一篇激活服装类目用户的邮件主题可为"×××，老板叫你来领鲜花了"，用内容映衬主题，表明活动时间、规则即可："为回馈新老会员，3月6日～3月8日期间，下单即送鲜花一枝，提前祝小仙女们节日快乐。详情点击www.******.com"。

### 4. 电商平台内部推送

一般电商平台内部都会提供相应的内容推送位，如淘宝微淘、淘宝论坛、京东快报等板块。运营人员可在这些地方发布软文帖，吸引新老用户的关注。一则京东平台"京东快报"家居类目的帖子如图 4-27 所示，帖子中除了加入了生活信息，还加入了一些产品信息，便于用户在阅读时进行购买。

标题在软文的推广中起着至关重要的作用，因为它在较大程度上影响着用

图 4-27　京东快报软文显示页面

户的阅读意愿。运营人员在撰写标题时，应注意突出主题、简短明了、引人注目，还可融入关键词，加深用户对一些营销信息的印象；内容则一定要足够"软"，不能像硬广告一样把产品的特点、优点、成绩等直接罗列出来告诉用户，而应通过一个看似不相关的报道或故事，将要推广的产品或品牌悄悄地带出来，这样的方式更能为用户所接受。

不同的激活方式有不同的特点，如短信推送和邮件推送，应言简意赅地表述观点，吸引用户进入店铺，再进行转化；而公众号软文推送和站内软文推送，则要先吸引用户点击文章阅读，再通过具有吸引力的内容来推广产品信息或品牌信息。

## 4.6　用户运营的注意事项

运营人员在用户运营的过程中，应注意把握运营节奏，不要急于求成，急切地推荐产品往往会适得其反；也要注意和用户保持一个"度"，成为普通朋友即可，如关系过于良好，有时会难以拒绝用户的一些过分要求。此外，还要善于抓住重点用户，为重点用户提供精细化服务。

### 4.6.1　用户运营要把控好节奏

部分运营人员在拉到新用户后，就急于打广告，实际上，这种做法犯了"运营节奏感失调"的错误。对于新用户以及一些信任度较低的用户，盲目推广往往会导致这部分用户流失。

【实例 7】

用户在拼多多上面购买了一款保温杯，并根据快递包裹里的二维码加入了微信群。运营人员在群内欢迎该用户后，马上向他推荐了好几个产品。该用户当时没有表达意见，但在当天深夜悄悄地退群了。

因此，用户运营需要把控好节奏，先确认产品的漏斗模型是否足够强健，再评估新用户的留存率、活跃度，并进行产品、运营的优化。例如，运营人员在拉新推文中营销，需要循序渐进，不要一开始就用低价诱导用户下单，正确的流程是用热门话题或故事来吸引用户，让用户对文章或编辑感兴趣，在用户培养出一定的阅读习惯后，再慢慢引出产品信息，让用户在信任的基础上实现转化。

### 4.6.2　注意与用户之间的交友尺度

有的运营人员认为和用户成为朋友比较有利于营销，这种看法基本上是正确的。和用户成为朋友，在运营工作中确实存在很多便利。例如，遇到产品需做测试时，可以以朋友身份让用户帮忙："各位兄弟姐妹，有空的帮我填个调查表吧，不然任务完不成，老板又要骂我了。"平时聊得来的用户基本都不会拒绝。又如，可以请用户帮忙转发产品或活动信息等，也能得到用户的积极响应。

虽然与用户成为朋友有不少便利，但是有一点需注意：不要和用户成为关系过于密切的朋友。因为一旦运营人员与用户关系过于密切，势必会花掉大量时间来交流，以维护双方的关系，这样会占用运营人员的工作时间；一旦遇到用户以好友的身份讲价、索要礼物，运营人员也不便拒绝。所以运营人员要注意交友尺度，尽量和用户成为朋友，但不要和用户成为密友。

### 4.6.3　抓住重点用户

每个用户能为店铺带来的价值是有差异的，这也决定了运营人员需要为不同价值的用户提供不同的资源。重点用户指的是复购率高、下单金额大、号召力强、在社群里活跃的用户，忠实用户与种子用户也包含在其中。重点用户是整个店铺中创造利润最多的群体，是店铺利润的主要来源，也是店铺发展的重要保障。

在管理重点用户时，应注意以下策略。

➢ 设立专人服务。很多店铺对关键用户都很重视，经常由客服主管或专门的客服小组来为这部分人服务。一方面，避免新客服不熟悉业务而得罪关键用户；另一方面，也让关键用户感受到被尊重，提升其忠诚度。

➢ 给予优势资源服务。运营人员应准确预测关键用户的需求，把服务方案主动呈现给用户，提供售前、售中、售后的全面服务，满足关键用户的需求。

➢ 以心换心的沟通、交流。想要真正地留住用户，就要淡化商业关系，让用户感受到彼此之间的友情，而非赤裸裸的交易关系。

店内很大一部分消费者都是普通用户，这类用户也是最有可能发展成为重点用户的群体。针对这部分用户，运营人员需要做的是提升用户级别和控制成本两个方面的工作。店内还有部分消费者是小用户，小用户无论是在群体数量还是在利润贡献上，都是最小的一个群体。但运营人员不要忽视对小用户的管理，应尽量提升小用户的集体贡献率。

## 实践与练习

1. 为销售地方特产的店铺做目标用户群体分析。

2. 查看 3 个服装品牌店铺的微信公众号内容，总结用户拉新的技巧。

# 第5章

# 电商活动运营

在电商运营中，很多营销目标需要通过活动来实现，因此，电商活动对于电商运营工作来说至关重要。从事电商运营工作的人员，需要了解各类电商活动的意义和目的，并能独立策划、执行各类电商活动。电商平台中的活动形式多种多样，运营人员要根据产品特性、目标用户特性来策划合适的活动，这样才有利于产品和店铺的营销推广。

## 5.1 活动的意义和目的

无论是对电商平台、电商商家，还是对用户，活动都有着积极的意义。在产品上新、库存清理以及引入新流量等方面，活动也都发挥着非常重要的作用。

### 5.1.1 活动的意义

活动运营，是指通过组织各种营销活动在短期内快速提升相关指标的一种运营手段。对于运营工作来说，活动是必不可少的手段。消费者在线下购物时，随处可见各种类型的营销活动，如百货商场的商品促销。电商的情况和线下购物是一样的，电商商家不仅可以在自己的店铺中举办各种活动，还可以参加电商平台举行的各种活动，如淘宝平台的"双11"、京东平台的"6·18"等。

每一个活动的成功举办都会为商家带来大量流量，帮助商家提升店铺的销量；平台举办的活动同样会为平台带来非常丰厚的收益；而用户也能通过各种电商活动购买到价格实惠的产品。

#### 1. 活动对商家的意义

对于电商商家而言，活动就是在一个较短的时间内通过打折、买赠、满减等手段，提升店铺流量和产品销量的方法。商家入驻平台的最直接的目的在于盈利，而活动能为店铺和平台带来可观的流量和销量。由于活动期间优惠力度较大，商家在活动中也许暂时无法获取丰厚的利润，甚至出现少量亏损，但从长远来看，活动为商家带来了更多的用户，这些用户以后可能会购买产品，这就为商家带来了长远的利益。而且一般情况下，平台会把进过店、浏览过产品的用户统计到平台的大数据库中，这对于提高产品或店铺的搜索排名来说是大有好处的。

### 2. 活动对平台的意义

一般大型的电商活动都是由电商平台出资打造的，如"6·18""双11""双12"等。电商平台做这些活动的意义何在？

➢ 吸引商家入驻。平台有足够的实力创办大型活动，才能有效地吸引用户消费，为平台内的商家提供更多的商机。商家如果想通过某一平台获利，自然会选择入驻该平台。

➢ 吸引用户消费。平台的活动力度越大，就越能刺激新老用户前来消费。所以，举办大型平台活动有一个重大意义就是吸引用户消费。

➢ 对平台工作人员工作的检验与考核。电商平台的建立都是基于互联网，需要考虑系统稳定、功能体验等方面的问题。在大型活动期间，平台上的流量较多，不仅对系统的稳定性和响应速度要求极高，同时还考验着平台工作人员处理危机事件的能力。如果在大型活动期间，工作人员能维持平台系统稳定而不崩溃，运营人员的工作能够有条不紊，则说明该平台整体的运营保障工作是做得非常好的。

### 3. 活动对用户的意义

活动期间，平台或商家会给出很多诱人的福利，如全场包邮、满200减20、买一赠一等。所以，活动对于用户的意义，在于可以购买到更加优惠的产品。

无论是对于商家、平台，还是对用户，活动都有着非常积极的意义。因此，运营人员更要善于策划、执行活动，为商家创造更好的收益，同时也为平台、用户创造更多的价值。

## 5.1.2 活动的目的

店铺经常举行或参加一些活动，不仅能够有效地吸引新用户的关注，为店铺引入大量流量，快速提高店铺的销量，还能够增加老用户的黏性，为店铺以后的经营发展做好铺垫。此外，做好活动还能为店铺赢得良好的口碑和形象。

### 1. 用活动激励新用户

通常，用户在不熟悉某个店铺或品牌时，很难下定决心购买该店铺或该品牌的产品。但如果商家愿意提供福利优惠，则可对用户的购买行为起到一定的刺激作用。例如，"买一赠一""5折抢购"等活动，通常能有效刺激用户在短时间内产生购买意愿并做出购买决定。图5-1所示为淘宝某店铺以"新用户专享价"方式来吸引新用户下单。

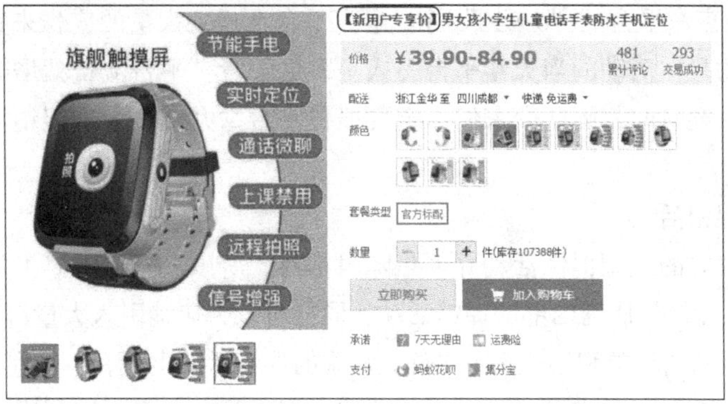

图 5-1　淘宝某店铺"新用户专享价"活动页面

## 2. 用活动打开新品销售局面

新品上市阶段，店铺需要将新品推向市场，提高市场对其的认可度，让用户尝试购买新品。但很多用户通常会对新品有一种抗拒的心理，不愿意轻易去尝试。如果商家能够在新品上市时开展一些活动，则可对用户起到一定的激励作用，增加用户使用新产品的信心。

新品促销是一种常见的活动手段，它可以使新品很快地打开市场，使用户快速地接受新品。新品一旦有了购买的记录，其人气和销量也会逐步提升。在聚美优品平台，商家会在店铺首页进行新品促销活动宣传，如图 5-2 所示。

图 5-2　聚美优品新品促销活动页面图

## 3. 为店铺带来流量

流量作为电商商家发展的必备因素，一直都是商家关心的焦点。对于一家电商店铺来说，活动是一个提高店铺流量和销量的有效方法。商家们进行的促销活动通常分为平台大促活动和店铺促销活动两种。

（1）平台大促活动。

通常，电商平台都会在某些特定日子进行一些大型的促销活动。例如，淘宝平台的"双

11""双12"，京东平台的"6·18"等。电商平台会投入大量的广告来宣传这些大型的促销活动，目的是在活动的当天给平台引入更多的流量。平台流量猛增时也是各商家提高店铺流量的重要时间，因此商家们一定要抓住平台举办官方大型促销活动的机会来提高店铺的流量。

（2）店铺促销活动。

电商平台官方的大型促销活动并不是随时都有，所以商家们平时可举办店铺活动来吸引用户。如果能做好店铺内部的促销活动，同样可以为店铺引入大量流量。

店铺促销活动的种类和形式多种多样，常见的促销活动类型有上新促销、节日促销、周年庆促销等；而促销形式可以是折扣、满减、满赠等。商家可以利用店铺的产品主图或搜索关键词进行相应的促销宣传和提示，使用户在看到店铺的促销活动宣传和提示后能够进入店铺，从而有效地增加店铺的流量。

### 4. 用活动消化库存积压产品

无论实体店还是网店，都可能会出现库存积压的问题。积压的产品如果不及时处理，则有可能影响店铺的资金流转，严重时甚至会影响整个店铺的正常运营。利用活动销售库存积压产品、缓解资金压力，是大多数商家常用的方法。

利用活动来消化库存积压产品，通常会用到两种促销方式：打折促销和组合促销。

➢ 打折促销。打折促销是处理库存积压产品最直接的方法。库存积压产品如果在活动中折扣促销力度大，对于用户来说是来非常有吸引力的，部分用户甚至会专门去选购一些清仓打折的促销产品。

➢ 组合促销。组合促销也是通过降价进行促销的一种方法，指的是将库存积压产品和店铺的热销产品进行巧妙的搭配，通过合理的店铺陈列，用热销产品来带动库存积压产品的销售的一种促销方式。库存积压产品与热销产品组合销售，不仅能有效消化库存积压产品，还有利于促进热销产品销量的提升。

> **ⓘ 提示**　处理库存积压产品时折扣优惠力度要有足够的吸引力
>
> 在处理库存积压产品时，打折促销的优惠力度必须要有足够的吸引力，这样才能快速地消化这些库存积压产品。若不能在短时间内将库存积压产品销售出去，留下的产品不但会影响资金周转，还可能会随着时间的推移而贬值。

## 5.2　制作活动策划方案

任何一个活动的举办都需要运营人员提前策划和制订好活动方案，经讨论通过后才能按部就班地实施。策划活动方案时，运营人员需设定好活动的目标主题和目标用户，规划好活动平台、互动模式、活动时间、活动周期以及活动规则等内容。

## 5.2.1　设定活动目标主题

每个活动都需先设置一个主题，再根据该主题策划具体的活动细节。活动主题要简洁且具有吸引力，让用户一看即可明白，并能够参与到活动中来。例如，某活动主题为"店铺 3 周年庆，全场商品 8.8 折"，这样的主题明确告知了用户，店铺发展至今已有 3 年的时间，用户参与进来即可享受 8.8 折优惠。

商家要注意，举办活动的目的不仅限于吸引用户，还要能促进店铺的发展，例如提升品牌知名度、提高转化率、提高客单价、提高总销量等。

运营人员在设置活动时，需优先思考商家进行活动的目的，再根据该目的制定相应的主题。例如，商家参加聚划算活动的主要目的是推广某款新品，那么在设置主题时，就需要突出"新品""福利"等关键词。

## 5.2.2　设定活动目标用户群体

运营人员在策划活动时，应重点关注一个问题：活动给谁看？一个活动，即使主题再好，如果没有用户关注，那也难以取得很好的宣传效果。所以，活动策划的关键还在于寻找目标用户群体，也就是寻找活动对象。

根据活动商品寻找目标用户群体时需考虑多方面的因素，如图 5-3 所示，运营人员在寻找目标用户群体时应重点关注性别、年龄、职业、兴趣等维度。

图 5-3　寻找目标用户群体应重点关注的维度

【实例 1】

一家女装品牌店铺在做目标用户群体分析时，运营人员发现其目标用户是年龄在 25 ～ 35 岁的女性上班族，以白领为主，分布在一、二、三线城市，月收入在 4000 元以上。这样的一个消费群体，很喜欢网购，也很喜欢分享。通常，在网上买到一件好产品时，她们会推荐给身边的朋友、同事。同时，这个群体也很喜欢美食，经常出现在微博、微信、蘑菇街、花瓣网等地方。她们的自我标签以"网购""旅游""音乐""时尚"为主。分析完这些特征，运营人员会发现目标用户群体的画像已经很清晰了。

运营人员把目标用户群体的画像画得越清楚，对目标用户的把握也就越精准，也越能快速获取新的目标用户。

### 5.2.3　选择活动实现的平台与载体

商家在电商经营过程中,可能会同时在多个电商平台上开店。运营人员在策划活动时,就需要选择开展活动的平台及载体。实际上,不同的活动主题和内容,在一定程度上决定了活动平台的选择。

假如运营人员需要在 6 月针对店铺中的大部分产品筹划一场促销活动,这时自然应选择京东平台的"6•18"活动,才能使活动的影响范围最大化。如果运营人员筹划的是拉新活动,主要目的是让微信上的更多用户关注店铺,自然应选择"拼多多""苏宁拼购"等平台策划裂变活动。

### 5.2.4　选择互动模式

通常,活动的互动模式和用户的利益点是相辅相成的。互动模式简单来说就是告知用户怎么参与;利益点指的是用户能在活动中得到的好处,例如折扣、返现、礼品等。不管如何选择互动模式和利益点,都要尽可能使活动更具吸引力,这才是运营人员最应该思考的问题。

例如,同样是 1 万元的礼品预算,互动模式和利益点的选择共有两种方案。

A 方案:转发活动海报至微信朋友圈,并将截图发送至微信公众号后台,抽取 30 名幸运用户,赠送价值 200 元的保温杯一个。

B 方案:转发活动海报至微信朋友圈,并将截图发送至微信公众号后台,抽取 1 名幸运用户,承包其 10 年内的保温杯(不超过 30 个)。

以上两种方案中,往往 B 方案的参与人数更多,因为它更具话题性,更容易引起用户的关注,并且对商家来说资金压力也较小。

【实例 2】

支付宝在 2018 年 9 月联合了全球 200 多家合作伙伴推出一个抽取"锦鲤"的活动,如图 5-4 所示。活动规则简单、易参与:微博用户转发活动信息,即可参与抽奖,奖品为一份丰厚的免单礼包。最终这条微博收获了 400 多万的转发、评论、点赞,2 亿的曝光量。随后这个活动被大小企业效仿,多种转发,抽取"锦鲤"的活动在网络上迅速风靡起来。

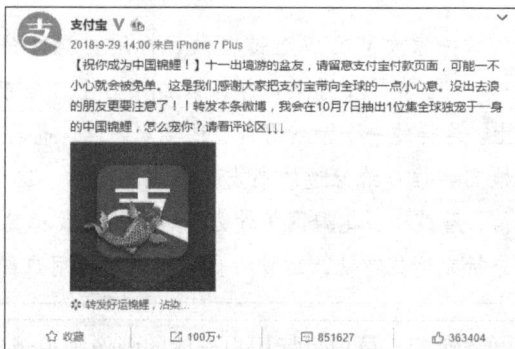

图 5-4　支付宝抽奖活动页面

## 5.2.5　确定活动的时间和周期

活动举办的时间与活动的周期均需要运营人员进行仔细规划，越周密的规划，越能保证活动的良好开展，也越能吸引更多用户参与活动，促成更多订单的成功交易。

### 1. 活动时间

活动时间既可以考虑外部因素进行选择，如选择与平台大促或各类节假日相契合的时间进行促销活动；又可以根据内部需要进行选择，如以店铺周年庆、老板生日等为契机进行推新、清存货的促销活动。以时间为理由做活动，是一种业界常态，很容易得到用户的认可。运营人员在策划活动时，需要说明选择这个时间的理由，这样做不仅能让用户了解举办活动的原因，还能加深用户对活动日期的印象。

### 2. 活动周期

电商活动周期一般包括造势期、预热期、正式期和尾声，如图 5-5 所示。每个阶段都有很多需要注意的地方，运营人员需要根据活动的不同周期制订详细的活动计划，使活动的效果能够达到最佳。

图 5-5　电商活动周期

➢ 造势期。这期间的主要工作是通过透露活动的部分亮点，引起用户的好奇心和关注。例如，在预热期开始前的 5 ～ 10 天，通过微信公众号发布"在某月某日 ×× 天猫旗舰店开启神秘礼物赠送活动，请大家多多关注"之类的信息。这个周期比较适合有号召力的大企业，而号召力不够的小企业应量力而为，不要投入过多资源。

➢ 预热期。这期间的主要工作是公开活动亮点和利益点，让用户加入活动。例如，在正式期开始前的 3 ～ 5 天，通过微信群、公众号、店铺首页等渠道，曝光活动规则与奖品，引导用户做出特定的行为，如收藏、加入购物车等。

➢ 正式期。这期间的主要目标是提高转化率，运营人员需提前做好准备工作，如把控产品质量、优化购物流程等，这样才能有效地提升转化率。

➢ 尾声。一个完整的活动并不止于正式期，特别是对于运营人员来说，活动尾声还有很多工作要做。在这个阶段，运营人员一般要对工作进行盘点、总结，对外则应宣告活动圆满结束，最后还要感谢用户和平台的支持。

正式期是每个活动中的高潮，又可以细分为多个时间点，例如，每年"双 11"活动的正式期可以分为第一轮购物高潮时间、大商家疲劳期、第二轮购物高潮时间等多个时间节点。中小商家可找准用户集中且竞争力又相对较小的时间点进行促销，获取流量。

➤ 第一轮购物高潮时间，11 日 00:00—01:00。在这个时间段，用户主要集中在主会场，是大商家激烈争夺用户的关键时间段，中小商家没有必要在这个时候去参与。

➤ 大商家疲劳期，11 日 01:00—02:00。这个时间段，大商家进入疲劳期，大部分用户在主会场已经购买到自己想买的商品了，如果用户这时还没购买到自己心仪的商品，则会进入分会场开始进一步的搜索。中小商家要抓住这个时间段，通过直通车、钻石展位等方式吸引从主会场分散下来的流量。

➤ 第二轮购物高潮时间，11 日 08:00—10:00。10:00 是聚划算的开团时间，而聚划算则是搜索页面的重要战场，运营人员要把握好这段时间，通过短信、微淘等方式引入流量。

➤ 大商家发力时间，11 日 10:00—12:00。在这个时间段，用户比较活跃，但主要集中在大型活动会场。因此，这段时间也是大商家争抢用户的重要时间点，中小商家可静待时机。

➤ 用户购物疲劳期，11 日 12:00—14:00。此时大多数用户的购买力已经得到释放，购买意愿也有所下降。大商家的推广力度在这时也会适时降低，但对中小商家而言，这是设置半点半价，吸引部分迟到用户的好时机。例如，某款产品在 12:30 时，前 100 名下单的用户可享受半价优惠。

➤ 部分用户恢复期，11 日 14:00—16:00。这个时间段，很多用户会在工作之余，开始再次购物。运营人员要抓住这个时间点，通过直通车或通知老用户的方式引入流量。

➤ 大商家发力抢流量，11 日 16:00—18:00。这个时间段，大多数用户临近下班或已下班，拥有了更多自由浏览购物网站的时间，所以此时流量相对集中，大商家会在这时再次发力争抢流量，中小商家等待即可。

➤ 大商家疲劳期，11 日 18:00—20:00。这个时间段的情况和 12:00—14:00 的情况类似，大商家开始疲劳，但中小商家仍可抓住机会，再次采取整点半价、半点半价等方式引入流量。

➤ 全网收官之战，11 日 20:00—24:00。大部分用户在这个时间段，已经买到所需的商品，部分没有买到商品的用户则可能会产生冲动购物的行为。因为大部分用户都清楚 24:00 一过，活动结束，商品就会恢复原价。在这个时段，无论商家实力强弱，都可去争抢最后的流量。

通过分析"双 11"的时间节点，可发现用户在购物过程中会重复出现某些购物特征，例如在一段时间内集中购物，在一段时间内集中搜索商品，在一段时间内集中休息。运营人员要善于分析用户的购买习惯，这样才知道应该在什么时间节点采取什么样的营销策略。

### 5.2.6　设定简单易执行的活动规则

为了保证活动取得良好的效果，运营人员需要制定活动的相关规则，以确保活动的顺利进行。活动规则应该简洁明了，便于用户理解和执行。例如，某个产品的上新砍价活动，规则是分享给好友，若 7 个分享的好友均注册成为店铺的新用户，完成助力，便可享受新品 5 折优惠，名额共计 50 个。用户收获了全部助力后，可立即联系客服兑换，先到先得；若未完成 7 名好友助力，可原价购买产品。这个活动规则就非常简单易懂，不易引起用户的误解。

## 5.3　活动策划案例

电商活动的形式多种多样，运营人员应根据产品特征来策划适合的活动。例如，在春夏两季交替之时，运营人员可利用库房积压的春装策划一场清仓活动。在策划不同类型的活动时，运营人员需关注的重点也有所区别。例如，参加平台大促活动时，主要留意活动报名要求、时间，根据活动总要求执行；策划裂变活动时，重点关注设置的利益点是否诱人，分享方式是否便捷。

### 5.3.1　平台大促活动

很多电商平台都会在某些特定的日子进行一些大型的促销活动，以此来提升平台的人气和知名度，同时也可以帮助平台上的商家获取更多的流量。常见的平台大促活动主要有"6·18""双 11""双 12""年货节"等，如表 5-1 所示。

表 5-1　平台大促活动举例

| 活动名称 | 活动内容 |
| --- | --- |
| "3·15" | 每年的 3 月 15 日是国际消费者权益日，它的设立是为了扩大消费者权益保护的宣传，使之在全世界范围内得到重视。部分电商平台在这天会举办一些大促活动，如苏宁易购平台在 2019 年推出"3·15 全民焕新节"的活动，以家电、3C、家装厨卫、生活家居、百货等品类的产品上新为主 |
| "6·18" | 国内最大的自营式电商平台——京东，成立于 1998 年 6 月 18 日，因此，京东将每年 6 月 18 日定为其店庆日。每年的 6 月 18 日京东平台都会推出一系列大型促销活动，尤其是 6 月 18 日当天，促销力度最大。根据京东官方数据，2018 年 6 月 1 日凌晨—2018 年 6 月 18 日凌晨，京东"6·18"下单金额高达 1275 亿元 |
| "双 11" | "双 11"活动，是指每年 11 月 11 日的网络促销日。在这一天，许多电商商家会进行大规模的促销活动。该活动于 2009 年 11 月 11 日由淘宝、天猫平台首办，第一年就取得了意想不到的成绩。时至今日，"双 11"活动不仅仅是电商消费节的代名词，对非网购商城和线下商城也产生了较大的影响 |

续表

| 活动名称 | 活动内容 |
|---|---|
| "双12" | "双12"是每年的12月12日，以淘宝、天猫为代表的电商平台会在当天推出网购促销活动，简称"双12"。"双12"活动的火爆程度和促销效果与其他平台的大促活动相比，毫不逊色。据统计，截至2018年12月12日0:12，三只松鼠天猫旗舰店销售额已破5000万元；根据贝店对外公布的"双12"相关数据，贝店"双12"当天的交易额甚至赶超"双11"当天的交易额 |
| "年货节" | 年货节是各大电商平台基于春节这一重要节日而举办的节日促销活动。"年货节"活动的举办加入了很多劳动人民的元素，在为农民增加收入的同时，也解决了城市人"不方便购买年货"的痛点，因此该活动深受广大消费者的喜爱 |

平台大促活动带来的流量和销量都很可观，据阿里官方数据显示，2018年"双11"活动，从2018年11月11日00:00开始，截至11日24:00，活动交易额超过2135亿元，创造了全新的纪录。从2009年到2018年，"双11"活动的销量呈直线上升趋势，如图5-6所示。

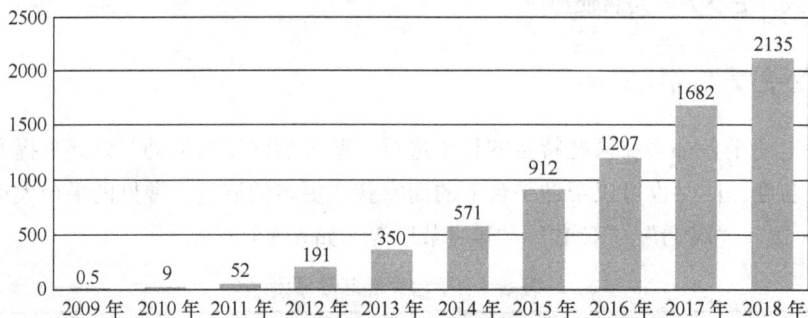

图5-6　2009年至2018年阿里巴巴"双11"活动销售额（单位：亿元）回顾

在策划平台大促活动时，商家需注意活动的报名时间、活动规则等事项，保证在官方的要求下完成活动。假如，一家女装店铺的运营人员需要为店铺策划淘宝"双11"活动，其具体策划内容如表5-2所示。

表5-2　平台大促活动策划案例

| 名称 | 策划内容 | 是否完成 |
|---|---|---|
| 设定主题 | 淘宝"双11"大促 | |
| 确定目标群体 | 店铺老用户和"双11"活动期间进入平台的新用户 | |
| 确定平台 | 淘宝、天猫 | |
| 互动模式 | 进店领取抵用券、微信转发公众号推文、直播间互动 | |

续表

| 名称 | 策划内容 | 是否完成 |
|---|---|---|
| 时间和周期 | 11 月 11 日凌晨 00:00—24:00 | |
| 设定规则 | 进店即可领取满 200 元减 20 抵用券；微信转发公众号推文，并截图发送至店铺微信后台，可抽取 3 名免单用户（1000 元以内）；在直播间按主播提示操作可得 10 元无门槛代金券。以上福利不能同享 | |

平台大促活动，一般由平台来制订相应的活动规则，商家只需严格执行即可。运营人员在策划这类活动时，应把工作的重点放在报名、选品等方面。

## 5.3.2　店内促销活动

商家为了提高店铺知名度，增加产品销量，会在店铺内部开展各种形式的促销活动。常见的店内促销活动主要包括店庆活动促销、换季清仓促销等，如表 5-3 所示。

表 5-3　店内促销活动举例

| 活动名称 | 活动内容 |
|---|---|
| 店庆活动促销 | 店庆是一个做促销活动的好契机。新店开张或周年庆都可进行店庆活动。店庆活动促销主要有两点好处：一是由于这类促销活动的次数有限，非常有利于营造出一种机会难得的氛围，从而增加用户的购买欲望；二是这类促销活动可以向用户展示店铺的历史和经营理念，有助于增强用户对店铺的信任感 |
| 换季清仓促销 | 有很多用户都喜欢购买换季清仓时的产品，因为他们认为在换季清仓时购买更实惠。换季清仓促销，正是基于用户的这种心理而进行的促销活动。针对一些季节性强的产品而进行的换季清仓促销，其优惠力度通常会比较大，这样做既有助于清理库存产品，又能为店铺积累不少人气 |

运营人员在策划店庆活动时，除了吸引用户消费，还要让用户记住店铺。具体做法是在说明活动理由的同时讲述品牌故事，从而加深用户对店铺的印象。用一些断码、断色或即将断货的产品来进行换季清仓促销，往往能起到更好的促销效果。京东平台某款羽绒服的特价清仓页面如图 5-7 所示。

店内促销活动既针对新用户也针对老用户，但人气大多来源于老用户。因此在策划店内促销活动时，需要重点关注老用户。例如运营人员需策划某个护肤品的清仓活动，其具体策划内容如表 5-4 所示。

一般情况下，产品面临功能过时或过季情况时，才需要做清仓活动。所以策划清仓活动时，产品价格一定要设置得较低，这样才能有效吸引更多用户关注，从而更好地处理库存产品。

图 5-7　京东平台某款羽绒服的特价清仓页面

表 5-4　店内促销活动策划案例

| 名称 | 策划内容 | 是否完成 |
|---|---|---|
| 设定主题 | 清仓活动，指定商品新用户享受 8.8 折，老会员享受 6.8 折 | |
| 确定目标群体 | 老用户、老用户带来的新用户 | |
| 确定平台 | 云集、拼多多 | |
| 互动模式 | 进店即享受折扣 | |
| 时间和周期 | 活动时间为 3 天 | |
| 设定规则 | 进店即可享受指定商品 8.8 折，老会员凭购买记录享受 6.8 折，先到先得，售完为止 | |

### 5.3.3　新品推广活动

一个新品在上市初期，如果没有一个好的促销活动，通常难以快速打开销售局面。因此，为了推广新品，尽快增加新品的销量，商家针对新品进行专门的促销活动是必不可少的。常见的新品推广活动包括提供试用和新品满减等。

在电商平台中，很多平台会提供免费试用名额，挑选用户赠送试用品，用户需在试用后写下真实评价。目前最大的电商试用中心平台为阿里试用，该平台也是目前比较专业的试客分享平台，不仅聚集了上百万份产品试用机会，还有亿万消费者对各类产品最全面、真实、客观的试用体验报告，供消费者参考。

在电商平台中，有部分用户可能会对陌生的品牌或产品持一种怀疑的态度，"试用中心"的出现就很好地解决了该问题。例如，某商家在阿里试用拿出 5 份试用品免费提供给用户试用，用户在试用后各写 1 份试用报告，共 5 份报告。其他用户在浏览报告后，能更加了解该产品的质量与细节，对是否购买该产品也就有了更多的判断依据，如图 5-8 所示。

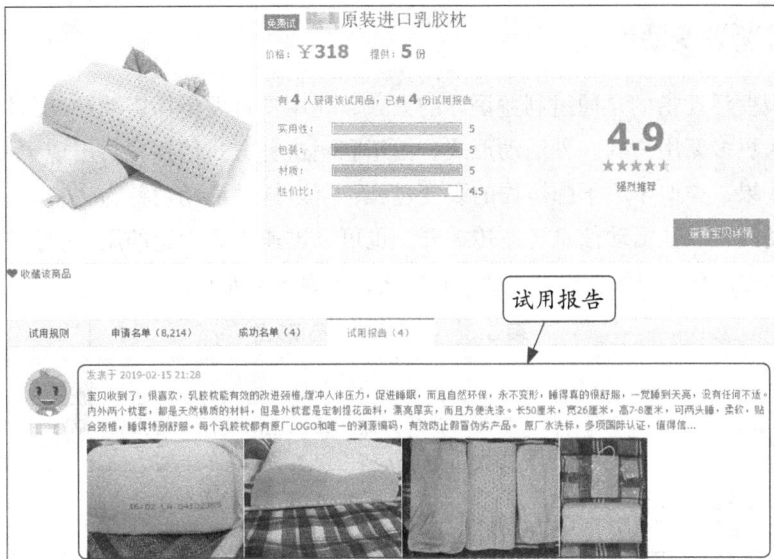

图 5-8 阿里试用的一份试用报告页面

店铺要持续经营下去，就会源源不断地推出新产品，所以新品上架促销可以作为店铺长期的促销活动。新品上架促销，既有利于快速提高新品的销量，又能够吸引老用户的关注，提高他们的忠诚度。例如，运营人员需策划某款护肤产品的新品推广活动，其具体策划内容如表 5-5 所示。

表 5-5 拉新活动策划案例

| 名称 | 策划内容 | 是否完成 |
|---|---|---|
| 设定主题 | 新品免费送 | |
| 确定目标群体 | 25～30 岁喜欢化妆的女性，经常使用微博、微信、试用中心 | |
| 确定平台 | 微博、试用中心、微信公众号 | |
| 互动模式 | 转发微博活动内容、微信公众号推文，在试用中心报名参与活动 | |
| 时间和周期 | 活动开始后 7 天内公布中奖名单 | |
| 设定规则 | 转发微博活动内容和微信公众号推文，抽取 10 名幸运儿送新品；在试用中心报名的用户中共选出 6 名用户试用，要求写试用报告 | |

在策划新品活动时，需通过文案来突出产品的亮点，吸引用户的关注。因为很多用户对新产品的功能、特性等可能不熟悉，所以即使是在低价的诱惑下，也会碍于对产品质量的担心而放弃购买。但如果通过活动文案，详细说明产品优点以及售后保障，则可

有效打消用户对产品质量的担忧，使其放心购买。

### 5.3.4　拉新裂变活动

拉新裂变活动指的是通过利益诱导的方式，让用户自发传播店铺或产品信息，从而为店铺引入更多新用户的一种活动形式。由于利用这种方式传播容易出现"一传十，十传百"的效果，类似于原子弹爆炸的裂变过程，所以这种活动被称为"裂变活动"。拉新裂变活动既可以让活动信息迅速传播开，也可以迅速集聚大量的用户。拉新裂变活动的几种常见方式有：团购、砍价、助力和抽奖，如表5-6所示。

表5-6　拉新裂变活动形式

| 活动名称 | 活动内容 |
|---|---|
| 团购活动 | 团购是指如果多人同时购买某件产品，该产品就能以较低价格出售。而用户为了购得低价产品，往往会主动将产品信息分享给他人，并劝导他人购买。如此一来，商家获得了更多的新用户，销售了更多的产品，用户们也买到了价格更优惠的产品，从而实现了共赢 |
| 砍价活动 | 砍价活动也是比较常见的拉新裂变活动，用户邀请好友来帮忙砍价，参与的好友越多，产品价格越低，最终用户可以低价甚至免费得到产品。用户为了得到产品，会自发地转发分享，当分享范围不断扩大，就会大幅度地拓宽产品的宣传面。这种方式通常会驱使用户动用自己大部分的人脉关系，让产品的知名度在短时间内得到较大的提升，商家的用户数量也会有较大的增长 |
| 助力活动 | 助力活动要求用户邀请好友参加商家举行的简单活动，如注册、点赞等，助力的好友越多，则邀请人越有希望获得奖品，或者助力的好友达到一定数量，则邀请人可获得奖品。用户为了获得奖品，就必须想方设法邀请更多的好友来助力，这样商家就达到了利用用户快速自发传播的营销目的。助力活动是当下社交平台上十分流行的一种活动形式，不仅电商平台上的商家喜欢用助力活动来吸引用户，很多电商平台企业也会用助力形式获取用户。例如，携程网推出"携程抢票"小程序，在抢票环节，用户如果有好友助力，则会增加抢到票的概率。 |
| 抽奖活动 | 抽奖活动更适合在节日营销中使用。商家设置一个礼盒进行抽奖活动，用户需要邀请指定人数的好友一起参与才能进行抽奖操作，从而打开礼盒获取礼物。而大多数用户为了获得抽奖名额，通常会主动转发抽奖页面，直至获得权限打开礼盒。例如，某店铺在国庆节开展了抽奖促销活动，用户都可参与抽奖活动，一等奖是价值178元的运动手环一支，共3名；二等奖是价值108元的蓝牙耳机一副，共5名；三等奖是价值68元的有线耳机一副，共8名；参与奖是店内通用无门槛20元代金券一张，数名。抽奖的前提是用户必须邀请15名好友扫描相应二维码进入活动页面。凡是参与活动的用户最少都有价值20元的奖品，这样自然能吸引用户自愿转发分享这次活动 |

裂变活动重在用户的分享、转发和互动。运营人员在策划时，首先要考虑活动规则是否便于用户分享、转发和互动。其次，应考虑设置的利益点是否足够诱人，如果奖品

价值太低，用户通常是不愿意主动分享的。再者，规则的合理性也很重要，在设置规则时，得到产品的难易程度应该与产品的价值成正比，产品价值越高，难度越大。

　　拼多多平台某花种的拼团页面如图 5-9 所示，苏宁拼购平台某款零食的拼团页面如图 5-10 所示。从这两张图中可以看出，拼团商品在价格上具有明显优势，很多用户在利益的驱动下会自发分享给好友。

图 5-9　拼多多拼团页面

图 5-10　苏宁拼购拼团页面

　　例如，某店铺的运营人员需策划一场生鲜水果的拼团活动，其具体的裂变活动计划如表 5-7 所示。

表 5-7　裂变活动策划案例

| 名称 | 策划内容 | 是否完成 |
| --- | --- | --- |
| 设定主题 | 拼团低价购 | |
| 确定目标群体 | 老用户和喜欢在网上购买生鲜水果的年轻人 | |
| 确定平台 | 每日优鲜 | |
| 互动模式 | 分享、转发拼团链接，集齐 7 个用户即可开团 | |
| 时间和周期 | 活动开始后 3 天内 | |
| 设定规则 | 新老用户点击完成拼团首发，将链接分享给其他用户，集齐 7 人立即开团，7 人皆可享受团购价 | |

　　在策划水果、蔬菜等大众产品的拉新裂变活动时，应注意活动门槛的设置。如案例中，集齐 7 个用户即可开团，"7"这个数字不多不少，是大多数用户都能够接受的。如果门

槛设置过高，用户则会思考该活动是否值得自己去参与；如果门槛设置过低，太容易完成，则会导致活动成本增加。

## 5.4　活动的执行

完成了活动策划，运营人员还需要把活动执行下去，才能收到切实的效果。活动执行需要多个部门协作，如运营部、客服部、库房部等。为保证活动的顺利执行，运营人员应制订活动计划表、活动任务清单与检查表。为提升活动效果，运营人员还需做好预热活动，根据活动数据进行调整，并在活动后进行总结报告。

### 5.4.1　制订活动计划表

凡事预则立，不预则废。为保证活动的顺利进行，运营人员应该提前制订活动计划表，并根据计划表查看各方面是否准备就绪。表 5-8 所示为某店铺淘宝"双 11"活动节奏时间计划表。"双 11"活动目的在于冲刺全年业绩高点，提升店铺影响力。

表 5-8　某店铺淘宝"双 11"活动节奏时间计划表

| 阶段 | 服务目的 | 活动项目 | 活动时间 | 活动目的 | 活动详情 |
|---|---|---|---|---|---|
| 预热期 | 引导用户加购物车 | 关注送礼 | 11 月 1—10 日 | （1）增加优惠券发送量<br>（2）营造活动气氛、提高曝光度<br>（3）促使用户将商品加入购物车，提高无线端关注度 | 领取优惠券、收藏产品 |
| | | 购物攻略 | 11 月 1—11 日 | （1）通过主题渗入，让用户了解整个"双 11"的活动内容<br>（2）引导用户加购物车或收藏，提前领取优惠券<br>（3）营造"双 11"活动氛围 | 做一个购物攻略二级页，首页放置入口图作为引导 |
| | 互动 | 分享大比拼 | 11 月 4—9 日 | （1）活动流量引入<br>（2）活动互动，活动信息传递<br>（3）提高用户活跃度 | 活动主题：分享大比拼；通过手机店铺分享按钮把店铺分享给好友，并写上"'双11'狂欢节，我在某某某店，分享理由"，把分享截图发给客服，就有机会免费获得价值 96 元的套装一份 |

续表

| 阶段 | 服务目的 | 活动项目 | 活动时间 | 活动目的 | 活动详情 |
|---|---|---|---|---|---|
| 预热期 | 互动 | 官方微博免费抽奖活动 | 10 月 20 日—11 月 10 日 | （1）提高品牌和店铺的曝光率<br>（2）吸引站外流量 | 关注官方微博，转发并 @3 位好友即有机会获得某某礼品 |
| 正式期 | 转化 | 微信、微博、微淘 | 11 月 11 日 | 传播推广"双 11"活动 | 推送活动文章或营销文案到"粉丝"群组 |
| | | 全场包邮 | 11 月 11 日 | 按官方要求包邮，引导用户下单 | 全场产品包邮 |
| | | 优惠券 | 11 月 11 日 | （1）做业绩<br>（2）提高转化率 | 满 149 减 10<br>满 249 减 50<br>满 349 减 100 |
| | | 满就送 | 11 月 11 日 | "双 11"活动转化 | 实付满 100 送某某洗衣液<br>实付满 200 送某某加量版洗衣液 |
| | | 抽奖 | 11 月 11 日 | 提高转化率 | 收藏店铺可抽奖一次，消费满 50 元即可再抽一次 |
| | | 产品折扣 | 11 月 11 日 | （1）做业绩<br>（2）提高转化率<br>（3）官方要求 | 视情况而定 |
| | 阶段冲刺 | 送礼（0 点冲刺） | 11 月 11 日 00:00—02:00 | （1）做业绩<br>（2）吸引流量 | 限定时间内支付金额最高的前 3 名享受免单优惠 |
| | | 整点送 | 11 月 11 日 | （1）提高无线端成交率<br>（2）提高店铺客单价 | 每个整点，无线端成交用户均赠送某某洗衣液一袋 |
| | | 秒杀 | 11 月 11 日 10:00 | （1）增加活动气氛<br>（2）提高业务业绩高点 | 常规秒杀 |
| 活动后 | | "双 11"活动所有购买用户 | 11 月 12 日 10:00 | 感恩用户 | 对已经下单的用户进行感谢、发货关怀等 |
| | | 已下单未付款订单 | 11 月 12—13 日 | 短信催付 | 提醒库存不多，促使其付款 |
| | | 针对所有已发订单 | 11 月 12—20 日 | 发货关怀 | 在发货提醒中，加入快递单号和物流跟踪链接，便于其了解物流状态 |
| | | 针对快递爆仓地区订单 | 11 月 12—20 日 | 派件关怀 | 对于快递爆仓、物流严重延缓地区，及时告知用户，做好安抚 |

运营人员在策划活动时，为促进用户的二次转化，预热下一个活动，可以考虑以满赠的方式向用户赠送下一个活动的抵用券。例如，在"双 11"的活动中，抽取一定的幸运用户，在包裹单里附赠"双 12"活动满 100 减 20 的抵用券。

### 5.4.2 制订活动任务清单与检查表

活动的顺利开展，往往需要电商各部门的相互配合。因而运营人员应在活动前制订一份详细的活动任务清单。下面以某淘宝店铺"双 11"的活动任务清单表为例进行介绍，如表 5-9 所示。

**表 5-9 某淘宝店铺"双 11"活动任务清单**

| 阶段 | 项目 | 描述 | 是否完成 |
|---|---|---|---|
| 活动前 | 去年分析总结 | 查看讨论、总结去年"双 11"活动的经验 | |
| | 目标 | 销量目标；服务目标（DSR 评分[1]、纠纷率、回购率、响应率）；运营指标（转化率、跳失率、人均浏览页）；客户 CRM[2] 指标 | |
| | 产品 | 梳理产品计划，确定主推产品；确定产品价格；确定产品库存；客服的产品知识培训 | |
| | 运营 | 预热活动；优化主图、详情页；各渠道发布活动信息 | |
| | 物流 | 联系快递公司；标准发货流程；硬件准备（打印机、纸张、扫描枪、快递盒） | |
| 活动中 | 运营 | 数据监控；美工视觉监控（调整主图、视频）；订单监控（临时产品信息申报，库存补充） | |
| | 客服 | 售前、售中、售后人员分配；审单、打单分类 | |
| | 物流 | 合理安排发货人员班次；统计库存；货物整理 | |
| 活动后 | 运营 | 更换活动后页面模板；活动总结；针对活动带来的高位流量做好活动后的销售工作 | |
| | 客服 | 售后服务 | |
| | 库房 | 库存核对 | |

运营人员在做好自己本职工作时，也要注意在活动前后和其他岗位的工作人员做好交接，如提前与客服部衔接产品信息，以便客服更新话术；与库房人员交接产品数量，

[1] DSR 即淘宝平台中的店铺服务评价系统（Detail Seller Rating）的简写，由购物的用户打分并由平台进行统计后形成 DSR 评分，包含描述相符、服务态度和物流服务 3 个项目。计算周期为 180 天，该评分是在这个周期内用户打分的平均分，最高分为 5 分。DSR 评分越高，越容易给予用户信心。
[2] CRM，即客户管理系统（Customer Relationship Management）的简写。客户管理系统能够帮助企业建立起完善的客户资料库，帮助企业深挖客户潜力，发掘新的商机，是现代企业不可或缺的管理系统之一。

保证活动中产品库存充足。

## 5.4.3　提前预热活动

运营人员在策划电商活动时，除了确定备货、人员和物流的情况外，还需要做好预热活动。开展预热活动的目的在于吸引更多人积极关注、参与活动。不同类型的活动，有不同的预热方式，但宗旨都是唤醒老用户、吸引新用户。

以策划一个新品上新活动为例，预热活动包括唤醒老用户、突出利益点、制造紧迫感 3 个阶段。

➤ 第一阶段：唤醒老用户。在活动前 7 ~ 10 天，主要面向的用户群体是曾经在店铺中进行过交易，但已经半年以上没有新购买记录的用户。这部分用户对于网店来说就属于"沉睡"的老用户，他们对店铺有一定的印象，但在没有任何诱惑或刺激的情况下，暂时不会回购产品。所以，运营人员在策划活动时，就应先唤醒这部分用户。

➤ 第二阶段：突出利益点。在活动前 3 ~ 5 天，主要面向的用户群体是忠诚用户和潜在的目标用户。这两部分用户都对店内产品拥有极大的兴趣，商家要适时突出利益点，刺激其下单购买。

➤ 第三阶段：制造紧迫感。在活动前 1 ~ 2 天，商家要面向所有可能的用户，围绕促销活动的主题和利益信息，制造紧迫感。例如，突出优惠产品的数量，在文案中注明"新品上新！原价 99 元的保温杯，现价只需 59 元，数量 1000 件，卖完为止。"

> **ℹ 提示　利用一切可用渠道预热**
>
> 运营人员在开展预热活动时，应在多个渠道进行，以扩大宣传面。例如，抢购新品的活动虽然是在店铺内部进行的，但运营人员可通过店铺首页、微博、微信、短信等渠道进行活动的宣传，以吸引更多用户的注意。

## 5.4.4　分析活动开展过程中的数据

判断一个活动开展得如何，不能靠直观感受，而是要根据数据进行分析与判断。一般情况下，电商平台都会提供相应的活动数据，如访客量、加购量、转化率等。在活动过程中，运营方面的问题一般源自引流、流程和财务等方面。因而运营人员可通过监测数据，重点解决这些问题，如表 5-10 所示。

不同的活动目的，其关注的重点数据有所不同。例如，某个活动的目的是提升店铺交易总额，那运营人员应该关注的核心数据就不是转化率，而是客单价和下单次数；某个活动的目的是提升转化率，那关注的核心数据就应该是访客量和转化率。

表 5-10　通过数据可调整的内容

| 项目 | 具体内容 | 调整内容 |
|---|---|---|
| 引流效果分析 | （1）分析渠道流量来源；<br>（2）根据投放金额计算产出比 | 如果引流出现问题，调整内容如下：<br>（1）替换活动文案素材与方案，继续监测效果，若引流效果仍然不佳，进行第二步；<br>（2）更换投放时间及范围，继续监测效果，若引流效果仍然不佳，进行第三步；<br>（3）取消活动或更换活动平台 |
| 用户行为分析 | （1）活动期间访客量；<br>（2）加购量、收藏量；<br>（3）转化率；<br>（4）流失人数 | 如果用户不进店、不下单，调整内容如下：<br>（1）替换活动文案（不变主旨，变描述）；<br>（2）再次推送活动信息，引导新用户进店；<br>（3）简化或优化活动流程，直接放大利益点 |
| 财务分析 | （1）比较预估成本和实际成本；<br>（2）计算单个用户成本，即平均在每个到访用户身上花了多少钱；<br>（3）计算有效成本，即平均在每个生成有效订单的用户身上花了多少钱 | 共有两个解决方案：<br>（1）亏损严重，但引流效果不错，继续该活动，减少下次活动预算；<br>（2）亏损严重，引流效果一般，提前结束活动，并马上上线新活动，对没有下单成功的老用户进行安慰、补偿 |

## 5.4.5　活动效果评估

做事应有始有终，做活动也是如此。在活动的最后，应该进行效果评估。活动后进行效果评估并不是为了追究责任或美化活动效果，而是为了从活动中得到经验和教训，以便在以后的活动中做得更好。

运营人员可使用 Word 文档、PPT、Excel 或思维导图的方式来进行活动总结。活动总结的内容应包括：活动时间、活动内容、活动效果、经验教训，如图 5-11 所示。

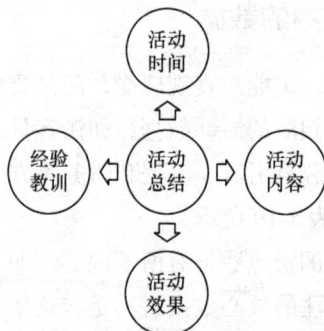

图 5-11　活动总结的内容

　　运营人员在进行活动总结时，可对照策划方案，查看活动时间和活动内容是否严格按照活动计划执行。如果没有，则找出原因以及相关责任人，询问具体原因，并告诫其他同事，避免再出现这种意外。运营人员想要考察活动效果，还需要总结活动数据，通过数据波动寻找原因，详细分析内因、外因、正负面影响，并找到相关负责部门进行询问，从中总结出此次活动的经验教训。

> **ℹ 提示　根据成本测量原则查看活动效果**
>
> 　　成本测量原则，是指在策划活动时，首先设定好活动的总成本、人均成本以及目标值。在活动结束后，对比活动实际使用总成本、人均成本是否超出原设定的数额；目标值是否达到原设定的金额。若相关的各项活动成本均未超出原设定的预算成本，且目标值已达到原设定金额，则说明活动效果较好。

## 实践与练习

1. 策划一个微店平台的产品裂变活动方案，要求包含活动主题、目标用户、互动模式、时间、周期和规则。
2. 在微博平台撰写一款保温杯清仓活动方案，包括活动主题、规则、奖品等。

# 第6章

# 电商内容运营

无论是推广产品还是吸引"粉丝"，抑或是举办营销活动，都离不开内容运营，好的内容可以吸引用户注意，促使用户购买商品。作为一名电商运营者，应该积极学习和掌握所有常见的内容运营方法，并将其灵活地运用到实际工作中。

## 6.1 内容电商的创作基础

内容电商改变了传统电商通过"价格战"和"好评率"等形式吸引用户的现状，使更多用户在阅读图文内容或观看视频的过程中完成消费。内容电商的目的是让用户产生一种价值观上的认同，进而认同店铺、品牌或产品。通过内容来吸引用户，既是内容电商的手段，也是内容电商的目的。

### 6.1.1 认识内容电商

在整个电商市场中，无论是京东、当当这样的电商巨头，还是淘宝、天猫平台上的普通电商商家，它们较常使用的营销手段，莫过于提供优惠券、满减、秒杀、折扣、买赠等。但这些营销方式不仅会增加电商企业的运营成本，还容易使某些用户产生不良的依赖心理。为了摒弃这些传统电商营销手段所带来的种种弊端，一种新型的电商运营模式——内容电商诞生了。

内容电商是指以内容为起点，先通过内容吸引用户，再向用户提供产品或服务的电商模式。内容电商通过内容运营，使用户对产品背后的品牌、故事、人物产生认同，从而增强用户的购买意愿。

【实例1】

爱范儿旗下有一个电商平台"玩物志"，其页面如图6-1所示。玩物志曾凭借一篇文章使一款背包的销售量在短短几天时间超过了 2000 单。该文章发出仅一周的阅读量就达到了 4 万多次，只在微信公众号中推广了一次，2000 个背包几天就卖断货了；事后统计，实际转化率接近 5%。

图 6-1　"玩物志"页面

由此可见，要做好内容电商，首先要做好内容，有了优质内容才有可能引来大量的关注者，有了关注者才有转化的基础。

### 6.1.2　内容运营的作用

在移动互联网时代，用户的时间变得碎片化，手机提供的信息更加多元化，因此用户在网络购物上比之前更难选择。但个性化内容的生产和呈现，可以有效克服这种障碍，进一步吸引特定受众，激发用户的购买欲望，从而提高用户的转化率。

对于商家而言，内容运营有以下几个作用。

（1）激发现有用户群。通过搭载产品运营的内容传播，激发现有用户的购物欲望。

（2）激发潜在用户群。通过产品关联内容营销，与用户产生情感的共鸣，激发潜在用户对产品的兴趣。

（3）提升品牌知名度。提升品牌的知名度和口碑以及老用户对品牌的忠诚度。

（4）维护老用户。增强与老用户之间的互动性和黏性。

淘宝早在 2015 年就提出了"内容化、移动化、社交化"的运营策略。2016 年，"内容化"被提升到阿里的集团战略层面，手机淘宝开始大幅改版，淘宝内容营销系列短视频"一千零一夜"等优质内容营销产品相继上线。现在手机淘宝上已经陆续出现了淘宝头条、微淘、有好货、淘宝直播等多个内容方向的新入口，内容流量占据了淘宝流量的半壁江山。"淘宝二楼"的"一千零一夜"系列短视频页面如图 6-2 所示，该系列短视频获得了用户较高的关注度，每晚都能为淘宝平台带来大量的优质流量。

淘宝平台在内容营销上的一系列改变，对淘宝商家主要有以下几方面的影响。

（1）流量去中心化。流量不再集中于热搜词、爆款词，而是随着入口的增多，更加碎片化。

（2）弱化爆款。由于流量分散，爆款的维护成本增加，爆款的优势进一步被弱化。

（3）营销成本可能降低。平台上大多数内容营销的新入口都是免费的，只要制作受欢迎的优质内容就能获取大量流量，这可以有效降低营销成本。

（4）对运营人员的素质要求更高。内容运营需要新媒体人才的加入，

图 6-2　"一千零一夜"系列短视频页面

随着内容运营的发展，对运营人员的运营水平的要求也会相应提高。

（5）传统营销工具的优势可能会消失。像直通车、钻石展位等传统推广方式，在内容营销分流后，获取流量的成本会增高，以往的运营优势就有可能消失。

## 6.1.3　内容创作的两个要点

内容电商的重点在于内容，优质的内容能够吸引大批用户。那么，运营人员进行内容创作时是否有可靠的指导方法呢？其实，内容创作有两个要点：优质内容的创作要点和优质内容的判断要点，理解这两个要点之后，创作内容时就能做到胸有成竹了。

### 1. 优质内容的创作要点

优质内容的创作要点包括 3 个方面，即重新组织内容，重新编写内容，撤除过时的、非热点的内容，如图 6-3 所示。

（1）重新组织内容。

运营人员在创作内容的时候需要对自己获取的原始信息进行重新组织、加工整理。重新组织内容主要有 3 个作用：增强内容的规范性与逻辑性；

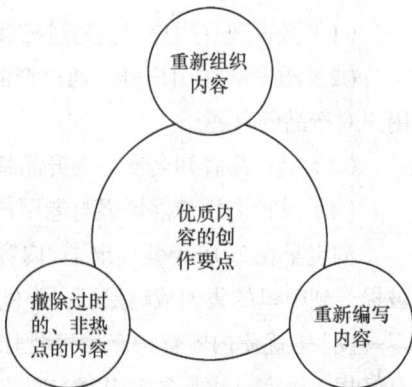

图 6-3　优质内容的创作要点

修改违反法律法规或与社会道德相冲突的内容；适当增加修饰，增强吸引关注的效果。

（2）重新编写内容。

在原始信息质量较差时，重新编写其内容显得尤为重要，因此，运营人员往往需要对内容进行重新编写，才能满足需要。

重新编写内容并非简单地对内容进行归纳整理，而是要根据产品和用户的需要，添加新的元素，使内容以一种全新的面貌呈现在用户面前。运营人员可以对核心内容进行编写，也可以重新编写一个故事案例，还可以在原有内容中注入新的价值观。

（3）撤除过时的、非热点的内容。

电商创造的内容，最好是符合当下时代趋势的内容，这样才能得到网络用户的认可。因此，运营人员在进行内容创作时要严格把关，撤除过时的、不再是热点的材料，及时换上当下大众关注的热点内容。

### 2. 优质内容的判断要点

运营人员要想确保自己创作出来的内容是优质的内容，就需要对内容进行判断。判断的方法就是运营人员通过向自己提问，来确认自己创作出来的内容是否优质。这个过程会涉及5个问题，如图6-4所示。

（1）内容是否易于阅读。

内容电商的基础在于运营人员要使自己创作出来的内容被用户阅读，并将用户引入自己所设定的思维圈。如果运营人员想让自己创作的内容被用户阅读，首先就要保证自己创作的内容是易于阅读的。

为了使创作的内容易于阅读，运营人员在创作内容的时候，应当先对用户进行定位，然后根据定位的结果，从用户的角度出发去策划

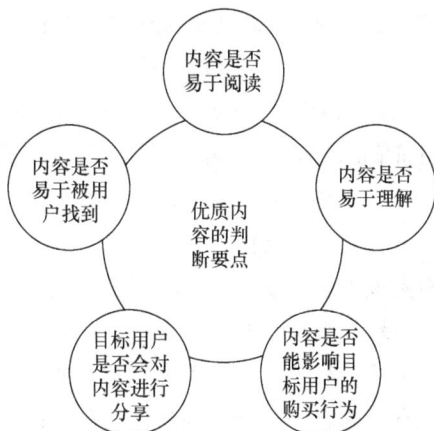

图6-4　优质内容的判断要点

和生产内容。在创作内容的过程中，运营人员要尽量少使用生僻字、长句和深奥的专业词汇，做到内容的结构和逻辑清晰，核心问题论述到位，因为主要论点是用户最关心的问题。

（2）内容是否易于理解。

用户只有在真正理解了某种产品的内涵后，才有可能接受该产品。因此，运营人员创作的内容是否易于理解也是判断内容是否优质的重要标准。运营人员可以通过添加图片、表格、视频以及借助故事案例等多种方式来帮助用户对内容进行理解。

> **ℹ️ 提示** **内容要易于理解与内容要易于阅读属于递进关系**
>
> 内容要易于理解与前面提到的内容要易于阅读属于递进关系。易于阅读是最低层次的要求，如果所创作的内容做不到易于阅读，那就更谈不上易于理解了。

（3）内容是否能影响目标用户的购买行为。

如果运营人员创作的内容既达到了宣传产品的目的，又起到了转化用户的作用，那么就可以说这样的内容是优质的内容。

运营人员要使创作的内容能够影响目标用户的购买行为，首先需要与用户建立信任关系，其次是进一步转变用户的行为。运营人员需要为用户提供具体的行为指导，告知用户行动的方式。例如，运营人员在内容中介绍了一款新上市的台灯，除了需要详细介绍台灯的材质、制作工艺和使用方法，解答用户的疑惑以外，还要为用户提供购买链接，告知用户如何行动。

（4）目标用户是否会对内容进行分享。

如果目标用户在阅读和浏览了内容之后，能够对内容进行分享，就能有效地扩大内容的覆盖范围，帮助商家提升用户数量。但并不是所有的内容都能得到用户的分享，用户在分享内容之前，一般都会做一个判断，认为该内容有价值或该内容触动了自己，他们才会主动分享该内容。所以，为了提高用户主动分享内容的可能性，运营人员首先需要为用户提供有价值的内容；其次需要增加内容的情感触动点；最后还可以为用户设置定制化的推送内容。

（5）内容是否易于被用户找到。

运营人员将内容创作出来之后，还需要为内容寻找一个发布渠道，使用户可以顺利看到该内容。发布内容的渠道有很多，在电商平台上一般都设置有专门供商家发布内容的板块，微信、微博、论坛等社交平台也都可以作为内容的发布渠道。但是，无论运营人员选择哪一种发布渠道，其中的内容都是非常庞杂的。运营人员为了保证用户能够在庞杂的内容中顺利找到自己所创作的内容，还需要对这些内容进行一些特殊化的处理，如添加内容标签、使用关键词、进行互链设置等。

## 6.2 产品内容运营

产品内容优化是店铺利润提升中最为关键的一步，因为只有做好产品内容，才能吸引用户下单购买，店铺的利润才能得到提升。

### 6.2.1 产品标题撰写

大部分用户在网购时，都习惯使用搜索功能来查找自己想要购买的产品，而搜索功能主要是从产品的标题中进行筛选。因此，做好产品标题的撰写工作，可以提高产品被搜索到的可能性，从而增大被浏览以及被购买的概率。

### 1. 产品标题的结构和组合方式

好的产品标题不仅能吸引用户，让用户对产品的特性一目了然，还有利于关键词的搜索。因此，在编写产品标题之前，运营人员有必要了解标题的结构和组合方式。

一个完整的产品标题应该包括以下 3 个部分。

➤ 产品名称：让用户一看就能够明白是什么产品。

➤ 感官词：提升用户浏览产品的兴趣。

➤ 优化词：增大产品被搜索到的概率。

【实例 2】

某网店运营人员为一件新品连衣裙设计了标题 "【热销千件】2019 夏季新款女装长款修身连衣裙"。其中 "连衣裙" 是产品名称； "热销千件" 是感官词，因为这个词会让用户产生信赖感，提升用户浏览该产品的兴趣； "女装" "长款" "修身" 则是优化词，它们能够让用户在搜索这些词时更容易找到该产品。

在产品标题中，感官词和优化词是增加搜索量与点击量的重要组成部分，但它们也不是必须出现在标题中的，唯独产品名称必须正确地出现在标题中。

一般来说，产品标题主要有以下几种组合方式。

➤ 品牌、型号 + 产品名称，如 "×× 牌 B311 原装豆浆机"。

➤ 促销、特性、形容词 + 产品名称，如 "'双 11' 大减价 纯牛皮 高帮马丁靴"。

➤ 地域特点 + 品牌 + 产品名称，如 "攀枝花高温差 ×× 牌杧果"。

➤ 店铺名称 + 品牌、型号 + 产品名称，如 "×× 店 ×× 制造手工定制皮包"。

➤ 品牌、型号 + 促销、特性、形容词 + 产品名称，如 "×× 手机限时直降 水滴屏八核 CPU 大运存 速度'逆天'，星行者 Plus"。

➤ 店铺名称 + 地域特点 + 产品名称，如 "×× 老店 重庆特产 特香青花椒"。

➤ 品牌 + 促销、特性、形容词 + 产品名称，如 "×× 老窖 买二赠一 浓香型 360 毫升水晶瓶豪华礼品装"。

➤ 信用级别、好评率 + 店铺名称 + 促销、特性、形容词 + 产品名称，如 "皇冠店好评过万 ×× 数码 10 周年店庆 2 万毫安超大容量 盖铁移动电源"。

这些组合仅仅是一些常见的组合，运营人员还可以开动脑筋，创造出被搜索概率更大的组合，如增加新的元素，而不仅限于上面提到的品牌、型号、地域、信用级别等元素。

### 2. 如何在标题中突出卖点

运营人员如果想让产品被更多的用户关注和购买，就需要在标题中将产品的核心卖点很好地呈现出来。下面总结了几条能够在产品标题中突出卖点的一些技巧。

（1）标题应清晰准确。产品标题应准确、清晰地给用户传递卖点信息，不要使用不明确的词或过于"大"的词，否则效果不好。例如，"外贸 大码 纯棉女装 T恤"就是一个很好的标题，特点和卖点都很清晰；而"高级工艺 原浆 超低价 ×× 酒"就是一个不太好的标题，除了"超低价"以外，"高级工艺"和"原浆"都很难给用户留下什么印象。

（2）利用好标题的长度。通常产品的标题最长不能超过 60 字节（30 个汉字），运营人员应尽可能地利用好这 60 字节，在符合实际的情况下，在标题中加入更多实用的关键字，增大产品被搜索到的概率。

（3）体现价格优势。人们对价格是比较敏感的，想让产品被更多的人注意到，就应在标题中体现价格优势。例如，在标题中使用"特价""清仓特卖""底价出清"等关键词。

（4）体现进货渠道优势。如果店铺的产品具有特殊的进货渠道，可在标题中注明，以吸引用户，如"原厂直销""海外渠道"或"产地发货"等。

（5）体现售后服务优势。对于一些客单价较高的产品，很多用户会因为售后问题而犹豫不决，运营人员可以在标题中注明后续的服务保障，例如"全国联保""30 天内退换货"等，以解决用户的后顾之忧。

（6）展示店铺高信誉度的记录。店铺在平台中的信誉等级越高，越能得到用户的信任，因此运营人员在产品标题中注明店铺的信用等级，有利于提升产品的销售量。例如，某店铺是淘宝平台的皇冠级店铺，可在标题中写明"皇冠店信誉保证 正品虫草"。

（7）展示产品的成交记录。如果店铺中某件产品的销量已经较高，则可以在标题中注明其大概销量，以增加产品的吸引力。例如，将"月销上千""狂卖一万件"等关键词添加在标题中，就能起到为产品增加好感的效果。

（8）适当分隔关键词。如果标题不进行适当的分隔，用户很可能难以阅读整个标题。如"2019 初夏新款牛仔短裙女韩版修身显瘦钉珠百搭潮流气质裙子"，这个标题中虽然包含较多的关键词，但却没有合理分隔，非常不利于用户阅读。因此，应当适当地使用空格或其他半角标点符号对标题进行分割，如"2019 初夏新款牛仔短裙　女韩版修身显瘦　钉珠百搭潮流气质裙子"，这样就会给用户带来较好的阅读体验。

## 6.2.2　主图内容创作

产品主图是对所销售产品的一种最直接的视觉展示方式。产品给用户的第一印象将直接影响用户的点击行为，间接地也会影响产品的曝光

扫码看视频

率，从而影响进店人数以及产品最后的转化率。因此，产品主图的创作与优化对一家店铺来说至关重要。在淘宝上，一家店铺的产品主图如图 6-5 所示。

可以看到，这张主图很鲜明地展示出了产品的功能"充电"和卖点"就是快"，看到这张图的用户立刻就能知道该产品的作用与特点。

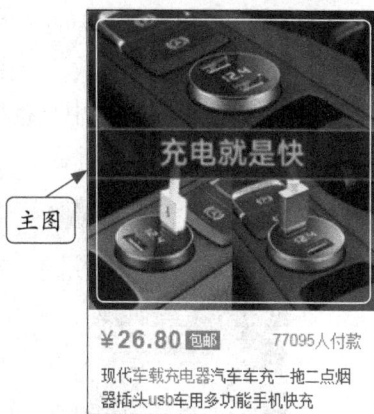

图 6-5　产品主图

### 1. 电脑端产品主图的设计

用户愿不愿意进店浏览，主要取决于产品的主图是否能够吸引自己。主图对于店铺来说就是一个门户，要想让用户点击进入并达成交易，运营人员就需要掌握一些产品主图设计和优化的技巧。下面简单介绍设计产品主图时需要掌握的一些要点。

（1）选择合适的主图背景。

在同一类目产品的搜索页面中，有很多类似的产品图片，要想让用户感到自己产品的与众不同，就需要在主图的背景上做出区别。在一定程度上，背景的衬托也能为产品加分，给用户传递一种"产品很好"的心理暗示。但是，产品主图的背景首先要与产品本身相符合，不要为了与众不同而哗众取宠，否则就得不偿失了。

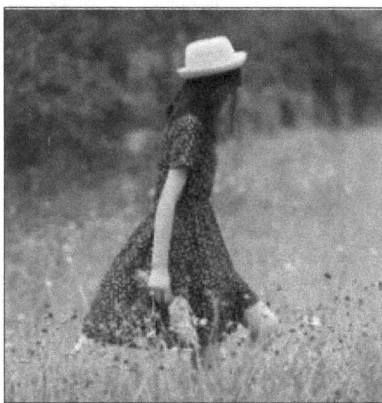

图 6-6　田园风连衣裙的主图背景

例如，一件田园风格的连衣裙，主图可以采用草坪、花海等作为背景，营造出一种野外郊游的意境，这样不仅可以突出产品清新文艺、休闲舒适的特点，而且还给人一种很强的代入感，如图 6-6 所示。

（2）在主图中展示产品的卖点。

主图的背景已经吸引了用户的注意力，此时要想让用户进一步点击主图进入产品页面，就需要为主图增加一些产品卖点来激起用户的购买欲望。运营人员应该根据用户的需求，从产品的大小、颜色、形状、重量、使用材质以及功能等方面出发，提炼出产品的卖点，直击用户的需求痛点。

例如，某款雨伞产品的主图如图 6-7 所示。对于这款产品，用户最关心的问题无非是它的大小、质量、功能等问题，于是该主图就通过文字与图片相配合的方式，生动形象地将雨伞很大、伞骨很结实、拒水能力很强等产品卖点展现了出来，很好地打消了用户的顾虑。

（3）在主图中标明产品的价格。

大多数人对数字都比较敏感，价格也是很多人在网购过程中比较关注的一点。如果运营人员能够在产品做活动时在主图中标明产品的优惠价格，使用户能够迅速对产品的性价比做出判断，就能有效地留住用户、促成交易。

例如，某产品在主图中直接标明了重量和价格，让用户在浏览时可以快速地判断产品的优惠力度，如图 6-8 所示。

图 6-7　雨伞产品的主图

图 6-8　标明价格信息的主图

（4）在主图中强调服务质量。

现在市面上的很多产品在质量、性能等方面的差异都很小，这时运营人员就需要从其他方面进行差异化展示，如提供更优质的服务。因此，运营人员可以在主图设计中将服务作为卖点，加入一些相应的元素来强调本店的优质服务，以此赢得用户的信任。

例如，某款净水器的主图中就注明了"全国联保""只换不修""顺丰包邮"等强调服务质量的关键词，如图6-9 所示。店铺以此来消除用户的后顾之忧，用优质的服务赢得用户的信任。

总之，在设计产品主图时，一定要突出重点或加上一些个性化的元素，让其在众多图片中脱颖而出。

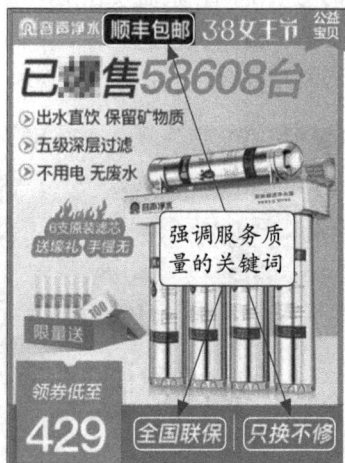

图 6-9　净水器的主图

> **ℹ 提示　产品主图的优化原则**
>
> 对于产品主图的优化应遵循以下原则。
> （1）主体突出，产品图片清晰漂亮，从最佳角度展示产品的全貌，不要有过于杂乱的背景。
> （2）展示促销信息，让用户一看图片就知道这个店铺有优惠活动，从而产生点击的欲望。

### 2. 移动端产品主图的设计

随着移动互联网的不断发展，大量网购用户由电脑端转向移动端，致使电商移动端的用户数量和浏览量都大幅增加，因此，移动端产品主图的重要性也日渐凸显。手机淘宝某产品的主图如图 6-10 所示，从图中可以看到，移动端的产品主图通常占据整个手机屏幕的 1/2，占屏比和曝光率都要比电脑端高出很多，这样更容易引起用户的关注。

扫码看视频

　　移动端的产品主图一般为 5 张左右。运营人员要充分利用每一张主图，力求做到图片精美、展示美观、细节突出，体现产品的特点，吸引用户的注意力。

　　移动端的产品主图在展示完后，会跳转到产品详情页的第一屏，因此，如何吸引用户连续滑动浏览完主图页面，是值得运营人员思考的一个问题。具体来说，运营人员可以通过各个页面之间的关联，让用户在不知不觉中滑动并浏览完所有的主图。例如，对产品从前、后、左、右不同的角度进行展示，通过"一、二、三、四"等序号陈述产品的卖点等。

### 3. 主图视频的插入

　　视频相较于静态的图片，能更加有效地在短时间内传递更多的信息，因此也更适合作为将产品亮点传递给用户的媒介。在允许在主图中放置视频的平台上，运营人员应该制作精美的产品视频进行展示，这样既可以增加产品的权重，又可以提高产品的转化率和销售量。淘宝上的一家店铺播放的主图视频如图 6-11 所示。

图 6-10　手机淘宝中的产品主图

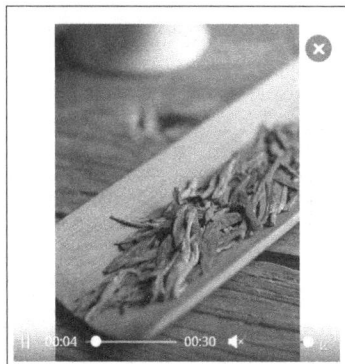

图 6-11　主图视频

　　下面以淘宝平台为例，讲解在产品详情页中插入主图视频的方法。

　　在插入视频之前，运营人员首先需要制作一个视频短片。运营人员可以对产品进行多方位的视频拍摄，或将产品的使用方法拍摄成视频。根据淘宝平台的规定，主图视频的播放时长不能超过 60 秒。根据实际操作经验，运营人员最好将主图视频的播放时长控制在 9 ～ 30 秒，这样最易被用户接受。

在淘宝店铺详情页的主图中插入视频的具体步骤如下。

（1）进入淘宝网，登录淘宝账号，单击淘宝首页上部的"千牛卖家中心"按钮，进入"千牛卖家工作台"页面，❶单击"出售中的宝贝"链接，❷单击"编辑商品"链接进入产品编辑页面，如图 6-12 所示。

图 6-12　进入产品编辑页面

（2）在产品编辑页面的"主图视频"栏中找到选择视频的入口，单击"选择视频"按钮，如图 6-13 所示。

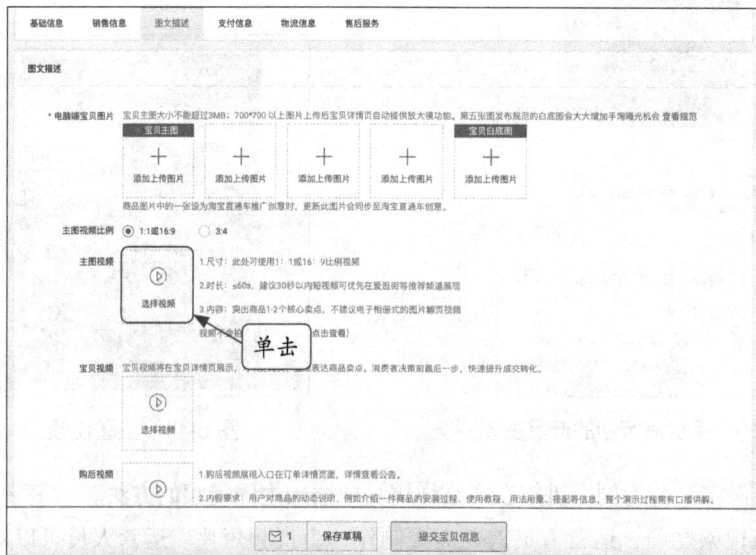

图 6-13　单击"选择视频"按钮

（3）进入"多媒体"页面，❶选择需要插入的主图视频，❷单击"确认"按钮，如图6-14所示。

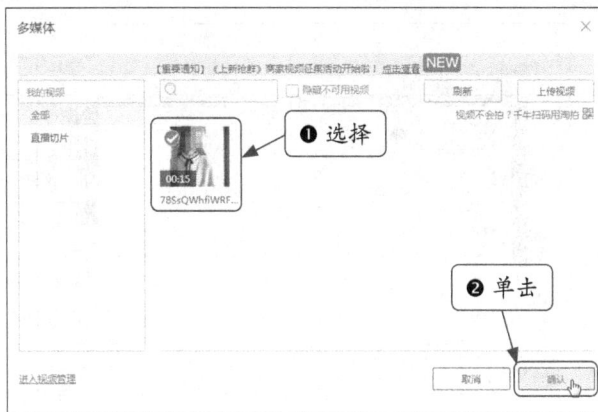

图6-14 选择需要插入的主图视频

**? 小技巧**

如果还没有将视频上传到"多媒体"页面，需要先单击"上传视频"按钮，从电脑上选择视频上传。

（4）之后需要对插入的主图视频设置分段标签。进入"视频分段标签"页面，❶选择打标签的时间点，❷单击"增加标签"按钮，如图6-15所示。

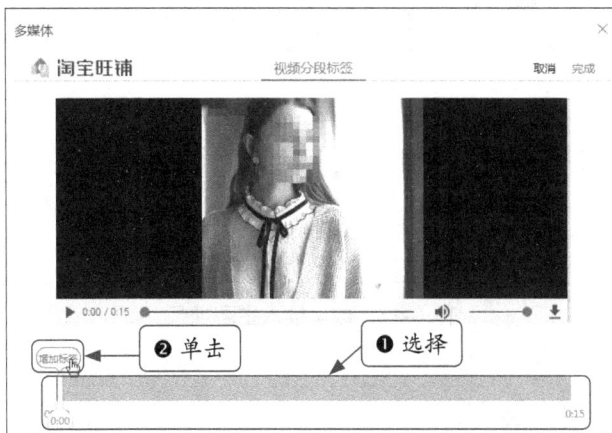

图6-15 单击"增加标签"按钮

**i 提示 分段标签的作用**

为淘宝平台的主图视频设置分段标签，就是将视频的内容分为几段，并为每段视频打上标签，便于平台筛选与推荐产品，因此，给视频打上标签更有利于提升产品的销量。淘宝平台规定，打了标签的分段视频至少1段，最多3段，且每段的时长不少于9秒。

（5）❶在弹出的页面中选择视频需要设置的标签，❷单击"确定"按钮，如图6-16所示。

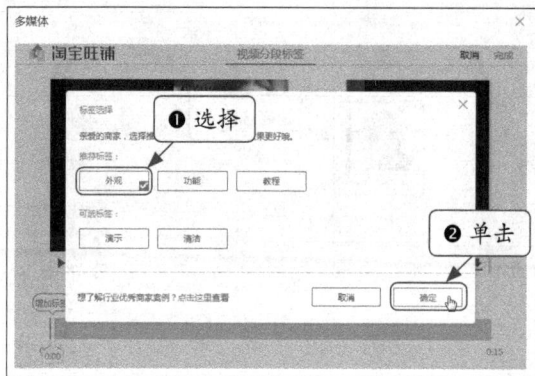

图6-16　选择视频分段标签

（6）单击"完成"按钮后，视频成功插入主图的位置，如图6-17所示。在产品编辑页面下方单击"提交宝贝信息"按钮，即可在产品售卖页面查看新发布的主图视频。

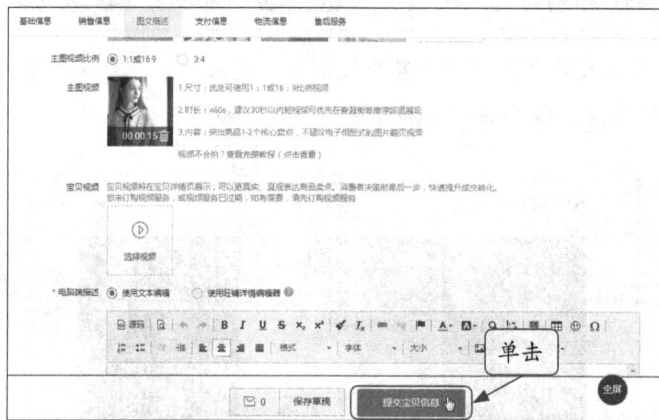

图6-17　成功插入主图视频

## 6.2.3　产品详情页内容创作

产品的详情页是向用户详细展示产品相关信息的地方。用户是否对店铺的产品感兴趣、是否会购买店铺的产品，都需要在浏览了产品的详情页后才能做出决定。因此，产品的详情页对于产品的转化率是有很大影响的。

### 1. 产品详情页的设计要点

产品的质量再好，如果没有为之设计好的详情页，其销售量也很难提高。因此，设计一个优质的详情页很重要。设计时要掌握以下几个方面的要点。

（1）产品图片。

用户进入产品详情页以后，首先吸引他们注意的就是产品图片。在产品详情页中放入产品模特图、场景图、平铺图、细节图等，可以让用户产生一种身临其境的感觉，并且能够使其了解到产品的每一个细节。产品图片的设计需要根据产品本身的类别与属性以及受众的不同，对图片信息进行不同的安排，而且需要注意把握全面、真实的原则。

例如，穿戴类产品可以在组图部分展示产品的色彩属性、穿戴效果、设计亮点等，让用户更全面地感受产品，如图 6-18 所示。

图 6-18　穿戴类产品的图片展示

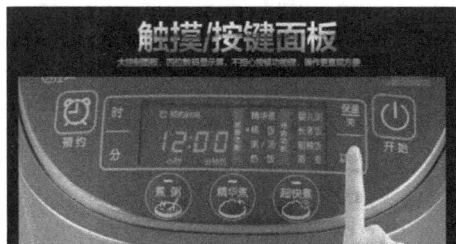

购买食品类产品的用户一般都更看重食品的口感和卫生情况，因此，在展示产品图片时可以从食品的味道、产品信息以及配料等方面介绍食品的基本属性，让用户既能够了解产品的基本信息，又能够感受到食品的美味与新鲜，如图 6-19 所示。

购买家电类产品时，用户往往更看重产品的功能与用途，因此，商家可以在产品图片中更多地展示产品的功能和用途，如图 6-20 所示。

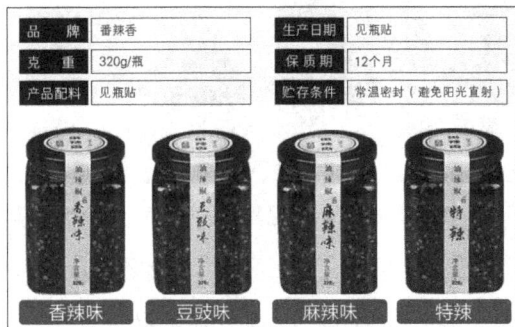

图 6-19　食品类产品的图片展示　　　　图 6-20　家电类产品的图片展示

> **ⓘ 提示** 详情页中的产品展示图片的布局要合理
>
> 对于某些种类的产品来说，详情页会包含多组场景图、实物平铺图、模特图等，因此在全面展示产品信息时，合理的布局和安排能够有效地满足用户的浏览需求；如果图片布局和安排不合理，则会让用户感觉到拖沓，从而失去浏览的耐心。

（2）产品文案。

如果产品图片能够吸引用户，那么接下来就需要用文案来促使用户下单了。商家可以在详情页的产品文案中加入一些促销的元素，如增加"开业优惠""领券立减""限时抢购""买一赠一"等词汇，使用户产生想立即下单购买的冲动。某产品的详情页就添加了有关促销信息的产品文案，如图 6-21 所示。

（3）产品卖点。

产品的卖点是指所销售的产品与其他产品相比所具备的与众不同的特色和特点。这些特色和特点，一方面是产品与生俱来的，另一方面是通过商家的策划创造出来的。不论其卖点从何而来，只要能将其运用在产品的实际销售中，使更多的用户接受和喜爱，就能达到店铺的营销目的。

通常情况下，一些在市场上存在一定时间并拥有较高知名度的产品，会比那些上市不久并正在打造产品形象的产品，具有更优质和更丰富的卖点。图 6-22 所示为某店铺销售的一款黑芝麻糊，该产品单从时间优势上就能够提炼出一个不错的卖点：专注黑芝麻 30 年；再通过有效的策划将卖点放大，并融入用户的购物需求，就能引起用户的购买欲望。

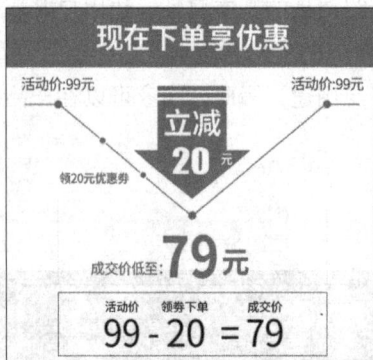

图 6-21　在产品文案中添加促销信息

图 6-22　产品卖点的提炼

（4）产品的细节介绍。

商家需要从各个方面详细地让用户了解产品的每一个细节，如产品的材质、颜色、大小等，以帮助用户进行选择。

　　产品的细节展示图采用局部放大的形式，可以帮助用户仔细观察和研究产品，从而消除用户的顾虑。细节展示图能够很好地展现产品的材质、面料、做工、剪裁、设计、款式等信息，同时还能放大产品的特色和优势。在展示细节的同时，还可以添加一些文字来说明产品的特色，让用户更加了解产品的信息，如图 6-23 所示。

　　商家也可以通过对比的形式展示产品的细节，这样能够有效地突出自家产品所拥有的其他同类产品不具备的优势，说明好的产品不怕被比较，从而提高产品对用户的吸引力，如图 6-24 所示。

图 6-23　采用局部放大的形式介绍产品的细节

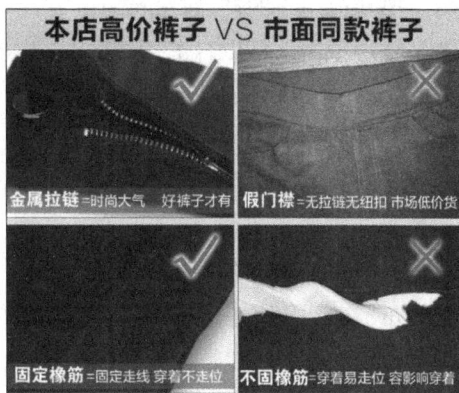

图 6-24　采用对比的形式展示产品的细节

　　对于某些产品，如家电类或食品产品，用户最看重的可能并不是其外表样式的细节表现，而是希望看到产品的功能与品质保证。因此，在进行这类产品的细节展示时，就需要多结合产品的功能、用途、品质等信息进行相应的介绍和说明。例如，通过展示细节说明微波炉的功能和操作方式，如图 6-25 所示；通过展现食物产品的细节体现食品的新鲜和美味，如图 6-26 所示。

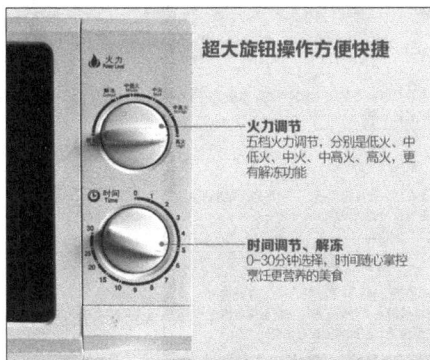

图 6-25　家电类产品的细节展示

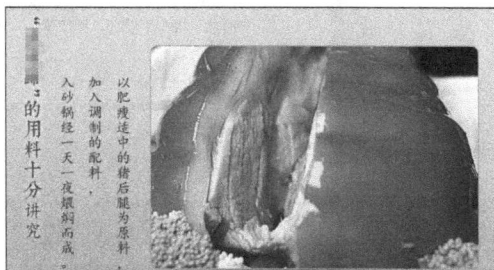

图 6-26　食品类产品的细节展示

（5）其他用户的评论截图。

第三方的评价往往会让用户觉得可信度更高。商家自己说自己的产品好，用户不一定会相信；如果其他购买或使用过该产品的用户都说好，这往往会更令人信服。因此，商家可以在产品详情页中放入其他用户的好评和聊天记录，以此来增加产品描述的说服力。把其他用户的产品评价添加到产品详情页中，可以打消用户的疑虑，提高用户的信任度，如图 6-27 所示。

图 6-27　在产品详情页中添加其他用户的评论截图

（6）产品的相关说明。

说明是产品详情页的最后一个部分，通常用于添加各种提示，如购买须知、正品承诺等信息，是提高用户信任度的关键所在。店铺进行色差、尺寸、发货等信息的说明，虽然是一种免责的说明，但也能提醒用户注意在验收货物时可能遇到的异常情况，以及如何解决产品在使用或洗涤时可能遇到的问题；商家也能借此对自己的产品进行信誉的担保与说明，如图 6-28 所示。

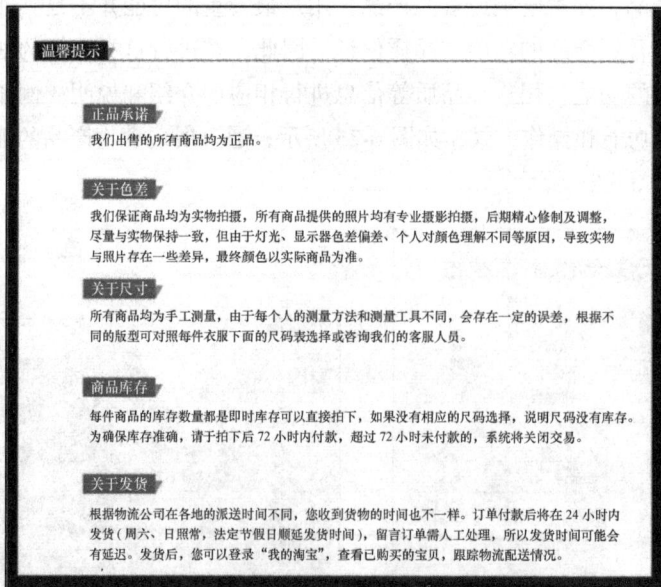

图 6-28　在产品详情页中添加对产品的相关说明

### 2. 移动端产品详情页的设计与优化

移动端产品详情页是增加产品的权重、提高移动端流量和转化率的重要渠道之一。移动端产品详情页如图6-29所示。

很多店铺在设计移动端产品详情页时，会直接把电脑端的产品详情页缩小，作为移动端的产品详情页，但这样就会导致整个描述页面过长。移动端用户在浏览产品详情页时，不像在电脑端浏览会停留很长时间，如果用户的手机网络加载很慢，就会增加页面的跳失率。另外，由于移动端的屏幕较小，展示的页面比较狭小、集中，这可以为产品展示带来聚焦效果，使用户在浏览页面时更加专注。因此，移动端的产品详情页只要设计得结构简单、能突出产品的卖点即可。

移动端产品详情页的设计和优化应遵循以下原则。

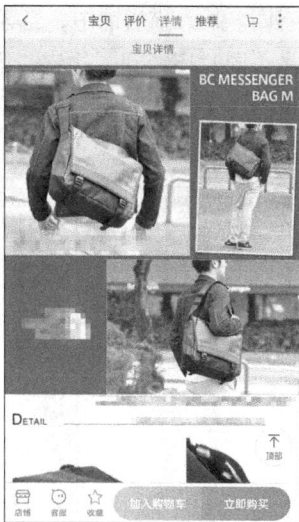

图6-29 移动端产品详情页

➤ 排版简洁明了。移动端的屏幕相对电脑显示器而言要小很多，能显示的信息也较少。因此移动端的产品详情页应简洁明了，使用较少的页面元素来进行表达；如信息较多则可以适当纵向延伸，多屏显示。在字体大小的设置上也需要格外注意，字体过大或过小都影响浏览效果。

➤ 内容精简概要。同样由于屏幕的原因，移动端的产品详情页在内容上也要做到精简概要，可以截取电脑端详情页中精华的内容，并结合移动端的特点进行相应的设计。

➤ 图片存储格式。详情页图片所占用的内存空间不能太大，否则会增加用户打开页面的时间，从而增加页面的跳失率。

➤ 找出产品的基本属性、特点，以及在同类产品中较为突出的优势。

➤ 根据购买产品的消费人群的年龄、浏览习惯、兴趣爱好等设计页面布局、页面配色等。

## 6.2.4 产品评价内容处理

网购时，用户的购买行为多少都会受到别人对产品评价的影响。产品评价也是很常见的电商平台的功能模块。如果用户想更深入地了解产品在使用中的优缺点，通常都会去查看其他用户的评论，因此，其他人对产品的评论也会较大地影响用户的购物意愿。

对店铺而言，评价也是一个展示自身服务质量的窗口，对每一个评价进行认真的回复，可以让用户感受到店铺真诚的态度，提升用户对店铺的好感度。

### 1. 对好评用户表示感谢

当用户对产品给予好评以后，工作人员应在评论下面给出相应的回应，对用户表示感谢。某天猫店铺中，当客户给予好评、追评后，工作人员会感谢用户选择自己店铺的商品，同时还谈到了物流、售后等方面的问题，如图 6-30 所示。其他用户在看到评论时，也能感受到店铺的诚意。

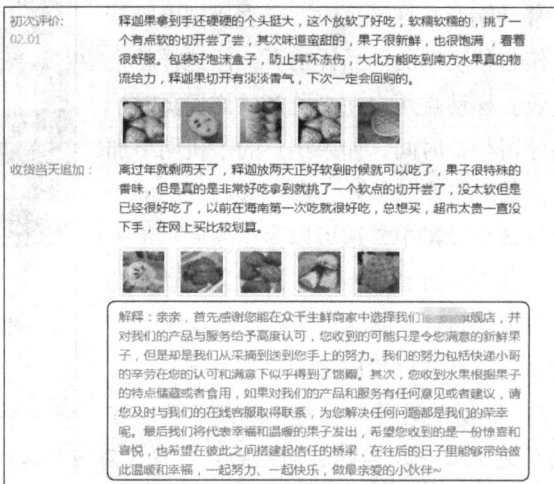

图 6-30　对好评用户的回应

## 2. 对差评用户做出正面解释

任何一家店铺可能都无法避免中差评的存在。用户给出中差评后，如果经过沟通，其仍然不愿意撤销，工作人员可针对中差评做出正面的回应，切勿顾左右而言他。天猫平台某蜂蜜旗舰店对差评做出的正面回应如图 6-31 所示。

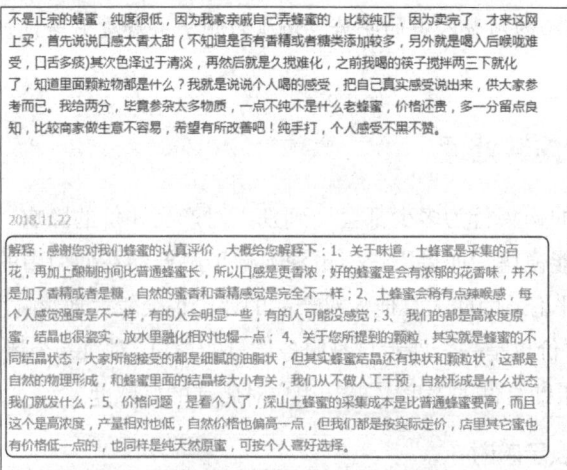

图 6-31　对差评进行正面回复

　　在处理中差评的过程中，回复和解释其实是良好的营销机会，借助于解释差评产生的原因，可以让其他用户在查看该评论时对商品有更全面的了解。在图 6-31 中，工作人员在回复差评时，从蜂蜜的味道、口感、价格等方面出发，多方位提及天然蜂蜜、没有人工干预等情况，侧面说明蜂蜜的质量很好；其他用户看了解释，无形中也会受到正面的影响。

　　如果很多中差评都在反馈同一个问题，那店铺就应引起重视，因为这多半是产品真正出现了问题，而且该问题的发生率还比较高，店铺应该及时进行处理。

## 6.2.5　"买家秀"内容处理

　　"买家秀"是指购买产品的用户在购买某件产品后，将产品以文字或实物照片的形式在网上展示，供其他用户参考。很多用户在购买产品时，都会通过"买家秀"来判断产品的好坏，因为"买家秀"能够帮助后续用户更加全面、客观地了解产品的相关信息，如质量、使用感受、效果以及店铺的服务等，有助于用户做出购买决策。通常，在产品评价中带有产品图片的那些评价就是"买家秀"，如图 6-32 所示。

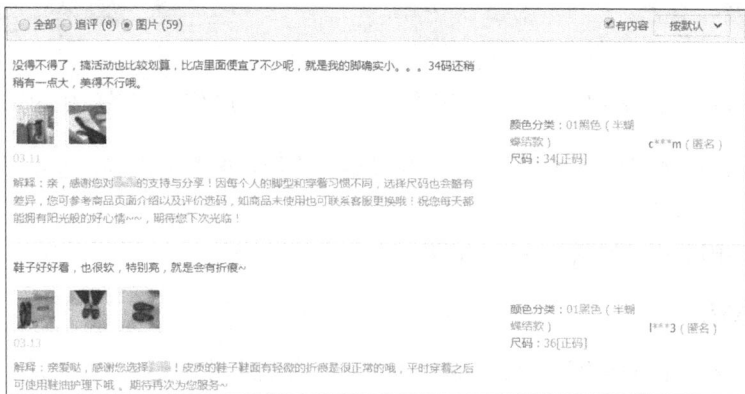

图 6-32　带有产品图片的"买家秀"

　　"买家秀"可以展示的渠道有很多，这里主要以手机淘宝"买家秀"为例，介绍一下"买家秀"在手机淘宝上的主要展示渠道。淘宝"买家秀"的内容展示渠道，主要包括手机微淘、店铺首页、产品详情页中的买家相册等。

### 1. 手机微淘

　　手机微淘中的关注频道，主要展示用户收藏和关注的店铺动态，"买家秀"内容由商家从千牛官方"买家秀"中推荐，如图 6-33 所示。手机微淘中的"买家秀"都是可以直接链接到产品的。

在手机微淘中，商家除了可以在关注频道中发布"买家秀"，在晒单频道也可以发布"买家秀"，如图6-34所示。商家可以在晒单频道中通过"买家秀"插件功能把优质的"买家秀"发布在微淘动态上，而且晒单频道中的"买家秀"是不占用微淘动态数量的。

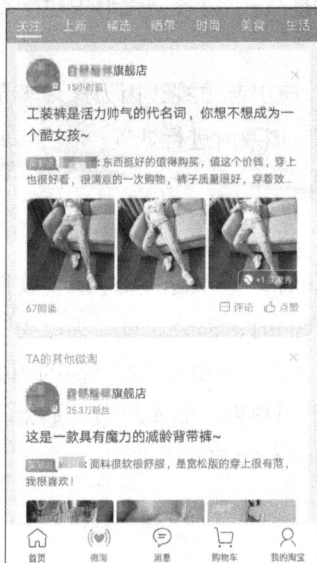

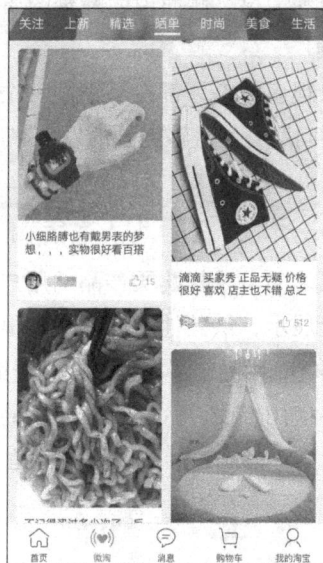

图6-33　手机微淘"关注"频道中的"买家秀"　　图6-34　手机微淘"晒单"频道中的"买家秀"

运营人员推荐微淘"买家秀"时，一定要选择有丰富配图的内容，这样可以增加"买家秀"对用户的吸引力。此外，推荐"买家秀"时，要注意图片的质量，质量不好的图片不要推荐，因为模糊的图片非但不能打动用户，反而会给用户造成不好的印象。

### 2. 店铺首页

店铺首页有专门的买家秀频道，运营人员可以在里面展示已推送的"买家秀"集合，如图6-35所示。

运营人员可以以赠送金币的方式奖励提供"买家秀"的用户，这样既能够表达商家对用户的感谢，还能强化商家与用户的关系，促进用户持续为店铺提供更多优质的"买家秀"。

### 3. 产品详情页中的买家相册

产品详情页中的买家相册同样也是展示"买家秀"的好地方。商家通常利用买家相册推送"买家秀"集合，如图6-36所示。买家相册中的"买家秀"都是商家从产品的评价中挑选出来并置顶的带有图片的优质评价。商家还可以在"买家秀"的后台管理中对买家相册中的"买家秀"进行设置和修改。

图 6-35　店铺首页的"买家秀"频道

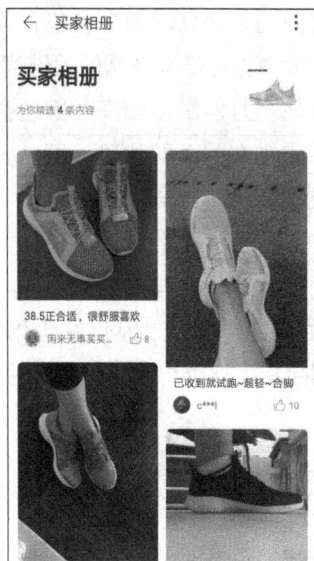

图 6-36　产品详情页买家相册中的"买家秀"

## 6.2.6　"问大家"内容的处理

"问大家"是淘宝平台为商家提供的一个内容营销阵地，它的入口在手机淘宝（以下简称"手淘"）的产品详情页中，如图 6-37 所示。用户在遇到产品的相关问题时，可以在手淘"问大家"模块中进行提问，然后由已购买过此产品的用户回答。当然，商家也可以自己回答。

在手淘"问大家"模块中，很多问题都是用户最关心的，如果商家的回答不能令用户满意，则会影响到产品的销售，因为很大一部分用户在购买前不仅习惯查看产品的评论，也会查看"问大家"里的内容。

运营人员一旦发现"问大家"存在不利于产品销售的问题和回答，应及时进行处理，如进行详尽的回答或通过在详情页上添加针对性的说明内容来打消用户的顾虑。

在新品上架前，运营人员应先把用户可能会问的问题罗列出来，并制定好回复方案，在运营过程中一旦发现用户提出相关问题，即可第一时间进行回复处理。

"问大家"模块也允许商家自己提问，这是一个很好的商品展示机会。商家在自己提问时应选择用户最关

图 6-37　手淘"问大家"的入口

心的一些问题，并且问题中应包含对产品有利的关键词。提出问题后，商家应自己进行回复，答案中也要带有产品的关键词和属性词。

答案较多且匹配度较高的问题会被自动排到前面，根据这个原则，如果想要将好的问题置顶或排在前面的位置，可以多次对这个问题进行回答，使之变得更加靠前，具有更多的展示机会。

当产品有了一定的销量后，运营人员要不定期地检查"问大家"中的问题与回答，有负面的恶意评价或与产品无关的问题要及时进行处理、优化。由于商家不能删除"问大家"中的问题与回答，因此一旦出现恶意评价，商家可以先与提问者或回答者进行沟通，说服其删除相关评价内容；如果无法说服对方，可以向平台提起申诉。

## 6.3　活动内容运营

电商活动是指通过举办线上线下的集会，吸引消费者关注并参与，以提高产品销量、提升企业或品牌的知名度。电商活动常常需要通过文案来表达，因此，创作优秀的文案内容对一个电商活动来说至关重要。作为运营人员，应掌握电商文案的写作方法与技巧。

### 6.3.1　充分体现消费者的利益

电商文案除了重视对品牌及产品的包装，强调核心功能，突出产品的优势、价格的优势、差异化特性外，还应重点体现消费者的利益，即突出消费者在购买产品后能够得到什么服务、产品优势能转化成什么价值或能解决哪些实际问题等。这些利益点更容易成为决定消费者购买产品的主要因素。例如，某品牌手机的电池容量大，对于消费者来说，其利益点就是待机时间长、能长时间使用，省去频繁充电的麻烦。

【实例3】

某手机文案"照亮你的美"，这是告诉消费者，使用该产品能把自己拍得很好看，如图6-38所示。短短5个字，既表现了手机的功能特性，又抓住了消费者的利益点，这样的文案简短有力，营销效果也非常好。

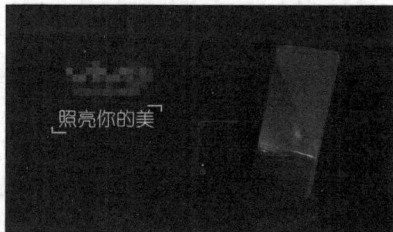

照亮你的美

图6-38　表达消费者利益点的文案

电商文案要充分体现消费者的利益，可以从以下几个方面着手。

➢ 免费。"免费"总能吸引消费者的注意。文案中一旦出现"免费赠送""免费品尝""第二件免费"等词语，营销活动通常会非常受消费者欢迎，营销效果也会很好。

➤ 省钱。如果营销活动中的产品或服务可以帮消费者省钱，这时只要在文案标题中突出显示节省的金额，就会吸引更多消费者关注。例如，商家在举办满减活动时，通常会直接向消费者展示省下来的金额，如图 6-39 所示。

➤ 健康。随着人们生活水平和生活理念的提高，人们对身体健康的关注度越来越高了，所以越来越多的产品都将健康的属性体现在文案中，即便是对健康无损害这样简单的保证，也能吸引消费者的关注。

图 6-39　展示节省金额的活动文案

➤ 保障 / 保证。对于消费者来说，网上购物最大的缺点就是无法亲自接触产品实物，不能获得最直接的产品感受。如果文案能够给予消费者品质保障或保证，如不会浪费钱、浪费时间，更不会有害健康，实物和图片完全一样，实物完全具备文案中描述的所有功用等，就能获得消费者的信任，更容易达成交易。

➤ 简单。现在很多产品的功能越来越全面，但操作也越来越复杂，对于需要简单生活的消费者来说，"您只要轻轻一按""全自动"等描述更容易吸引其关注。

➤ 快捷。现代人工作和生活的节奏越来越快，越能够为人们节约时间的产品和服务就越具有优势。因此，文案标题中具有"快"含义的高频词汇更容易吸引年轻消费者的注意力，如"闪电""飞速"等。

以上列举的利益点都来自电商常用的活动营销文案。当然，消费者的利益点不止这几个，运营人员可以收集和整理更多的利益点，将其运用在文案中。

## 6.3.2　使图片具有冲击力

图片作为电商文案中不可缺少的元素，其作用不仅仅是美观以及辅助说明，还应带给消费者视觉冲击力，直接吸引消费者的注意力。视觉冲击力可以用多种途径实现，如通过精美的构图或画质来实现，或通过创意、对比反差来实现，还可以通过超越常规印象的方式来实现。

【实例4】

在人们的常规印象中，塑料袋的承重能力和密封性并不强。然而一款塑料袋的文案和图片打破了这个印象，让人难忘。店家为了展示产品的质量，将多块砖头或水放在这款塑料袋中，直接展示其承载能力和密封性，再加上一句"按斤买，更划算"的文案，将产品的高性价比展现得淋漓尽致，如图6-40所示。

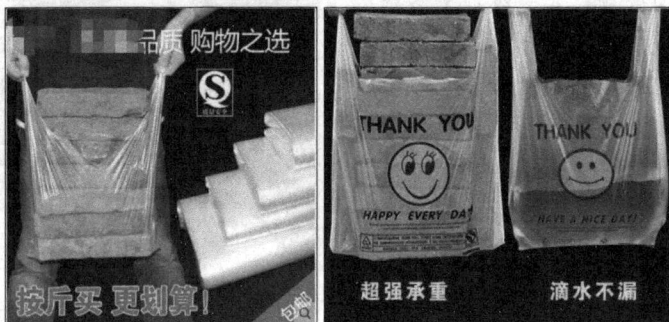

图 6-40　强视觉冲击力的文案和图片

这种图片给消费者的视觉冲击力是非常强的，很容易获得消费者的认可，并促使消费者购买产品。

### 6.3.3　设置合适的字体大小

在制作电商文案时，表达主题的载体主要是文本，修饰文本的最佳选择就是文字本身。其中，字体大小尤为重要，字体大小合适的文字能够使文案内容的层次更清晰，重点更突出，更富有表现力。

【实例5】

某家居品牌的活动营销文案，其价格采用了最醒目的大号字体，活动营销的主要优惠内容采用了加粗的大号字体，产品特点则采用了小一点的字体，如图6-41所示。

因价格是这次营销活动的主要卖点之一（原价较贵，活动价优惠很大），因此该文案使用了较为醒目的大号字体来突出它；其次，活动优惠内容"8折优惠"和"全国包邮"也使用了较大的黑色字体，衬以白底进行突出；而产品的3个特点，则使用相对较小的字体来呈现。这说明文字的突出层次与其表达的内容的重要性是一致的。

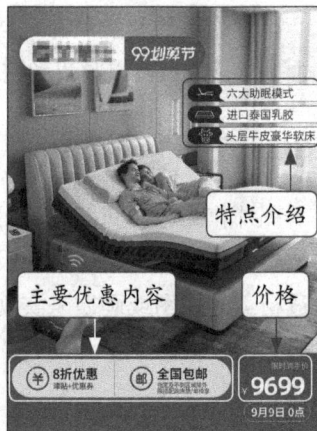

图 6-41　运用不同大小的文字来突出显示重点内容

### 6.3.4 精心排版优化视觉效果

活动营销文案的写作不但要注意图片和文字的设置，还需要精心设置版式来优化视觉效果。文案的版式中，任何一个元素都不会显得孤立，元素之间通常会相互关联、互相作用，最终形成视觉冲击，给用户留下深刻的印象。

#### 1. 对齐

对齐是指文案中文字和图片中各元素的位置对齐分布，包括上下对齐、左右对齐和居中对齐几种方式，其中上下对齐较少使用。左右对齐可以给人一种规整、统一的印象，而居中对齐可以给人大气、稳重、平衡的感觉。这些感觉都可以在无形中影响消费者对产品的认知。

**【实例 6】**

某电器商城的移动端海报，就使用了居中对齐的方式，如图 6-42 所示。由于这种居中对齐的排版方式具有强烈的平衡性，能给人一种稳重可靠感，因此，常用在大型商场、大中型活动的海报文案中。

图 6-42 居中对齐的文案排版

#### 2. 对比

在电商活动营销文案中，对于重要的信息应该进行强调，使之更容易受到关注。强调一个信息元素，通常使用对比的方法来实现，如虚实之间的对比、色调冷暖的对比、产品大小的对比、使用前后的对比等。而在文案排版中，对比还体现在字体大小、粗细、方向和颜色等方面，对比可以给用户留下强烈的印象。

【实例7】

　　某外卖 App 的移动端活动海报使用了对比方法，重点突出"10元红包"这个信息，如图 6-43 所示。文案中，"10元红包"采用了与底色色调相反的金黄色，四周围绕着"消暑一夏""限时抢"等较小的文字，消费者一眼就能看到这个信息。

### 3. 重复

　　文案中存在着重复的元素，如一些简单的活动规则可能就需要重复排列。多个重复的元素作为一个整体，可以在页面中起到稳定重心的作用，此外重复的元素也能够让版面显得更加整齐、美观。

【实例8】

　　银联移动端 App 的主页面具备多个功能模块，这些功能模块被整齐地排列起来，用一种重复的方式占据了整个页面，如图 6-44 所示。从图中可以看到，整个页面显得均衡、饱满，给人的视觉感受相当舒适。

图 6-43　突出重点的文案排版

图 6-44　重复元素的文案排版

## 6.4　短视频内容运营

短视频营销是当前较为热门的营销方式。随着互联网人口红利的消逝，用户注意力的争夺变得日益激烈，在此过程中，短视频已然成为一个不容忽视的力量。在所有的互联网相关行业中，电商因天然具备变现属性，所以率先和短视频产生了融合。各大电商平台相继推出各种各样的短视频内容频道；而各类短视频平台也纷纷开始尝试与电商业务接轨。因此，短视频 + 电商正在成为一种新的营销趋势。

### 6.4.1　认识短视频及短视频营销

随着移动互联网的迅猛发展，短视频这种新兴事物悄然兴起，并迅速得到了大众的认可和喜爱。与此同时，短视频营销也逐渐成长起来。那么，究竟什么是短视频？什么又是短视频营销？短视频营销的优势又有哪些呢？下面将针对这些问题进行讲解，让大家对短视频及短视频营销有一个初步的了解和认识。

#### 1. 什么是短视频

顾名思义，短视频就是播放时长比较短的视频，主要通过网络平台进行传播。短视频的本质在于能够在短时间内完整地表述一件事，以此来吸引观众的注意力。一般而言，短视频主要具有以下几个特点。

- ➢ 播放时长基本不超过 10 分钟。
- ➢ 视频内容充实、紧凑。
- ➢ 视频的整体节奏较快。
- ➢ 适用于碎片化的消费方式。

#### 2. 什么是短视频营销

短视频营销是一种将互联网、短视频、营销三者相结合的活动。短视频营销本质上是一种以互联网为载体，以短视频为基本工具，以丰富的内容为竞争力的网络营销方式，其主要目的是实现盈利。

#### 3. 短视频的营销优势

短视频营销作为网络营销的一种形式，拥有巨大的营销潜力。与其他营销方式相比，短视频营销具有 6 个独特的优势，如图 6-45 所示。

（1）互动性强。

短视频营销有一个很明显的优势就是互动性强。大部分短视频都支持单向、双向甚至多向的互动交流。对于商家而言，可以迅速获得用户反馈；对于用户而言，既可以帮助商家进行品牌传播，又可以直接表达自己对商家的意见和建议。

（2）营销成本低。

与传统广告营销的高额资金投入相比，短视频营销的成本相对较低，这也是短视频营销比较明显的一个优势。对于短视频营销而言，无论是制作成本、传播成本，还是后期的维护成本都比传统的广告营销低很多。

（3）营销效果好。

短视频由于画面感比较强，能够给人一种更为立体、直观的感受；而且又可直接与电商、直播等

图 6-45　短视频营销的优势

平台结合，所以通过短视频销售产品，营销效果显著。一方面，短视频直接而富有画面感的内容能够有效激发消费者的购买欲望；另一方面，"边看边买"这种快捷高效的购物方式能很好地满足消费者的购买欲望。

（4）营销指向性强。

短视频营销可以帮助企业准确找到产品的目标受众，从而实现企业的精准营销。通过短视频寻找受众群体的方式主要有两种：一是短视频平台通常都会设置搜索框，并经常对搜索引擎进行优化，而用户也通常会通过关键词来搜索自己感兴趣的短视频，这样一来无疑增加了短视频营销的精准度；二是短视频平台会不定期地组织和发起一些活动和比赛，以此来聚集用户。

（5）传播速度快。

短视频营销作为网络营销的一种重要形式，还具有传播速度快的优势；而且由于短视频的播放时长较短，也非常适合当下快节奏的生活。

（6）存活时间长。

如今短视频平台上的大多数短视频都是由用户自己制作并上传的，不需要花费太多的费用，所以短视频一般不会因为费用的问题而停止传播。只要短视频运营者能够承担短视频的运营费用，不删除短视频的内容，该短视频就会一直存在，因此，存活时间长也是短视频营销的一大优势。

## 6.4.2　短视频平台类型介绍及选择

在电商中，短视频已经成为内容营销的一种重要形式，为不少电商企业带来了大量的流量。短视频运营者们要想做好内容运营，首先需要了解短视频的平台类型有哪些，这样才能在发布短视频时为其选择一个合适的平台。

### 1. 内容推荐平台

内容推荐平台的主要作用是作为内容的提供者，对上传到该平台的短视频内容进行推送。该类平台最大的特点就是平台本身积累了大量的用户，并且用户黏性强。该类型平台中的典型代表主要是一些视频平台和新闻资讯类平台，如今日头条、优酷、爱奇艺等。其中，今日头条的页面如图 6-46 所示。

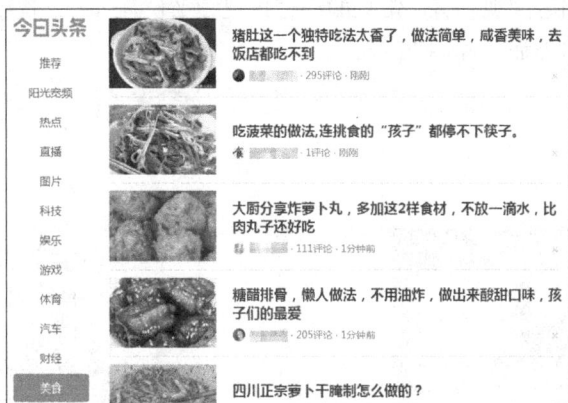

图 6-46　今日头条页面

很多短视频运营者会选择在这些内容推荐平台上发布短视频。这些内容推荐平台虽然拥有大量的原始流量且用户质量很高，但优质的内容推荐平台通常对内容的审核要求也是很高的。短视频运营者如果想要在这类平台上投放视频，需要经过多个环节的筛选，视频符合条件后才能被推荐到平台上进行播放。

内容推荐平台的主要利益来源是渠道的分成、内容贴片、广告等。这类平台虽然能够为短视频运营者提供丰富的资源和福利，但却无法挤进社交圈子，也无法突破平台发展的固定模式。因此，很多短视频运营者无法在该类平台上建立自己的品牌效应。

### 2. 社交分享平台

社交分享平台主要是供用户娱乐、交友、互动的平台。该类平台一般属于非专业的短视频投放平台，如微信、QQ、微博等。社交分享平台的优点在于信息传播速度快，覆盖用户范围广，并且用户的使用频率和内容关注度都很高。因此，越来越多的短视频运营者选择在这类平台上发布短视频。其中，新浪微博中视频频道的界面如图 6-47 所示。

短视频运营者在大部分的社交分享平台上发布视频内容，主要是依靠用户的转发分享来获取流量和点击量的。并且由于社交分享平台的社交性和互动性都很强，因此非常有利于短视频运营者形成自己的品牌效应和影响力。最典型的例子就是 Papi 酱、日食记等原创短视频运营者，他们在微信、微博等社交分享平台上获得了大量"粉丝"，非常受欢迎。

### 3. 综合短视频平台

综合短视频平台集合了内容推荐平台和社交分享平台两者的功能，除了具有内容传播和社交分享的作用之外，还可以对短视频内容进行制作。综合短视频平台是社交与 PGC（Professional Generated Cantent，专业生产内容），以及 UGC（User Generated Content，用户生产内容）模式相结合的多元化形式。用户在这类平台上既可以是内容的生产者，也可以是内容的观看者。常见的综合短视频平台有抖音、快手、美拍、秒拍等。其中，抖音的视频界面如图 6-48 所示。

图 6-47　新浪微博的视频频道

图 6-48　抖音的视频界面

用户在综合短视频平台上不仅可以浏览其他用户的短视频并进行互动、转发，还可以自己利用平台上的工具进行简单的视频制作。这种简单的视频制作，很多用户都非常感兴趣，这也保证了平台每天都有大量的短视频内容产出。

但是，由于综合短视频平台的侧重点都是短视频，内容形式比较单一，这也使得用户对这类平台的黏性并不高，相比之下，用户往往更依赖社交平台。另外，短视频内容同质化严重也是综合短视频平台所面临的一大问题。

### 4. 短视频分发平台的选择

近年来，随着抖音、快手、秒拍、小咖秀等综合短视频平台的相继出现，短视频逐渐进入大众的视野。阿里巴巴、腾讯、今日头条等大平台也纷纷发布短视频战略。2016年 11 月上线的资讯类短视频平台"梨视频"，推出仅半个月，其估值就达到了 20 亿元，而这也正式拉开了短视频大战的序幕。"梨视频"的页面如图 6-49 所示。

图 6-49　"梨视频"的页面

面对五花八门的短视频平台，短视频的创作者们要根据自己短视频内容的不同属性选择不同的分发平台。例如，达人类短视频更容易在抖音、快手、秒拍以及微博等平台传播；而资讯类短视频则更适合在今日头条、梨视频等平台上发布。

> **提示**
>
> 平台属性、用户组成和渠道规则都应该是短视频创作者在选择分发平台时应该考虑的问题。一般一个短视频会同时投放到多个视频平台上，但渠道并不是越多越好，短视频创作者应该适当放弃一些成本较高且推广效果较差的渠道。短视频创作者对一家平台的评判标准最重要的两点还是平台的流量和"粉丝"数量。

### 6.4.3　短视频内容策划

一款优质的短视频，其内容策划是非常重要的，它决定着内容的调性和目标受众。电商短视频的内容策划可以从以下 3 个方面来考虑。

#### 1. 产品展示型的短视频

产品展示，主要包括拆开包装、讲解产品和使用体验等环节，可以让观众对产品有一个较为完整的认识。产品展示型的短视频通常又被称作"开箱视频"。一个典型的手机开箱视频如图 6-50 所示，视频首先会向观众展示整个开箱过程，即从完整的包装中取出产品，然后进行产品测试，并对测试结果进行评价。

开箱视频的一般要注意以下 3 个方面。

图 6-50　一款手机的开箱视频

（1）开箱者的演示技能与经验。

开箱者在整个流程中负责讲解，他（她）必须控制好整个视频的节奏，并使用具有特色的讲解方式向观众展示产品，让观众能够充分了解产品的特点和优缺点，因此开箱者的演示技能和经验就显得非常重要。比如，一个幽默的开箱者，能够将枯燥的产品知识讲解得非常有趣，并且可以有效提高产品的销售量。

（2）着重营造代入感。

无论是看电影还是小说，代入感都能让观众或读者有身临其境的感觉，从而能够对故事产生认同感。开箱视频同样也需要营造一种代入感，开箱者在测试的过程中，可以不断地描述自己的产品体验，让观众产生自己在使用的感觉，从而对产品产生更深刻的印象。

（3）在短视频制作过程中营造神秘感。

有的开箱短视频在开箱之前不会告诉观众将要展示的是什么产品，这类短视频可以在开箱前适当地制造一些悬念，引起观众的好奇心；如果产品有一些较为特殊的功能，开箱者也可以先提出疑问，勾起观众的好奇心之后再进行解答；如果产品还附带一些小礼物，那么也可以在拆开之前让用户猜一猜，然后再拆开礼品，让用户的好奇心得到满足。这些都是营造神秘感的常用手法，而神秘感可以增加视频的趣味性，能让用户带着探索解密的心理将视频从头看到尾，从而更容易让用户对介绍的产品感兴趣。

**2. 内容型的短视频**

内容型的短视频是指有具体故事和情节的短视频，比如店铺故事、品牌故事、创意广告等。一家店铺制作的创意广告如图 6-51 所示。

创作内容型短视频，要注意以下两点。

（1）精心选择短视频的主题。

主题是短视频的灵魂，将产品以一个合适的理由包装起来，让用户在接受这个理由的同时，也接受产品。例如，某平台曾经以"美好的事物能治愈"为主题推出系列短视频，打动了很多消费者，取得了巨大的成功。

（2）无须过分纠缠于情节。

不少人在制作内容型的短视频时，总是陷入一个误区，即必须要编出一个好情

图 6-51　创意广告短视频

节。有好的情节当然不错，没有好的情节，单纯以创意取胜也是可以的。例如，某短视

频倒着播放一个人在街上倒着走路的过程，经过一定处理以后，看起来非常神奇，这同样能够打动观众，让其记住视频中推广的产品。

### 3. 教学型的短视频

教学型短视频的主要目的是教会观众一些东西，让观众在学习知识或技巧的同时认可产品或品牌。制作教学型短视频的内容时，需要注意以下两个要点。

（1）适当使用文字描述。

有的人可能认为教学型视频只要讲解清楚就可以了，其实不然，适当地添加文字描述还是很有必要的。文字描述可以避免产生误解、提示重点、补充内容，是一个很好的辅助工具。因此，短视频创作者应该在视频画面的醒目位置添加重点文字描述，并使之反复多次出现，帮助观看视频的用户强化记忆。某店铺推出了一则蛋糕制作的教学短视频，视频画面中的每一个制作步骤都会配上相应的文字描述，以加深用户对于该视频教学内容的印象，如图 6-52所示。

（2）难度不宜过大。

电商商家发布教学型短视频的主要目的在于培养用户的兴趣。因此，这类短视频的教学内容难度不能太大。太复杂的内容容易让学习者产生挫败感，继而放弃观看完整视频，也会影响到用户最后的消费行为。

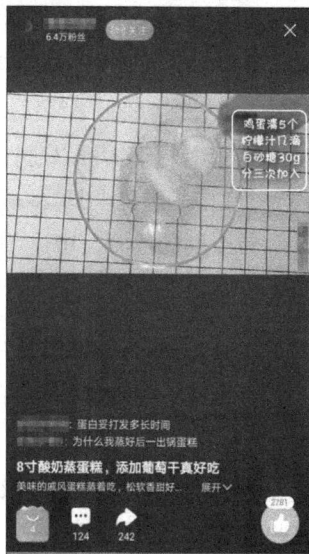

图 6-52　教学型短视频

## 6.5　社交电商内容运营

在微信、QQ、微博等社交平台上进行品牌、产品的推广宣传，或者举行各种营销活动，又或是发布文章吸引"粉丝"，都需要以一定的内容作为载体来吸引互联网用户的注意。要写好社交平台上的推广内容，就要掌握一定的方法与技巧。

### 6.5.1　了解社交平台上推广文章（软文）的特点

如今网络用户对直白的广告（又称硬广告）较为抗拒，而对通过讲故事、聊哲学和讲笑话来婉转地推广产品的文章（即软文）则相对容易接受。因此，商家在社交平台上推广产品，常常采用软文的形式来操作。

由于微信、QQ、微博等社交平台基本都是基于手机用户来研发的，而用户使用手机上网又具有时间碎片化、屏幕尺寸小（相对于电脑而言）、分享信息方便等特点，因此这些平台上的软文应针对手机上网的特点来进行撰写，才能取得良好的传播效果。下面就来看看社交平台上的软文应具备什么特点。

### 1. 篇幅应较短

众所周知，用户用手机上网的时间是比较碎片化的，也就是说，手机用户习惯于频繁地浏览信息，不停地在各种软件和网页间切换，吸收的信息量很大，但内容很零散。因此，社交平台上的软文也要遵循碎片化的规律，篇幅不能过长。一般来讲，如果软文能控制在三四屏内（也就是手机屏幕三四页）且内容不枯燥，那么绝大多数用户都能看完。能够一屏就讲完的，就最好不要拖到两屏。

电脑上的软文可以比较长，这是因为电脑的屏幕很大（相对于手机而言）。同样的内容，在电脑屏幕上只要一页，而在手机上可能就需要六七页，用户浏览时要不停地翻页，会容易产生厌倦感，中途关闭页面离开，软文就起不到应有的推广效果了。因此，短小精悍是社交平台软文的首要特点。

### 2. 微信软文中的图片分辨率相对较低

手机屏幕的尺寸一般为 4 ~ 6 英寸（1 英寸 =2.54 厘米），而台式电脑屏幕的尺寸一般为 20 ~ 27 英寸，笔记本电脑屏幕的尺寸一般为 14 ~ 17 英寸。尺寸上的差异，就决定了手机屏幕上不适合显示分辨率较高的图片，因为高分辨率的图片在手机上根本显示不出细节。

虽然在手机上可以使用"放大"功能将图片进行放大浏览，但放大后图片大小会超出手机屏幕，需要多次移动才能完成浏览，这些额外的操作会严重影响用户的阅读体验。

社交平台软文的配图，应该大小适中、构图简单、色彩鲜明，使用户在手机上浏览时不必放大就可以清楚地浏览，并能将要传达的信息准确地送到用户眼前。一个成功案例如图 6-53 所示，图中的标题与配图都清楚明白，无须放大就能表达清楚意思；而一个失败的案例如图 6-54 所示，其配图不放大就看不清，不仅如此，图片色调与背景色非常相近，看上去很难识别出图片，影响观感。

如果软文有配图，最好先使用屏幕较小的手机进行预览，如果能够看清，那么在绝大部分手机上浏览就没有问题了。

### 3. 软文中的超级链接不宜过多

电脑端的网页或文章可以带数十个，甚至上百个超级链接，用户浏览时可以随心所欲地点开多个链接，常看网易、新浪等门户网站的用户应该对此深有体会，每一个打开的网页都有自己的标签，通过点击不同的标签，可以在网页中进行切换。

图 6-53　成功案例

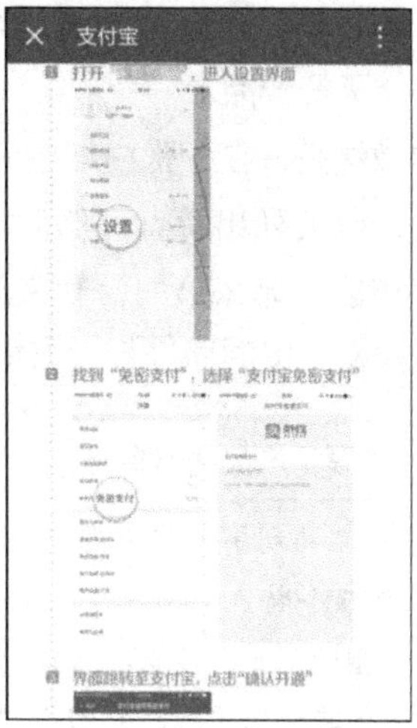

图 6-54　失败案例

但在手机上，情况就有所不同。由于手机屏幕较小，无法像电脑端一样显示很多标签，因此在社交平台上发布软文时，最好不要在文章中嵌入很多超级链接，以免让用户多次跳转，最后跳得"不知所踪"，找不到原始页面，从而让软文起不到推广的作用。

当然，在软文中附上数量适当的超级链接也是必要的。例如，最常见的就是在文章末尾附上购买链接，指向商品的销售页面或活动的说明页面，引导用户去浏览。

**4. 发布时间要符合手机端用户的浏览习惯**

手机端软文的发布时间和电脑端软文的发布时间是有较大区别的，这是因为电脑的使用时间多集中在上班、晚饭后这两个时间段；而浏览手机的时间则集中于上下班路上的时间、午饭和午休时间、晚饭和晚休时间以及凌晨，因此手机端软文最好在这些时间段内发布。

发布软文时，要考虑到手机用户的浏览习惯，比如，在午饭和晚饭前发布一些餐饮信息效果会比较好，在晚饭后发布一些健身、购物、美容的信息效果会比较好，而周末可以发布一些相对较长、较有深度的软文，因为很多用户在周末有时间和耐心来看长文。

## 6.5.2　创作社交平台上的软文

在推广一个产品时，不要一拍脑袋就开始写软文，这样写出来的软文效果往往不尽人意。正确的做法是针对产品进行调研，在充分了解产品特点的前提下，创作出推广软文。针对产品或概念来创作软文，通常要做以下工作。

**1. 了解产品特点**

了解产品特点并不是一句空泛的口号。由于软文篇幅较短，因此不太可能一次性将产品特点介绍完毕，最好的办法是每次推送消息时，着重介绍产品的一个特点。这就需要写作者充分了解产品。

通常的做法是，在一张白纸中间写上产品名，然后分"功能""原料""价格""特色"等方面，分类列出特点。然后将各特点按照重要性进行标注，最重要的特点通常是产品的主打功能，那么第一篇软文毫无疑问就应围绕该功能进行创作。之后围绕其余特点依次创作软文，按顺序进行发布即可。

> **ⓘ 提示　不要将产品的所有特点都写进同一篇软文**
>
> 切勿将产品的所有特点都罗列出来，这样反而不能给用户留下深刻的印象。实际上，选择最重要的两三个特点，围绕它们进行创作即可，比如小米手机反复强调"廉价"和"自创UI"，就是典型的例子。甚至也可以只为最重要的一个卖点创作多篇软文，比如某品牌面膜虽然有多种功能，但其营销团队反复围绕"深层保湿"进行宣传，使用户一提到保湿就想起该品牌的面膜，这样的效果反而要比铺开介绍所有功能更容易给用户留下深刻印象。

### 2. 考虑受众情况

一个产品的受众往往是多样化的，在创作软文时要充分进行考虑。比如一个防晒护肤品，既可以向女性用户推荐，也可以向户外运动爱好者推荐。很显然，向这两个群体推荐时使用的软文是不一样的，应该各有针对性。

比如，针对白领女性用户的软文，标题可以是"每天五分钟，成就美白肌肤"或"三伏天女性生存秘诀"，针对户外运动爱好者，标题可以是"高原徒步必备品清单"，在清单中着重介绍防晒霜。商家对受众的情况考虑得越全面，则营销的效果越好。

### 3. 比较同类产品

在创作软文前，要对同类产品进行调研，了解它们的优缺点并制作相应的表格进行对比，在创作软文时，可以根据此表格扬长避短。

例如，同类产品在价格上有优势，则可以着重强调自己的产品原料"纯天然、无公害"；当同类产品功能比自己的产品多时，则可以强调自己的产品"专注于解决某个问题，不贪多、不浮躁"。

### 4. 结合流行元素

软文中加入流行元素不是必需的，但如果加上，会更加受欢迎。支付宝的文案就非常善于利用流行元素，基本是第一时间将各种网络热点、热词加入软文，推送给用户。比如最近的"我有100种方式帮你圆梦"，其中的"100种方式"就是出自网络热点，知道这个热点的用户看了自然会心一笑，从而更容易接受其推广的产品。

### 5. 注重 SEO 友好性

软文要考虑 SEO 的推广，在文中尽量使用与产品或品牌相关的关键词。商品或品牌名称最好要完整（包含品牌、中文、英文、正确型号），方便百度、搜狗等国内搜索引擎读取，并且完整商品或品牌名出现的频率至少为 2 ~ 3 次。

### 6. 内容多媒体化

在自媒体时代，特别是微信社交媒体时代，文章不只是文字，还有图片、视频、音频等，甚至在部分自媒体文章中，图片、视频才是主角，文字只起到补充说明的作用。特别是带有营销目的的软文，为了先吸引受众，为了能在娱乐化中营销，为了不让受众第一眼就看出这是一篇不折不扣的软文，运营人员更是有意把文章图片化、视频化。可以说，当下软文内容的多媒体化趋势十分明显，这和现代网民的娱乐需求有很大的关系。

从这个变化来看，一篇有创意、图文并茂的软文作品，对于只精通文字工作的传统写手而言，要独立完成就非常困难了，至少还要有一个负责处理多媒体素材（包括图像收集改编、绘画、平面设计、视频处理）的编辑，才能做出对用户有吸引力的软文作品。

### 7. 利于传播分享

智能手机时代来临后，各种社交 App 层出不穷，形成了一个一个的圈子，比如微博圈、微信圈、QQ 圈、贴吧圈等。很多网友看到一个有趣的帖子，马上就想将其分享到其他圈子中去。

软文除了要内容质量好，让读者主动分享以外，还可以在以下方面进行改进，使其分享率变得更高。

➢ 主动呼吁分享。例如一篇讲解手机电池保养技巧的文章，可在文末加上诸如"请大家随手转发，延长手机电池寿命，让地球变得更环保"这样的呼吁性文字，会增加文章的分享量。

➢ 尽量不要在软文未完时就放置跳转链接。能够在一篇文章内讲清楚的事情，最好就不要放一个超级链接在里面让读者跳转到新页面去阅读。因为很多读者耐心有限，跳过去之后看两眼可能就直接关闭页面，这样就失去了文章被分享的机会。

➢ 通过对数千篇被分享的软文进行统计，具有"冷幽默""提升格调""讲环保""亲情/爱情/友情""保健"等元素的软文转发率较高。创作者在创作软文时，可以考虑加入前述的某一种或几种元素，以提高分享率。

## 实践与练习

1．挑选一件手边的事物，为它制作一个产品详情页和一段说明视频。
2．在朋友圈发布一段关于香皂的推广软文，卖点自设。

# 第7章

# 数据化运营

数据化思维在电商的运营过程中起着不可替代的作用。用数据说话，通过数据分析将店铺运营过程中的"真相"理清楚，了解店铺不同数据之间的内在联系，能够有效地帮助电商运营人员做出正确的运营决策。

## 7.1 数据在运营中的作用

数据能够帮助运营人员看清潜藏在交易和用户行为下的"真相"，及时做出正确的运营决策。随着数据环境的成熟，商家能够获取的数据越来越多，数据类型越来越多元化，并且获取数据的成本也越来越低，这对于电商运营来说是非常有利的。

### 7.1.1 依靠数据进行科学决策

运营决策是一个复杂的技术活，一个决策结论可能只有短短几句话，但其执行结果可能会影响到企业的兴衰。因此运营人员不能盲目决策，应先做好数据分析，再根据分析结果做出科学的决策。

数据分析是指通过收集相关数据并进行统计处理，从而得出一定结论的过程。电商数据分析的目的是把隐藏在大量杂乱无章的数据背后的有效信息提炼出来，总结它们的规律并用其解释一些现象。例如，对于访客数、转化率、客单价、停留时间、访问深度、下单人数、支付人数、支付转化率、人均浏览量等数据，经过一系列的加工处理之后，运营人员就能根据运营的需求目标总结出它们之间的关系和规律。

在实际运营工作中，数据分析可帮助运营人员排除主观性错误，做出正确的判断，从而采取恰当的措施来达到运营目标或解决运营问题。例如，网店的运营人员想要预测"双11"当天店铺能够销售多少产品，以便备货，这项工作就必须依赖数据分析才能完成，否则，仅凭经验进行决策就有可能出现备货不足或备货过多的问题。

## 7.1.2　数据驱动运营的作用

数据驱动网店运营，其目的是用数据帮助商家实现利润最大化，其作用主要体现在以下 4 个方面。

### 1. 流量运营：优化店铺流量渠道

流量的数据化运营，其作用是帮助商家和运营人员掌握店铺和产品的流量渠道。在流量数据精准运营的时代，运营人员除了要知道有哪些流量渠道以外，还需要知道各渠道的流量大小，以及各渠道流量的质量，如渠道转化率大小、成交量大小、渠道访客停留时间的长短、跳失率大小。这样运营人员才能全方位地掌握流量的指标，进行流量趋势的预测和流量渠道的调整。总的原则是，高质量的渠道流量要加大引流力度，低质量的流量渠道要控制引流力度，否则会影响产品及店铺的转化率。

### 2. 用户运营：维护好新老用户

除了用数据驱动流量运营以外，还可以用数据驱动用户运营，帮助商家维护好与用户之间的关系，增加新老用户的数量。在电商市场中，每一个用户都会发生多种行为，包括访问行为、浏览行为、页面跳转行为、购买行为、评论行为等。根据这些行为建立数据库，并为用户贴上标签，目的是找到优质的用户，更精准地对其进行维护和营销。

### 3. 产品运营：从全店的角度来考虑

网店运营，几乎所有的行为都是围绕着产品来进行的，运营的最终目的就是销售产品。在进行产品运营时，运营人员需要从全店的角度来考虑，而不是从单一产品的角度来考虑。这就是为什么要通过数据分析将店铺的产品分为引流款、利润款、活动款等不同的类型。只有整个店铺的产品相互配合，才能将店铺的销量和利润提升到最大。

### 4. 查缺补漏：增加"额外"收入

数据驱动店铺运营的另一个作用便是查缺补漏。例如在客服优化、减小退货率、提高下单支付率、精准补货、降低库存等方面，运营人员如果不运用数据进行分析，是很难凭经验找出正确的优化方法的。尤其是对于销量较大的店铺来说，查缺补漏工作尤为重要。

【实例 1】

某店铺的日销量是 7500 件，下单支付率是 75%，如果将下单支付率提高 5 个百分点，该店铺的日销量将增加 500 件，以一个月 30 天来计算，店铺的月销量将增加 500×30=15000（件），这将是一个十分可观的销售优化结果。

## 7.2 数据分析的基本流程

数据分析是指在明确分析目的的前提下，对数据进行收集、整理、加工和分析，并提炼出有价值的信息的过程。数据分析的基本流程如图 7-1 所示。

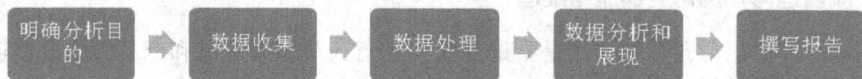

图 7-1 数据分析的基本流程

### 7.2.1 明确分析目的

进行数据分析一定要有目的，不要为了分析而分析。在进行数据分析之前，数据分析人员首先必须明确分析的目的是什么，分析要达到什么样的效果，需要解决什么业务问题。电商数据分析的目的通常应该是熟悉店铺的运营现状或预测店铺未来的运营情况、及时发现店铺存在的问题，或者是为店铺决策提供依据。

例如，×××电商平台与淘宝平台竞争，分析的重点应该是它们各自的流量，而不是交易量，主要分析每天进来多少新用户，销售了多少产品。因为两个平台竞争最核心的问题在于人气（即流量），而不是交易量。×××电商平台需要流量来赚人气，淘宝平台对流量不怎么看重，而是更看重交易转化率及回头率。因此，作为一个电商分析人员，首先要明确数据分析的目的是什么，只有确定了目的，才有分析的方向，也才知道接下来要收集哪些数据；否则，目的不明确，分析就会失去方向和意义，达不到我们想要的结果，是无效的分析。

### 7.2.2 数据收集

在明确分析目的之后，接下来应该收集一些与之相关的数据。例如，如果想要分析转化率和流量之间有没有相关性，那么就需要收集与访客数和转化率相关的数据。收集数据的途径有很多，最常见的有百度指数（分析网络消费者）、阿里指数（分析进货数据）、店铺工具（分析店铺数据）以及数据小插件。

#### 1. 通过百度指数获取数据

百度指数是百度官方通过统计海量网民搜索关键词后，进行基本的数据整理并将数据整理结果进行分享的平台，如图 7-2 所示。在百度指数中可以查询网民的网络消费数据，为电商运营人员的运营决策提供重要依据。

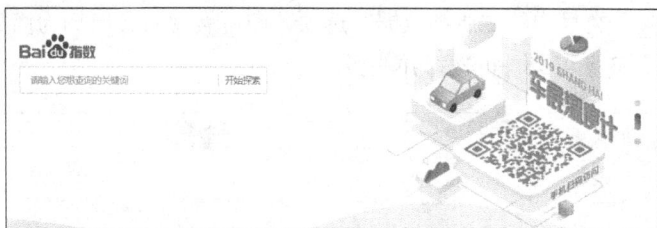

图 7-2　百度指数的首页

　　运营人员可以通过百度数据，了解特定关键词的搜索量和搜索趋势变化，了解当前有哪些热搜词汇，从而找到网民的关注热点或形成某个关键词的人群画像，这些数据能够有效地帮助运营人员进行调研、策划等运营工作。

### 2. 通过阿里指数获取数据

　　阿里指数是由阿里巴巴公司提供的用于分析电子商务市场数据动向的平台，如同百度指数一样，所有人都可以使用，如图 7-3 所示。阿里指数的数据来自阿里巴巴网站每日运营的基本数据，包括淘宝与天猫的搜索数据、网店数据、成交数据、产品数据、访客数据等，数据非常丰富，可以帮助运营人员对比、分析市场，把握市场热点与动向，寻找热销商品品类。

图 7-3　阿里指数的首页

### 3. 通过店铺工具获取数据

　　使用专业的店铺工具来获取数据是一个非常不错的选择。随着电商的不断发展，商家们对大数据运营也越来越重视，电商市场上出现了很多专门针对商家创设的服务市场。这些服务市场中就包含了专门的数据服务工具，利用这些数据服务工具，商家可以轻松获取相应的数据。图 7-4 所示为阿里巴巴旗下的商家服务市场。商家在服务市场首页单击

"运营/管理工具"类目中的"店铺数据"选项，即可展现服务市场为商家提供的一些店铺数据服务工具，商家可以自行选择并购买。

图 7-4　阿里巴巴旗下的商家服务市场

在阿里巴巴的商家服务市场中，使用范围最广的是前面提到过的生意参谋，其首页如图 7-5 所示。该页面是专属于商家的个性化页面，集合了商家常用的数据功能模块，商家在首页中就能够快速地了解店铺的经营数据。

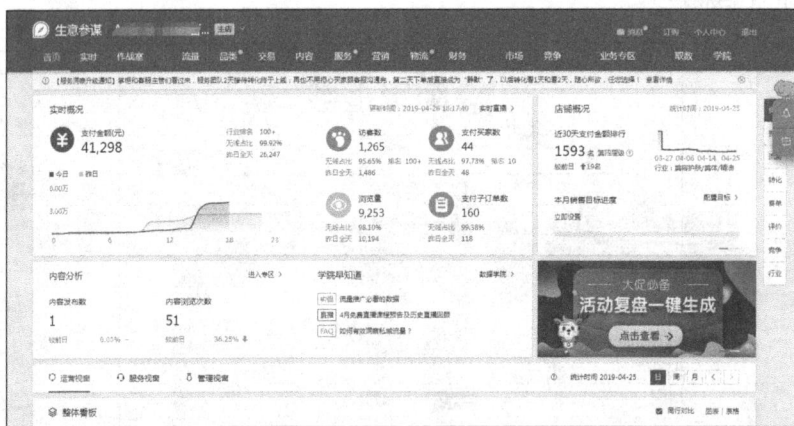

图 7-5　生意参谋的首页

### 4. 通过小插件获取数据

网店的数据工具中，有不少是付费使用的，有的工具的费用太高，商家难以负担。这时商家可以安装一些数据查看软件来查看数据，例如店侦探。店侦探是一款淘宝数据分析工具，它可以免费为淘宝商家提供在线查询服务，全方位剖析店铺运营的瓶颈，查看竞争对手店铺的实时销售数据。店侦探中有很多功能都是免费使用的，并且可以直接安装到浏览器的插件中。店侦探的官网页面如图 7-6 所示，单击"淘宝运营神器"按钮，即可一键安装。

图 7-6　店侦探的官网页面

### 7.2.3　数据处理

数据处理就是指对收集的数据进行加工、梳理，该删除的删除、该计算的计算，然后整理成一种有效的数据形式，以便为数据分析做准备。数据处理在数据分析的整个过程中用时最多，是数据分析中最基本的一个重要环节数据处理的质量决定了数据质量。

扫码看视频

数据处理的软件很多，常用的数据处理软件有 Excel、Python、Spss 和 Matlab 等，其中，Excel 是一款普及性较强且非常容易入门的数据分析软件，能够满足电商分析人员的需要。

#### 1. 建立数据表格文档

数据采集后，需要建立一个规范的数据表格文档，以便于后续对数据的处理（本书只介绍如何使用 Excel 软件来进行数据处理），其操作步骤如下。

（1）新建一个空白文档，将收集到的数据导入到 Excel 中。导入方法有以下 3 种。

　　① 将店铺工具中导出的数据直接导入 Excel 空白文档。

　　② 直接将网页、数据工具中的数据复制、粘贴到 Excel 表格中。

---

**ⓘ 提示**

如果采取将数据复制、粘贴到 Excel 表格中的方式，运营人员需要注意数据粘贴的格式。单击 Excel 工具栏中"粘贴"下拉按钮，从弹出的下拉菜单中选择需要的粘贴选项，如图 7-7 所示。通常情况下，建议选择"粘贴数值"中的"值"选项，因为"值"选项可以将数据以不带格式的纯数字和公式的形式粘贴到 Excel 表格中。也可以单击"选择性粘贴"命令，打开"选择性粘贴"对话框，从中选择更多的粘贴方式，如图 7-8 所示。

图 7-7　数据的粘贴方式

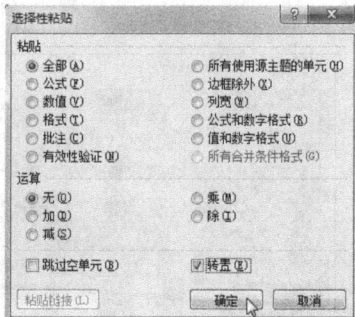

图 7-8　"选择性粘贴"对话框

另外，在"选择性粘贴"对话框中，如果选中"转置"复选框，则可以将横向的数据粘贴为竖向或将竖向的数据粘贴为横向。

③ 将收集的零散数据手动输入到 Excel 表格中。

（2）规范表格内容。无论采用哪种方法导入数据，都需要在 Excel 表格中为数据建立好字段名。每一列数据都应有自己的字段名。例如，第一列数据的字段名是"日期"，第二列数据的字段名是"浏览量"，以此类推，这样才能保证建立的数据库条目清晰、规范，也为后期的数据处理与分析提供了便利，如图 7-9 所示。

| | A | B | C | D | E | F |
|---|---|---|---|---|---|---|
| 1 | 日期 | 浏览量 | 访客数 | 成交用户数 | 成交金额 | |
| 2 | 2019/3/1 | 261 | 108 | 5 | 350.65 | |
| 3 | 2019/3/2 | 301 | 153 | 7 | 950 | |
| 4 | 2019/3/3 | 225 | 102 | 4 | 725.54 | |
| 5 | 2019/3/4 | 268 | 120 | 6 | 1025.34 | |
| 6 | 2019/3/5 | 291 | 150 | 8 | 1275.15 | |
| 7 | 2019/3/6 | 321 | 167 | 5 | 550 | |
| 8 | 2019/3/7 | 242 | 112 | 4 | 386.92 | |
| 9 | 2019/3/8 | 258 | 123 | 3 | 405.05 | |
| 10 | 2019/3/9 | 268 | 118 | 3 | 376.12 | |
| 11 | 2019/3/10 | 304 | 171 | 11 | 2110.17 | |
| 12 | 2019/3/11 | 287 | 111 | 5 | 652.3 | |
| 13 | 2019/3/12 | 269 | 151 | 9 | 1359.78 | |
| 14 | 2019/3/13 | 223 | 133 | 5 | 802.5 | |
| 15 | 2019/3/14 | 248 | 105 | 3 | 325.75 | |
| 16 | | | | | | |

图 7-9　Excel 表格中每一列数据的命名

### 2. 快速去重

在 Excel 表格中可以对原始数据进行快速去重处理，也就是删除重复的数据。例如，要对重复的"关键词"进行去重处理，❶ 选择"关键词"列数据，❷ 单击"数据"选项卡，❸ 单击"数据工具"组中的"删除重复项"按钮，即可对数据快速去重，如图 7-10所示。

图 7-10　快速删除重复数据

## 3. 快速标注数据

在 Excel 表格中可以对一些重点数据进行标注。例如，在图 7-11 所示的表格中，如果要对"搜索指数"中指数大于 100 的数据进行标注，❶ 选择"搜索指数"列数据，❷ 在"开始"选项卡的"样式"组中单击"条件格式"下拉按钮，❸ 从弹出的下拉菜单中选择"突出显示单元格规则"命令，❹ 在子菜单中选择"大于"命令，这时弹出"大于"对话框，❺ 在该对话框中设置条件规则，❻ 单击"确定"按钮，如图 7-12 所示。

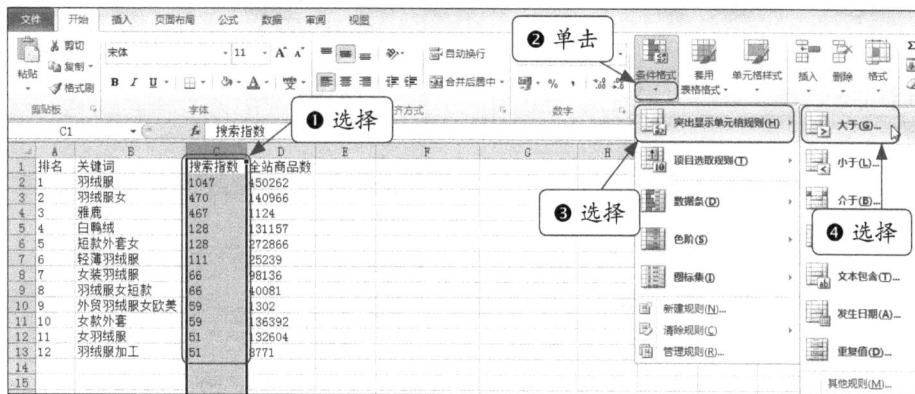

图 7-11　使用"条件格式"命令

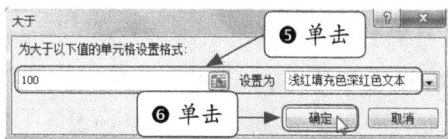

图 7-12　设置条件规则

### 4. 数据分组处理

如果获取的数据量比较大，如包含多个月份的数据或多种流量和转化率的数据等，这时，需要将这些毫无规律的数据进行分组整理，以使后续的数据分析工作更加顺畅、轻松。这里介绍利用数据透视表来对数据进行分组管理的方法，其具体的操作步骤如下。

（1）这里统计了1—3月每月前5天某一产品的销售数据。为了方便对数据按月份进行分析，可进行以下操作：❶ 选择这些数据，❷ 在"插入"选项卡的"表格"组中单击"数据透视表"按钮，如图7-13所示。

（2）这时会弹出"创建数据透视表"对话框，❶ 选择"新工作表"单选项，❷ 单击"确定"按钮，如图7-14所示。

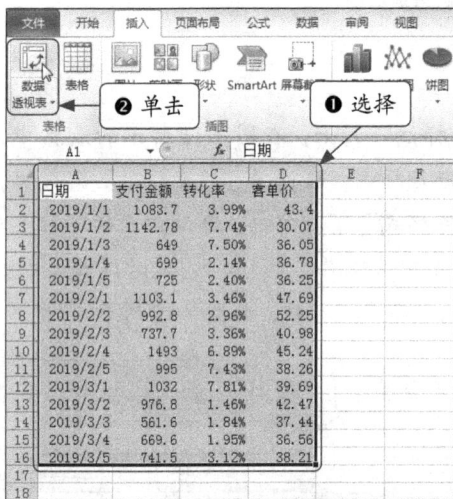

图7-13 插入数据透视表

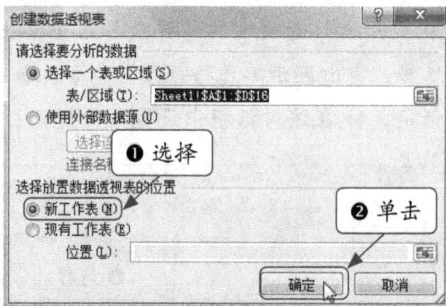

图7-14 "创建数据透视表"对话框

（3）这时在新创建的数据透视表中没有显示字段，需要在 Excel 工作表区域右边的"数据透视表字段列表"中选择需要显示的字段，这里选择全部字段，如图7-15所示。

（4）这时在数据透视表中就显示了选中的字段，接下来需要为数据分组。首先为1月份的数据添加分组。❶ 选择"行标签"列中1月份的5个数据单元格，❷ 在"数据透视表工具"选项卡"分组"组中单击"将所选内容分组"按钮，如图7-16所示。1月份的数据就会被分到一个组中，将这个组的名称修改为"1

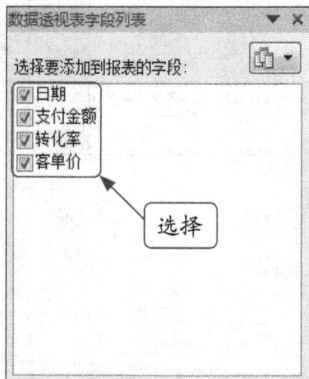

图7-15 选择透视表字段

月份数据”，如图 7-17 所示。

（5）使用同样的方法，为 2 月份数据和 3 月份数据分组，并修改组名。完成分组后，每个月的数据将被分在同一组中一起显示。单击组名称前面的“–”或“+”按钮，就可以收起或展开该组中的数据，如图 7-18 所示。

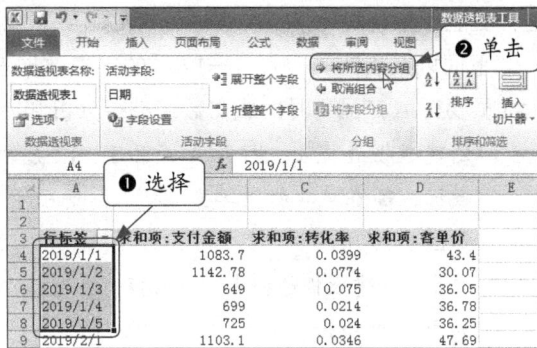

图 7-16　单击“将所选内容分组”按钮

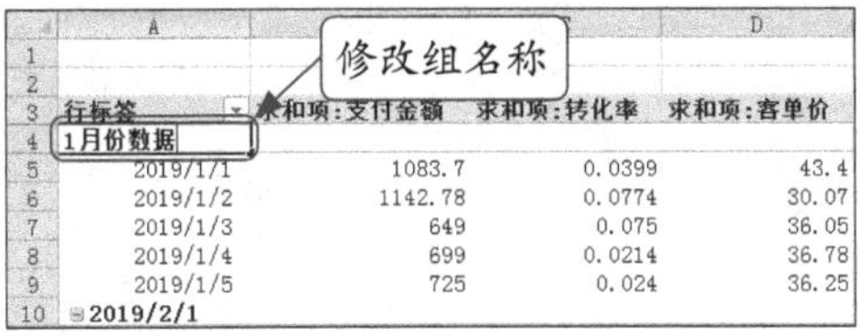


图 7-17　修改组名称

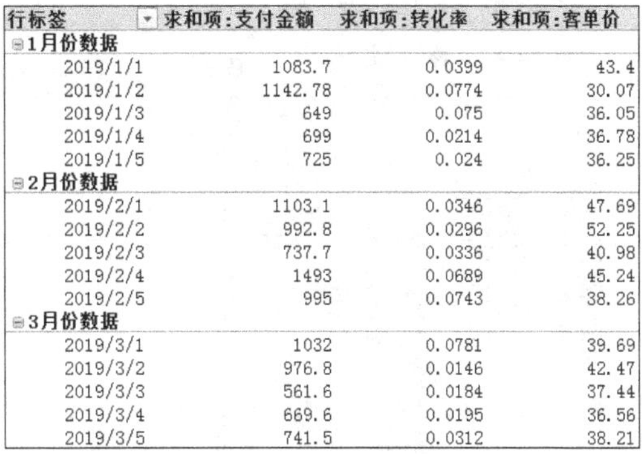

| 行标签 | 求和项:支付金额 | 求和项:转化率 | 求和项:客单价 |
|---|---|---|---|
| ⊟1月份数据 | | | |
| 2019/1/1 | 1083.7 | 0.0399 | 43.4 |
| 2019/1/2 | 1142.78 | 0.0774 | 30.07 |
| 2019/1/3 | 649 | 0.075 | 36.05 |
| 2019/1/4 | 699 | 0.0214 | 36.78 |
| 2019/1/5 | 725 | 0.024 | 36.25 |
| ⊟2月份数据 | | | |
| 2019/2/1 | 1103.1 | 0.0346 | 47.69 |
| 2019/2/2 | 992.8 | 0.0296 | 52.25 |
| 2019/2/3 | 737.7 | 0.0336 | 40.98 |
| 2019/2/4 | 1493 | 0.0689 | 45.24 |
| 2019/2/5 | 995 | 0.0743 | 38.26 |
| ⊟3月份数据 | | | |
| 2019/3/1 | 1032 | 0.0781 | 39.69 |
| 2019/3/2 | 976.8 | 0.0146 | 42.47 |
| 2019/3/3 | 561.6 | 0.0184 | 37.44 |
| 2019/3/4 | 669.6 | 0.0195 | 36.56 |
| 2019/3/5 | 741.5 | 0.0312 | 38.21 |

图 7-18　查看已分组的数据

## 7.2.4　数据的分析和展现

数据的分析和展现是数据分析流程中最为关键的一个环节。在数据的分析和展现环节中，运营人员往往需要利用一些分析工具来帮助自己建立数据模型，以便对数据进行深度分析。数据分析完成后，还需要将数据信息通过图表等方式直观地展现出来。

### 1. 数据的分析

数据分析就是指使用工具（如 Excel、Power BI）和科学的方法（如方差、回归等方法）与技巧对处理好的数据进行分析，挖掘出数据之间的因果关系、内部联系、业务规律，从而获得一些有价值的结论，为项目决策者提供决策参考。

### 2. 数据的展现

数据分析完成后，需要将数据分析的结果呈现给阅读者。为了方便阅读，数据分析者通常会将一些堆砌的数据用图（折线图、饼图、漏斗图、金字塔图等）、表的方式来代替，这样更能形象直观地呈现出数据分析的结果、观点与建议。

下面以某店铺 A 产品 1—12 月的销售数据表为例来讲解数据的分析和展现。假设运营人员要对 A 产品每月的成交数量进行分析和展现，其具体操作如下。

（1）创建数据透视表。打开 A 产品 1—12 月的销售数据表，❶ 选中需要创建透视表的数据，❷ 在菜单栏中单击"插入"选项卡下"表格"组中的"数据透视表"按钮，如图 7-19 所示。

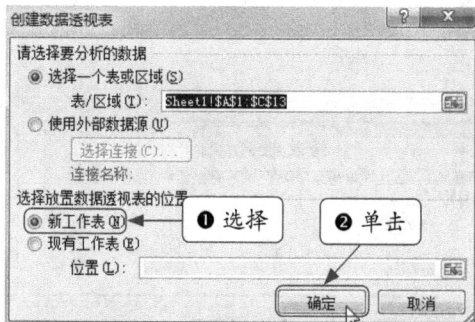

（2）弹出"创建数据透视表"对话框，❶ 选择"新工作表"单选项，❷ 单击"确定"按钮，如图 7-20 所示。

图 7-19　插入数据透视表　　　　　　图 7-20　"创建数据透视表"对话框

（3）在 Excel 工作表区域右边的"数据透视表字段列表"中选择需要显示的字段，这里选择"日期"和"成交数量"两个字段，如图 7-21 所示。

（4）创建好的数据透视表如图 7-22 所示。

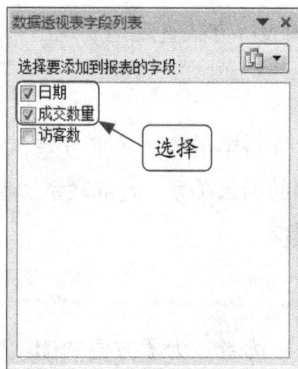

图 7-21　选择透视表字段　　　　　　图 7-22　创建好的数据透视表

（5）为增强展示数据的可读性，可通过图表来进行更直观的展现。❶选中创建好的数据透视表，❷单击"插入"选项卡下"图表"组中的"柱形图"按钮，❸在弹出的下拉列表中选择一个柱形图样式，如图 7-23 所示。

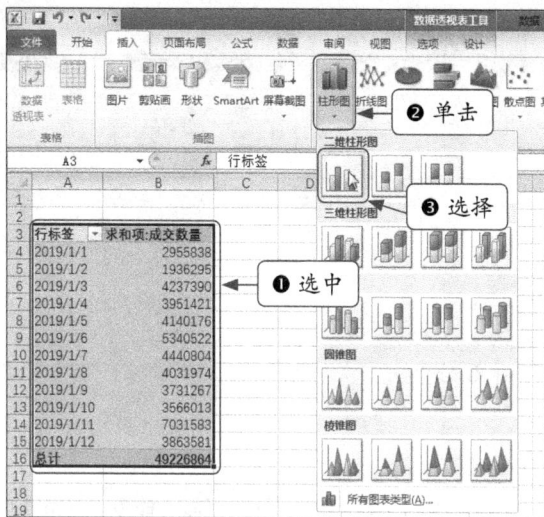

图 7-23　插入图表

（6）插入图表后的数据展现效果如图 7-24 所示。

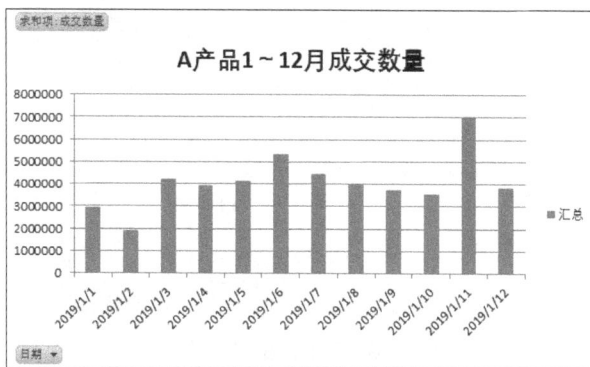

图 7-24　插入图表后的数据展现效果

通过观察该图表可以发现 A 产品并没有明显的季节性特征，全年产品的成交数量总体呈现平稳趋势，其中 11 月由于"双 11"的活动优惠力度比较大，产品销量有一个比较明显的增长。

除了可以对产品的成交数量进行分析以外，还可以对产品的转化率进行分析。根据转化率的计算公式（转化率＝成交数量÷访客数），对 A 产品的转化率进行计算和分析，具体的操作步骤如下。

（1）❶ 选中图7-22所示的数据透视表，❷ 单击"数据透视表工具"选项卡下"计算"
　　　组中的"域、项目和集"按钮，❸ 在弹出的下拉菜单中选择"计算字段"命令，
　　　如图7-25所示。

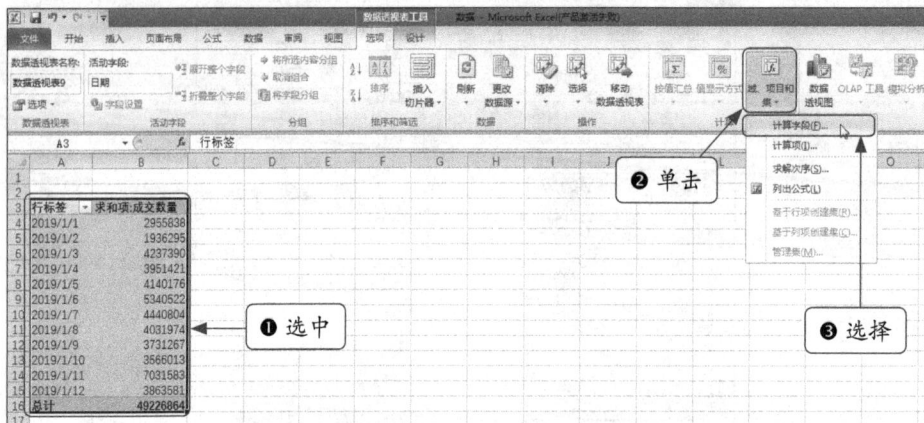

图7-25　选择"计算字段"命令

（2）弹出"插入计算字段"对话框，❶ 在名称栏中输入"转化率"，在公式栏中输入"=
　　　成交数量/访客数"，❷ 单击"确定"按钮，如图7-26所示。

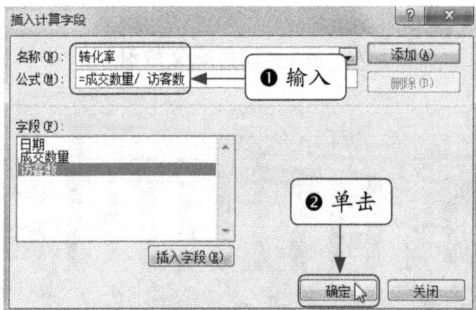

图7-26　设置新的计算字段

（3）此时，会看到转化率字段显示的都是"0"，这是数字格式的问题，需要将数值格
　　　式转换成百分比格式。❶ 选中转化率字段，❷ 单击鼠标右键，在弹出的右键快捷
　　　菜单中选择"数字格式"命令，如图7-27所示。

（4）弹出设置"设置单元格格式"对话框，❶ 在"分类"列表框中选择"百分比"选项，
　　　❷ 单击"确定"按钮，如图7-28所示。

（5）完成"转化率"字段计算的数据透视表，如图7-29所示。

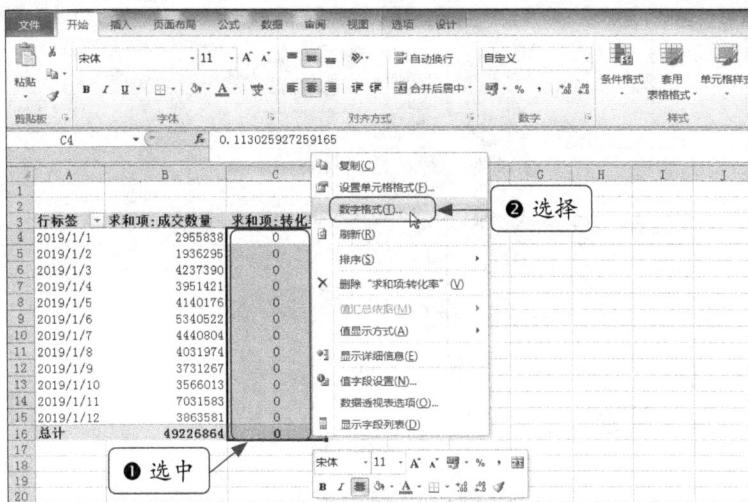

图 7-27 转换数字格式

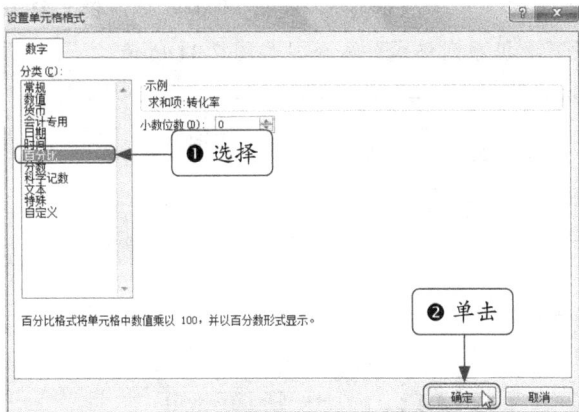

图 7-28 "设置单元格格式"对话框

图 7-29 完成"转化率"字段
计算的数据透视表

通过该数据透视表可以发现 A 产品的转化率基本都在 10% 以上，最高的 11 月甚至达到了 16%。一家店铺正常的转化率通常在 3% 左右，A 产品的转化率远远高于一般店铺的转化率，说明 A 产品对于该店铺来说属于热销产品，商家可以适当加大对该产品的营销推广力度，以获取更多的利润。

为了更加直观、有序地展现数据分析的结果，方便撰写分析报告，可以将"成交数量"和"转化率"两个不同维度的数据以组合图表的形式展现出来，具体的操作步骤如下。

（1）选中该数据透视表，❶ 单击"插入"选项卡下"图表"组中的"柱形图"按钮，❷ 在弹出的下拉列表中选择一个柱形图样式插入，如图 7-30 所示。

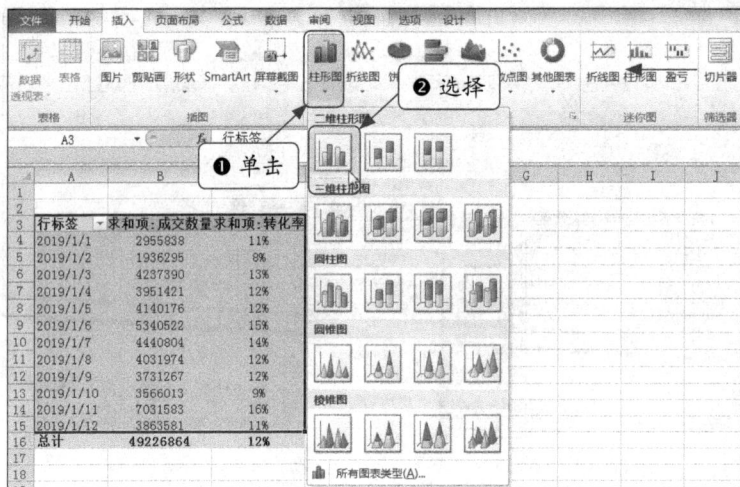

图 7-30　插入图表

（2）在插入的图表中，❶ 选中数值项中的"求和项：转化率"，单击鼠标右键，❷ 在弹出的右键快捷菜单中选中"设置数据系列格式"命令，如图 7-31 所示。

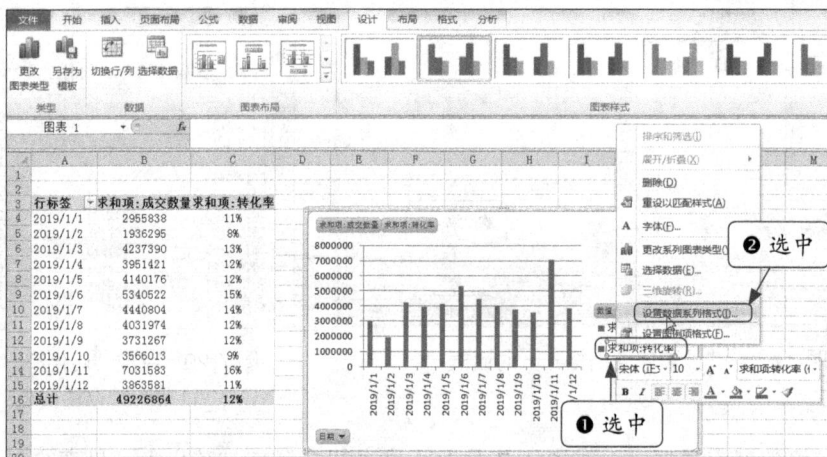

图 7-31　选中"设置数据系列格式"

（3）在弹出的"设置数据系列格式"对话框中，❶ 选择系列绘制在"次坐标轴"，❷ 单击"关闭"按钮，如图 7-32 所示。

（4）❶ 选中图表数值项中的"求和项：转化率"，❷ 单击鼠标右键，在弹出的右键快捷菜单中选择"更改系列图表类型"命令，如图 7-33 所示。

（5）弹出"更改图表类型"对话框，❶ 选择一个折线图样式，❷ 单击"确定"按钮，如图 7-34 所示。

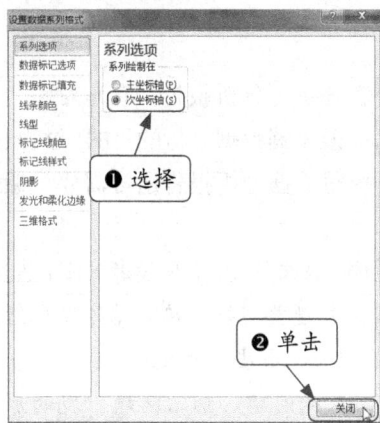

图 7-32  选择"次坐标轴"

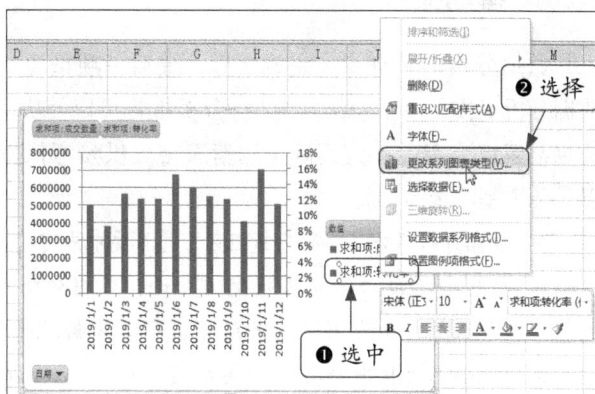

图 7-33  选择"更改系列图表类型"命令

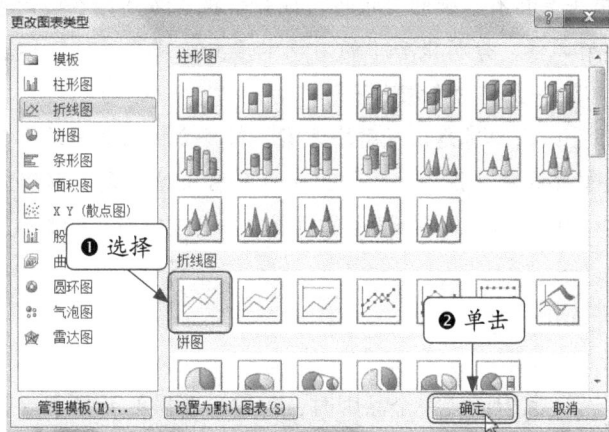

图 7-34  选择折线图样式

（6）单击"确定"按钮后即可看到该图表最终的展现效果，如图 7-35 所示。

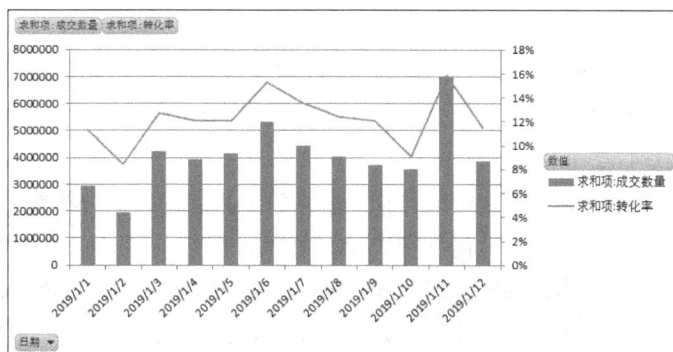

图 7-35  数据的展现

### 7.2.5 撰写报告

数据分析的所有工作完成之后，最后一项重要工作就是撰写分析报告，它是对整个数据分析工作的一个总结与汇报。分析报告可以使决策者有效掌握数据分析的目的、过程、结果与建议方案，并为其制定运营策略提供参考依据。撰写数据分析报告通常需要掌握以下几个基本要点。

> ➢ 数据分析报告需要有分析框架，并且要求内容结构清晰、图文并茂，让阅读者一目了然。

> ➢ 数据分析报告必须有明确的结论，数据分析的目的就是要获得明确的结论（或结果），如果数据分析没有明确的结论，那么分析就毫无价值，也失去了意义。

> ➢ 数据分析报告要具有一定的逻辑性，应该遵守"发现问题→总结问题出现的原因→解决问题"这一流程。

> ➢ 数据分析报告要具有很强的可读性，即分析报告必须站在阅读者的角度去分析，让每个阅读者无障碍阅读，分析报告中的名词术语要必须要规范，标准要统一、前后要一致，不要使用太难懂和生僻的名词术语。

> ➢ 数据分析报告必须要有建议或解决方案，数据分析报告是给项目决策者看的，是决策者做出决策的重要依据，报告仅仅找出问题和给出结果是不够的，决策者更看重的是建议或解决方案。因此，数据分析报告必须要提出具有可行性的建议或解决方案。

## 7.3 数据化市场分析

运营人员在运营一家店铺或一个品牌时，首先需要做的就是了解和熟悉店铺、品牌以及产品所处的市场环境。这时，运营人员往往需要利用数据来帮助自己更快、更高效地掌握店铺、品牌以及产品在市场上的各方面的表现。

### 7.3.1 市场容量分析

所谓市场容量，是指在指定的时间段、指定的区域或品类的市场中，具有购买力及购买意愿的消费者的数量或这些消费者能产生的购买总金额。市场容量越大，其需求量就越大，产品销量自然也就更好。

在对市场容量进行分析时，可以选择一些商家专用版的数据分析软件进行详细的分析。例如，男士 Polo 衫相关行业的数据统计如图 7-36 所示，图中给出了男装各子行业的采购指数、供应指数及其在淘宝市场的需求预测。运营人员利用这些数据对市场容量和市场需求进行分析，能更好地进行产品类目规划。例如，从图 7-31 中的淘宝需求预测可以看出，近一个月内男士 T 恤、男士夹克和男士衬衫的需求是呈现大幅下降趋势的，因此，如果商家选择销售这类产品，销量往往不会太理想。

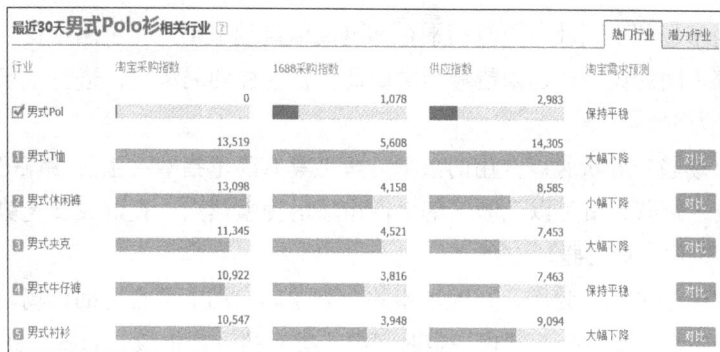

图 7-36　男装各子行业的数据统计图

除此之外，运营人员还可以通过生意参谋来观察市场容量的走势。毕竟某一类目或某一产品一时的市场容量大并不代表其市场容量永远都大，找到市场容量呈上升趋势的品类，才是产品类目规划的关键。

## 7.3.2　数据化品牌分析

通常情况下，销售情况稳定的产品类目，其搜索用户都有一定的品牌偏好，这种品牌偏好将会决定用户最终的购买行为。如果运营人员能分析清楚用户的品牌偏好，对于产品的定位和自身店铺品牌的打造是非常有利的。

运营人员可以在生意参谋的"市场"模块中通过"搜索人群"来分析某一产品的搜索人群的品牌购买偏好。例如，运营人员查看"口红"产品的搜索人群品牌购买偏好后，根据数据可以知道用户所喜爱的口红产品的品牌有哪些，还能够看到该品牌下具体的产品型号，这些信息都非常有助于运营人员进行产品的定位和店铺品牌的打造，如图 7-37 所示。

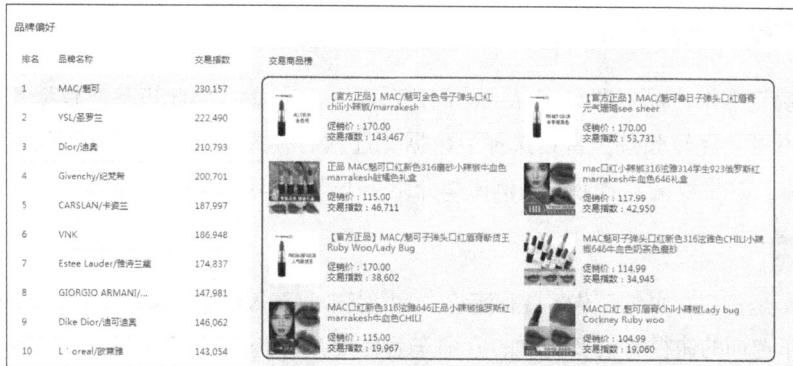

图 7-37　搜索人群品牌购买偏好

### 7.3.3　市场趋势分析

随着电商市场的不断壮大，电商平台和电商商家越来越多，全网销售的产品种类更加丰富，商家之间的竞争也越来越激烈。因此，在这样的局势下，进行市场趋势分析对各商家来说尤为重要。

在进行市场趋势分析时，常用的数据分析工具有阿里指数、生意参谋等。通过这些数据分析工具，运营人员可以及时了解电商市场的搜索热点，查询成交走势，研究市场和产品类目，定位消费人群。

这里以"男士 T 恤"为例，在阿里指数上查看其在淘宝平台上的市场趋势。阿里指数分析的市场趋势可以清楚地展现一定时间内该类目的采购指数，如图 7-38 所示，依据这样的指数分析结果，运营人员在选择销售产品时能够做到因时制宜。

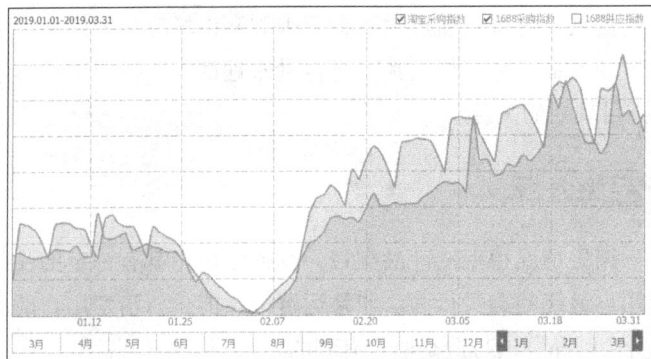

图 7-38　"男士 T 恤"的市场趋势

在阿里指数中，除了行业大盘以外，还有具体的产品属性细分、排行榜等数据，运营人员可以利用这些具体的数据进行市场的趋势分析和总结。

### 7.3.4　数据化选款分析

如何确定热销产品？跟风产品或冷门产品不一定好卖，因此还是要根据数据来准确地选款，不可只凭经验甚至盲目选择。数据化选款的方式有很多，最常用的就是通过直通车来选款。这里以淘宝直通车为例简单介绍一下直通车选款的操作要点。

#### 1. 选词

直通车是淘宝首页的广告，具有流量大、按点击收费等特点，是非常好用的测款工具。通过直通车选词的途径有很多。例如，直通车后台推荐、淘宝搜索栏下拉框、TOP 排行榜等。

在直通车推广前期，关键词安排在二三十个即可，以匹配度较高的精准词为主，以少量热词为辅。几天之后，再去观察、分析关键词的数据，如展现量、点击率、转化率等，根据这些数据对关键词进行调整，接着再添加第二批关键词，推广几天后再次进行优化，这样反复操作即可得到满意的关键词。

**2. 精准测款**

测款要尽量在大流量时段进行，因为大流量时段的测款效果好，相对全时段投放来说花费也较小，总的来说性价比较高。例如，在 9:00—11:00 以及 19:00—22:00 时段，网购平台的流量是较大的，此时适宜测款，至于其他时段，可不测或减少投放比例，这样资金的利用率要高一些。

至于测款的投放地域，应该遵循需求量大的地域多投，需求量小的地域少投或不投的原则。例如暖气片挂架在南方可少投，因为南方仅有少量用户会使用暖气片，需求量较小。同时，在投放时也要充分考虑到产品的季节性，对于受季节影响较大的产品，则应在调研后再决定是否投放。

## 7.3.5　数据化定价

在店铺运营之初，最核心的数据运营工作之一就是为产品定价。科学合理的产品定价，能够有效地刺激用户的购买欲望，为产品打开销路，形成一定的竞争优势。下面就为大家详细讲解一下如何运用数据对店铺产品的价格进行全方位的规划。

**1. 低价位引流量**

在一家店铺中，通常低价位产品的数量应该占全店所有产品数量的 10% ~ 20%。低价位的产品凭借其价格优势往往可以为店铺带来大量的流量和成交量，因此对于新手商家而言，低价位的产品主要是用来增加店铺流量的。商家可以选择款式新颖的产品来吸引用户的目光，以达到为店铺增加流量的目的，进而提高店铺的潜在成交率。

低价位营销是很多商家最常用的营销手段之一，它可以在短时间内提高某一款产品的销量。需要注意的是，运营人员在对低价位产品进行定价之前，首先需要对市场上同款产品的定价进行全方位的了解，明确该产品在哪个价格区间的销量最好。

【实例 2】

在淘宝网上，运营人员可以直接通过"找同款"或"相似款"找到淘宝网上的所有同款产品或相似产品。某品牌的运营人员搜索自营品牌帆布鞋的同款产品，结果如图 7-39 所示。从图中可以看到该产品在淘宝网上共有 479 件同款产品。运营人员在定价时，可以按销量从高到低进行筛选，统计出全网该款产品销量最好的价格区间，最后结合市场行情合理制定出该产品的价格。

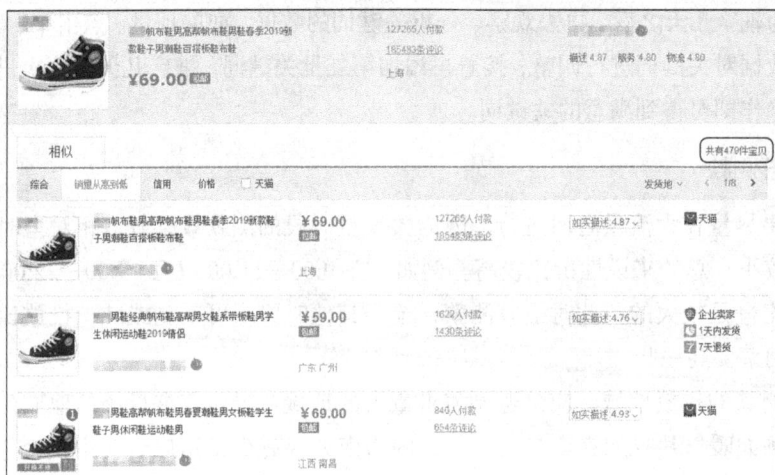

图 7-39　某品牌帆布鞋在淘宝网上的同款产品

### 2. 中等价位盈利

在一家店铺中，中等价位产品的数量应该占全店产品数量的 60% ~ 75%。中等价位的产品不仅数量较多，而且类目齐全、价格适中，用户对价位的接受度高，产品的成交率自然也就较高。因此，从某种程度上来说，中等价位的产品就是店铺的"镇店之宝"。

中等价位的产品一般利润都比较可观，它对整个店铺的发展有着举足轻重的作用。那么，对于中等价位产品的定价，运营人员又该从哪些方面去考虑呢？运营人员在对中等价位的产品进行定价时，要从主力消费群体的实际消费水平和产品类目的细分这两个方面进行考虑。

（1）主力消费群体的实际消费水平。

主力消费群体是影响店铺盈亏的重要因素之一，因此运营人员必须掌握主力消费群体的实际消费水平。运营人员可以参考同类产品的全网均价来制定店铺中所售中等价位产品的具体价格。全网均价是指整个平台或市场上的商家对该类产品的平均定价。在一般情况下，品牌产品的定价高于或低于全网均价的 3 ~ 5 元是一个比较合适的定价范围。

（2）产品类目的细分。

中等价位产品由于类目比较多，运营人员可以将中等价位产品按照质量和材质进行细分。

一种产品要在市场上更具有竞争力，就必须以合适的产品价格和良好的产品质量来满足用户的需求。同等价位的产品，如何才能让用户觉得自己店铺的产品性价比是最高的呢？这时产品的质量是最有说服力的武器。中等价位的产品作为整个店铺的利润款产品，如何平衡其产品价格和质量之间的关系，是运营人员必须要慎重考虑的问题。运营人员应该在保证利润的基础上，也尽量保证产品的质量，以高性价比的产品赢得用户的信赖，提高产品的重复购买率。

按照产品的材质进行细分定价可以表现店铺的专业性，并且市场上绝大多数产品都是可以按照材质进行细分定价的，如服饰、箱包、日用品等。

### 3. 高价位定位品牌

随着社会经济的发展，用户对产品各方面的要求都在不断提高，只有优质的产品才能吸引高端消费群体。高价位的产品正好可以满足一些高端消费群体对优质产品的需求，还能提升店铺的档次，打造品牌形象。

运营人员在为高价位产品进行定价时，首先应该对高端消费群体的消费心理进行分析，了解什么样的价格最能够吸引这部分优质用户。一般高端消费群体的消费心理主要可以分为以下两种。

（1）标签型。

标签型人群的消费心理是购买的产品必须要能够反映其身份和地位。这类人群很在意自己的身份和地位是否能够得到别人的认可。针对这类消费群体，运营人员可以打造一些店铺的 VIP 产品来满足这部分用户希望身份和地位能得到认可的消费心理。

（2）享受型。

享受型人群具有一定的经济实力，喜欢追求更高水平的生活方式，这既包括物质，也包括精神，所以这部分消费群体对商品质量以及相应的服务质量都有较高的要求。针对这类消费群体，运营人员应着力在店铺中培养一部分高级客服，为用户营造一个良好的购物氛围。

## 7.3.6　消费者特征分析

通过分析消费群体的数据，运营人员可以直观地掌握用户的消费习惯、消费能力和分布状况等，从而对其进行精准营销，这就是消费者特征分析的意义。随着消费的不断升级，消费者的消费特征也在不断发生改变。在百度指数的"人群画像"页面中，通过对搜索人群的地域分布和人群属性进行数据统计和分析，运营人员可以很方便地了解目标消费者的特征。下面就以百度指数为例讲解一下如何分析消费者的人群画像。

通过百度指数的"人群画像"功能，运营人员首先可以对关键词的搜索用户地域进行研究。如搜索"衬衣"关键词的结果如图 7-40 所示，搜索用户地域分布结果显示，广东、山东、河南等省份的用户关注度比较高。另外，该功能还可以针对区域和城市进行排名分析。分析关键词的搜索用户的地域分布可以帮助运营人员更精准地投放广告，例如，投放淘宝、天猫的直通车广告，按地域投放将更加精准。

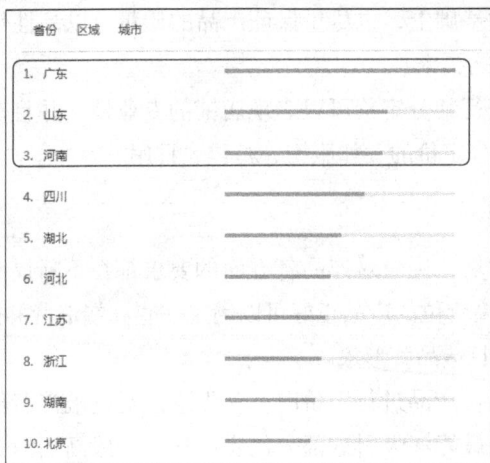

图 7-40　搜索用户的地域分布

在"人群画像"页面中，运营人员还需要关注关键词搜索用户的年龄和性别。搜索"衬衣"关键词的人群属性如图 7-41 所示。从年龄维度分析，搜索"衬衣"关键词的用户年龄主要集中在 30 ～ 49 岁，其中 30 ～ 39 岁人群占比为 40%，40 ～ 49 岁人群占比为 35%。从性别维度分析，搜索"衬衣"关键词的用户中男性用户略多于女性用户，占比为 56%。综合以上两项数据指标分析，运营人员应该在确定产品的风格款式、价格定位等方面重点考虑 30 ～ 49 岁男性消费者的需求和消费特点。

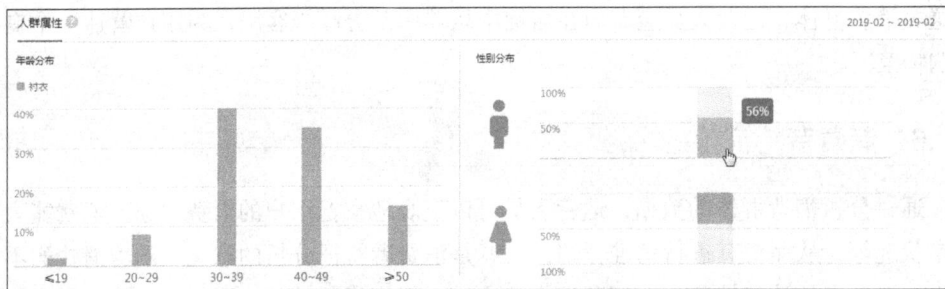

图 7-41　搜索用户的人群画像

## 7.4　数据化店铺诊断

随着大数据时代的到来，数据化运营已经渗入电商运营工作的方方面面。通过对店铺中各项数据的分析，店铺运营人员可以及时有效地找出店铺运营过程中存在的各种问题，进行进一步的优化和改进。

扫码看视频

## 7.4.1　访客分析

很多电商商家在运营店铺时常常会遇到这样的困惑，店铺明明有不少流量，但转化率却不高。这主要是由于商家对店铺的访客不够了解，没办法做到精准营销。因此，运营人员在做数据分析时必须要对访客的数据进行分析。在生意参谋数据分析工具中有专门的访客分析模块，可以很好地帮助运营人员进行访客数据分析。

运营人员进入生意参谋首页，依次单击"流量""访客分析"就能够进入访客分析页面了。在该页面中一共有两个板块，一个是"访客分布"板块，另一个是"访客对比"板块。

### 1. 访客分布

在访客分布板块中，可以看到访客来访时间、访客地域分布、访客的特征与行为习惯等数据信息的汇总与展示。

（1）时段分布。

时段分布中可以查看店铺访客的来访时间段以及下单的时间段情况，如图 7-42 所示。

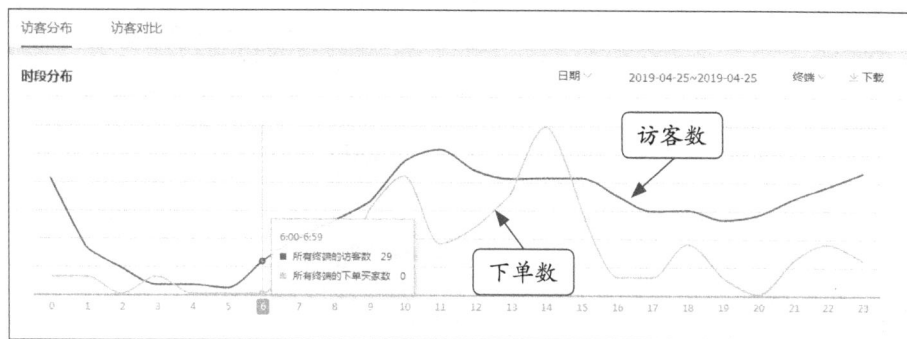

图 7-42　访客时段分布

从图 7-37 中可以看出，访客的访问高峰期是 10:00—11:00，以及 22:00—24:00 这两个时段，运营人员可以通过对这些时段进行优化来合理设置产品的上下架时间，并进行直通车的推广。例如，运营人员可以把店铺的主要产品安排在访客高峰时段上下架，直通车也可以重点投放在访客高峰时段。

（2）地域分布。

在地域分布中，运营人员可以查看"访客数占比排行"和"下单买家数排行"。通过查看这两个排行榜，运营人员可以清楚地知道哪个地区的访客和下单用户最多，应该对哪个地区的用户进行重点运营。例如，某店铺的访客和下单用户主要集中在广东省、江苏省、浙江省这 3 个省份，那么运营人员就应该重点在这 3 个省份加大推广运营的力度，比如加大这 3 个省份直通车的投放量、针对这 3 个省份进行专场的促销活动等，尽可能地提升这 3 个省份的流量和转化率。

（3）特征分布。

特征分布中包括淘气值分布、消费层级、性别、店铺新老访客等内容，如图 7-39 所示。通过分析图 7-43 可以发现，淘气值 1000 以上的用户下单转化率较高；老用户转化率高于新用户；女性用户转化率高于男性用户。根据这些数据信息，运营人员可以针对这部分转化率高的人群做一些定向营销，如对老用户发放优惠券、多上架一些女性商品等。经过这样的优化，店铺盈利会继续攀升。

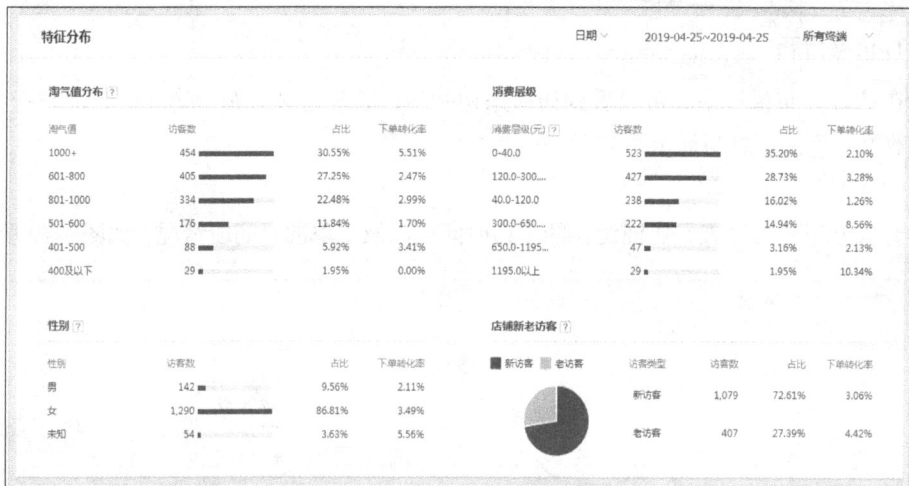

图 7-43　访客特征分布

（4）行为分布。

行为分布主要是用于查看和分析访客是通过什么关键词进入店铺的，如图 7-44 所示。关键词能够很好地表达用户的需求，通过查看行为分布中的来源关键词 TOP5，运营人员可以找到店铺引流过程中最重要的 5 个关键词，并重点优化和维护这 5 个关键词。

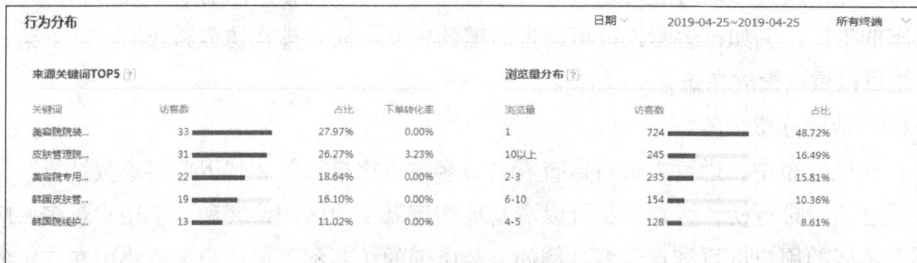

图 7-44　访客行为分布

### 2. 访客对比

访客对比板块是针对"未支付访客""支付新买家""支付老买家"3类访客的消费层级、性别、年龄、地域 TOP、营销偏好以及关键词 TOP 所做的对比分析，这些对比数据能够帮助运营人员不断优化和调整店铺的定位。

访客的消费层级分析如图 7-45 所示。通过店铺访客的消费层级展现，运营人员可以判断店铺用户的正常消费能力。例如，根据图 7-45 中的数据可以得知这家店铺的大多数访客的消费层级为 0 ～ 40 元，因此运营人员在对产品进行定价时应该尽量将产品的价格设置在这个区间范围内，以便更多的用户能够接受。

图 7-45　访客的消费层级

访客性别和年龄分析这两个部分的重点在于查看店铺主要用户群体的性别和大致的年龄段，然后再在产品卖点、主图、详情页以及客服话术等方面做一些优化。根据图 7-46 所示的访客性别和年龄分析数据可以知道，这家店铺的用户大多数为女性，主要年龄段为 18 ～ 30 岁，因此，运营人员在做运营时应重点考虑 18 ～ 30 岁女性用户的需求和消费特点。

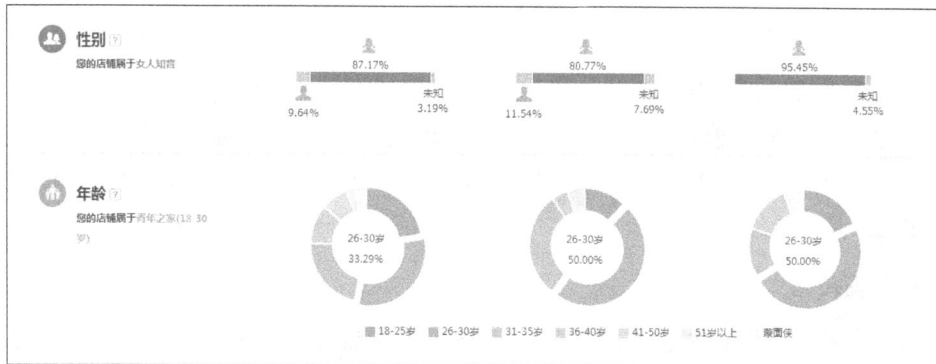

图 7-46　访客性别和年龄分析

在访客对比板块，运营人员还可以针对店铺用户的地域、营销偏好和搜索关键词进行分析。某家店铺的用户主要来源如图 7-47 所示，从图中可以看出，用户主要来源于广东省、河北省、山东省和四川省，喜欢聚划算、优惠券等营销方式，并且店铺的用户有常用的固定搜索关键词。根据这些数据，运营人员可以强化店铺或产品的地域特色风格，比如在页面设计中适当加入一些地域元素；根据访客的营销偏好制定有针对性的营销推广活动，如访客喜欢提供优惠券的营销方式，运营人员就可以在店铺首页中设置显眼的优惠券领取入口；根据访客搜索的关键词运营人员还可以进一步优化店铺和产品的风格、产品价格以及产品的标题等。

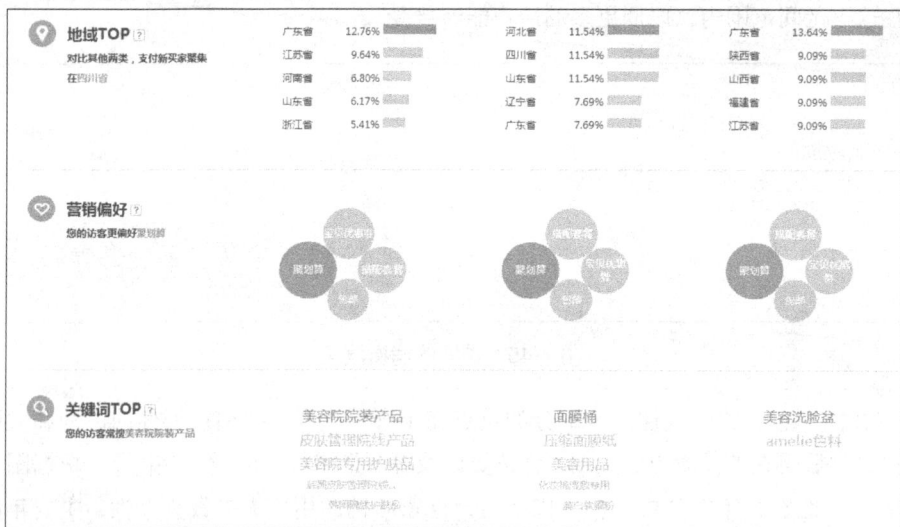

图 7-47　访客地域、营销偏好、搜索关键词分析

## 7.4.2　转化分析

在众多的数据化参考指标中，商家最关注的指标莫过于店铺的转化率，因为转化率的高低将直接影响店铺的利润和发展。转化率跟产品的价格、页面的设置以及客服的应答等因素都有着密切的关系。下面就从页面转化和客服转化这两个方面来详细地分析一下店铺的产品的转化率。

### 1. 页面转化

很多商家发现，虽然花费了较多资源引流，但店铺的转化率并不高，很多用户仅仅浏览了一个页面就离开了。后台统计的店铺访客数在不断增加，但是跳失率也随之增长。跳失率的具体含义曾在 1.4.1 小节的表 1-4 中讲解过，是指在访问一个页面后，没有点击任何链接就关闭页面离开的用户与访问该页面的用户总量之比。

如果一家店铺的跳失率较高，那么它的有效进店率就比较低，而有效进店率恰恰是影响转化率的关键指标之一。下面先来看看有效进店率的相关公式。

$$店铺访客数 = 有效进店人数 + 跳失人数$$

$$有效进店率 = 有效进店人数 \div 店铺访客数 \times 100\%$$

有效进店人数是指访问至少两个店铺页面才离开的访客数。

在掌握了相关的数据后，运营人员可以根据店铺不同页面的访问量对流量进行细分，并根据页面平均停留时间等对店铺的页面转化做相关的分析。这里以 A 店铺的流量分布为例进行分析，如表 7-1 所示。

**表 7-1 A 店铺的流量分布表**

| 访问页面 | 浏览量 | 访客数 | 页面平均停留时间 / 秒 |
|---|---|---|---|
| 首页 | 6012 | 1210 | 120 |
| 分类页 | 2958 | 700 | 60 |
| 产品详情页 | 6500 | 1795 | 150 |
| 自定义页 | 2017 | 788 | 10 |
| 搜索页 | 3500 | 1251 | 69 |
| 其他 | 1200 | 110 | 30 |
| 合计 | 22187 | 5854 | |

（1）页面流量占比。

不同的页面流量占比不同，店铺的各类页面流量的分布直接反映了店铺的健康状况。A 店铺不同页面的流量占比如图 7-48 所示。

首页是整个店铺的门面，也是流量转化的中转站，但是首页的流量占比一般不宜超过 15%，因为店铺的交易主要是在产品详情页中完成的，所以产品详情页的流量占比至少要达到 50% 才算健康。在图 7-48 中，该店铺的首页流量占比为 27%，产品详情页流量占比为 29%，说明店铺的首页流量占比过高，而产品详情页的流量没有达到健康标准。因此，该店铺的运营人员接下来应当对店铺首页进行优化，并提升产品详情页的流量占比。

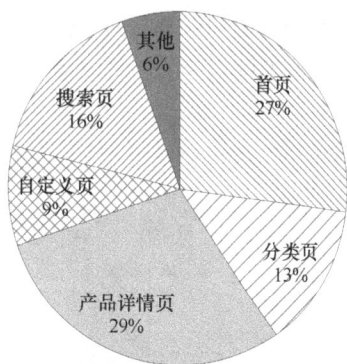

图 7-48 店铺不同页面的流量占比

分类页就是店铺的产品列表导航页，流量占比一般应为 20% 左右。在图 7-48 中，该店铺的分类页流量占比为 13%，说明该店铺分类页的设计存在一定问题，运营人员需要深入优化分类页。

　　搜索页是指用户在店铺首页的搜索框中输入关键词后显示的页面，如图 7-49 所示。搜索页中有搜索栏，方便用户快速搜索自己想要购买的产品。搜索页的流量占比一般在 10% 左右为最佳。在图 7-48 中，该店铺的搜索页流量占比为 16%，超出了正常的范围，如果搜索页的流量占比过高，说明用户在搜索页搜索多次也没有找到自己想要购买的产品。

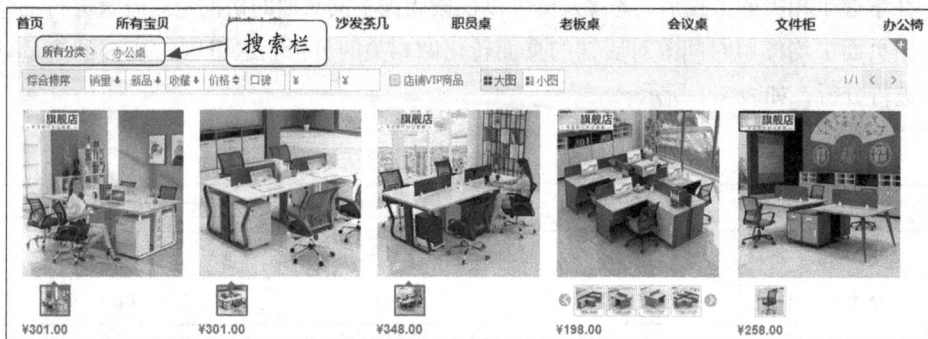

图 7-49　搜索页面

　　自定义页是指店铺自定义设置的页面，该页面一般会用来介绍品牌故事、导购服务流程以及售后服务等。这类页面由于功能有限，所以流量的占比不用太大，一般在 5% 左右就可以了。在图 7-48 中，该店铺的自定义页流量占比为 9%，显然偏高，运营人员可以对该自定义页进行调整，降低其流量占比。

　　（2）页面平均停留时间。

　　页面平均停留时间是指单位时间内，用户浏览某个页面所花费时长的平均值。用户在某个页面的停留时间越长，表明该页面对用户的黏性越强，页面转化的可能性也就越高。A 店铺不同页面的平均停留时间如图 7-50 所示。

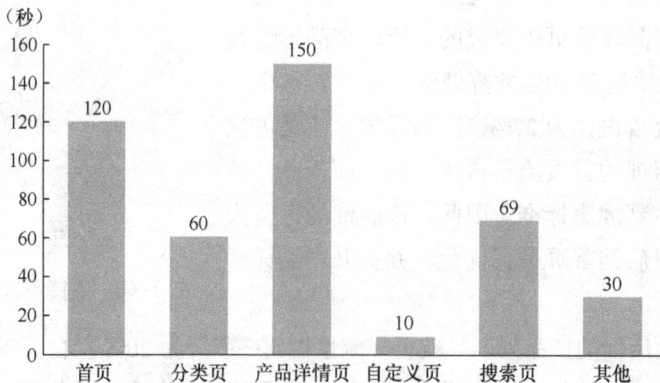

图 7-50　A 店铺各页面平均停留时间

并不是所有页面的平均停留时间都是越长越好，根据图 7-46 中 A 店铺各页面平均停留时间来分析，可以看到用户在浏览该店铺的首页和产品详情页时停留时间较长。

首页的平均停留时间较长，说明用户没有在较短的时间内找到自己想要的产品，因此运营人员应该对店铺首页进行整改。店铺首页的设计应该简洁大方、操作性强，使用户能够在第一时间内找到自己想要购买的产品。

产品详情页的平均停留时间越长，越说明用户对该产品很感兴趣，愿意花更多的时间去了解该产品。因此，产品详情页的平均停留时间越长，潜在的成交转化率就越高。

此外，运营人员也要关注店铺的分类页和搜索页的平均停留时间，分类页和搜索页的主要功能是帮助用户在最短时间内找到想要购买的产品，并引导用户进入产品详情页进行深入的访问。因此，运营人员最好在分类页设置筛选功能，以更好地帮助用户选择感兴趣的产品。

**2. 客服转化**

商家通过对店铺各类页面进行优化，可以吸引大量用户进入更深层次的页面进行访问。当用户在访问过程中产生了一些疑问时，绝大多数用户都会与店铺的客服进行交流，如果客服人员能够顺利地解答用户的问题，用户下单购买的可能性就会很大，这也就是大家常说的询单转化率。

询单转化率是指用户通过咨询客服而成功下单的人数比例，其具体的计算公式如下。

$$询单转化率 = 付款订单数 \div 有效咨询量 \times 100\%$$

询单转化率是考验店铺客服人员对产品知识掌握程度的一项重要指标，因此，要想提高店铺产品的询单转化率，客服是关键。如果客服人员的专业性较强且服务态度较好，能在短时间内解决用户的疑问，那么店铺产品的询单转化率自然会比较高。

## 7.5　竞争对手分析

分析和研究竞争对手，并通过学习对手的先进经验来提升自身业绩是企业的必修课之一。运营人员通过数据对比的方法，可以有效地找出

扫码看视频

自己的店铺产品与竞争店铺和竞争产品之间的差距，然后根据数据反馈问题，制定出有针对性的营销方案。下面以生意参谋中的竞争模块为例讲解竞品数据分析和竞店数据分析。

### 7.5.1　竞品数据分析

在生意参谋中分析竞品数据主要有 3 个步骤，首先是添加竞品，其次是竞品数据对比，最后是竞品的关键词挖掘。

### 1. 添加竞品

添加竞品的方法：在生意参谋中，❶单击"竞争"选项卡，❷单击"监控品牌"选项卡，❸单击"竞争商品"选项卡，❹单击"查询竞品"下的"+"按钮，添加需要监控的竞品，如图 7-51 所示。

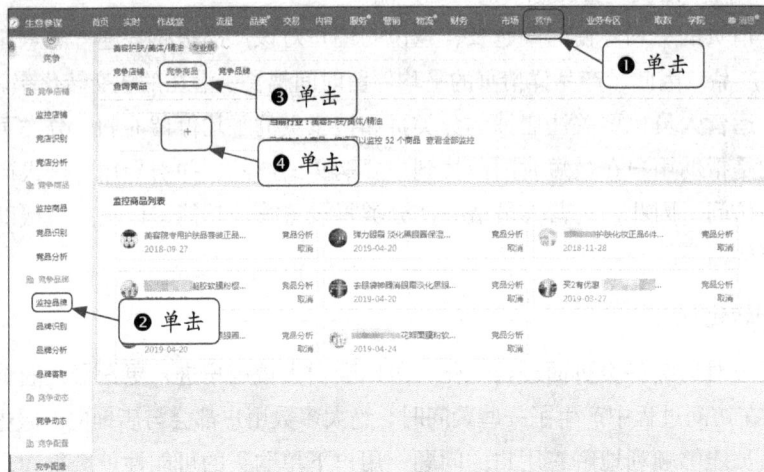

图 7-51　竞品添加

### 2. 竞品数据对比

查看竞品数据对比的方法：在生意参谋中，❶单击"竞争"选项卡，❷单击"竞品分析"选项卡，打开竞品数据对比页面，如图 7-52 所示。在竞品数据对比页面，展示了自己店铺单品与竞品之间的关键指标对比，包括流量指数、交易指数、搜索人气等。

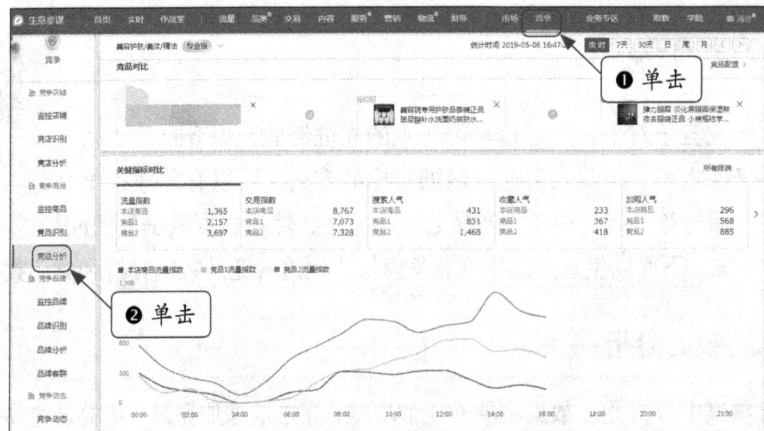

图 7-52　竞品数据对比

　　运营人员通过研究竞品数据的变化情况，可以找出自己店铺的产品与竞品的差距以及优势，进而精确有效地找出解决办法，进一步优化店铺单品的各项关键指标。例如，运营人员在分析竞品数据时，发现竞品的流量指数比自己店铺产品的流量指数高很多，那么就说明自己店铺中的这款产品的引流效果不是很好，这时运营人员就应该想办法通过各种手段来增加这款产品的流量。

### 3. 竞品的关键词挖掘

　　竞品的关键词挖掘包括引流关键词的挖掘和成交关键词的挖掘。查看竞品关键词的方法：在生意参谋中，❶ 单击"市场"选项卡，❷ 单击"市场排行"选项卡，❸ 单击"商品"选项卡，可以看到商品排行榜，❹ 如果有要查看的竞品，可单击该竞品右侧的"趋势分析"按钮，如图 7-53 所示。

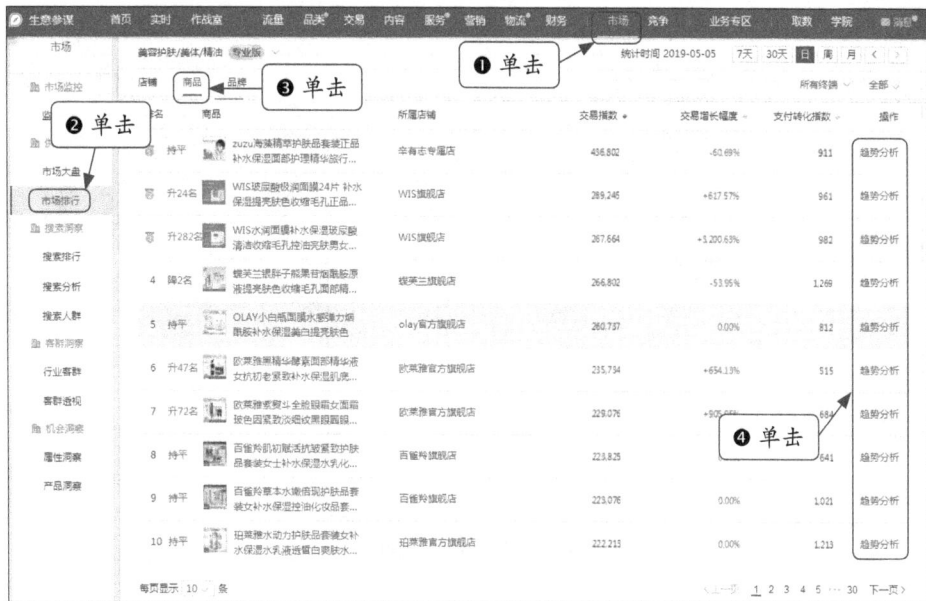

图 7-53　查看竞品详情

　　在竞品的详情分析页面，运营人员可以看到竞品的引流关键词和成交关键词排名，如图 7-54 和图 7-55 所示。运营人员可以综合分析竞品的引流关键词和成交关键词，研究这些关键词的转化情况，然后根据竞品数据对店铺的产品标题以及引流关键词做出适当的调整和优化。

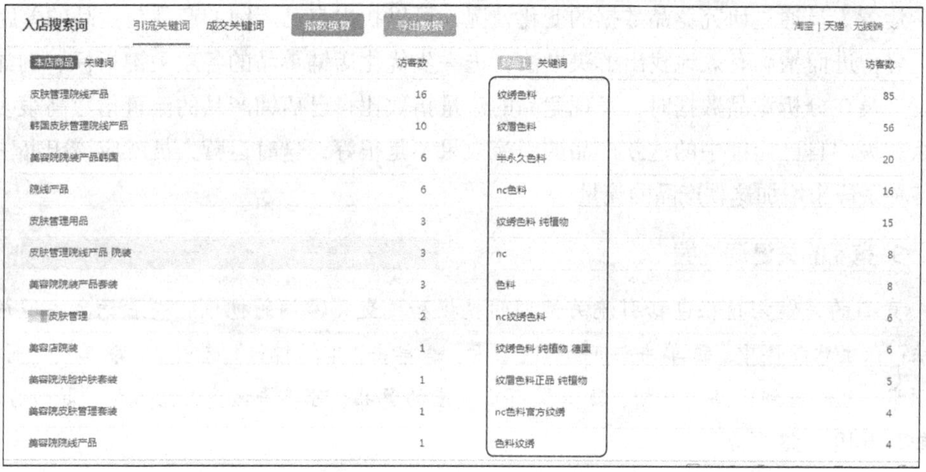

图 7-54　引流关键词

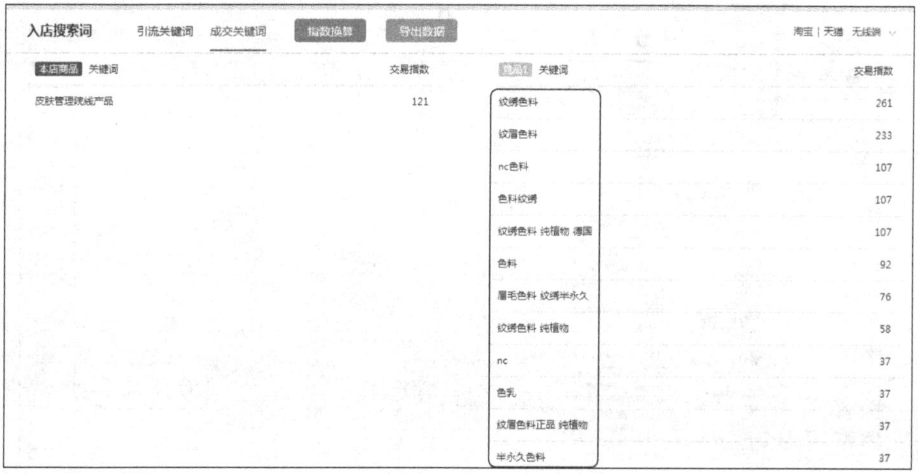

图 7-55　成交关键词

## 7.5.2　竞店数据分析

竞店数据分析也分为 3 个步骤，首先添加竞店，然后查看竞店的数据概况，最后进行竞店数据对比。

### 1. 添加竞店

添加竞店的方法：在生意参谋中，❶单击"竞争"选项卡，❷单击"监控店铺"选项卡，❸单击"竞争店铺"选项卡，❹单击"+"按钮，添加需要监控的竞店，如图 7-56 所示。

图 7-56　添加竞店

### 2. 查看竞店数据概况

查看竞店数据概况的方法是如下。

在生意参谋中，❶ 单击"竞争"选项卡，❷ 单击"监控店铺"选项卡，打开"监控店铺"页面，即可查看监控中的所有竞店的关键指标。❸ 对于需要详细分析的店铺，可以单击"竞店分析"按钮进行分析，如图 7-57 所示。运营人员通过分析竞店的各项店铺指标，可以对行业的主要竞争环境有个初步的认识。

图 7-57　查看竞店概况

### 3. 竞店数据对比

竞店数据对比的方法如下。

　　在生意参谋中，❶单击"竞争"选项卡，❷单击"竞店分析"选项卡，打开店铺数据对比页面，如图 7-58 所示。在店铺数据对比页面，运营人员可以看到本店和竞店的关键指数对比。运营人员需要实时关注竞店数据，取长补短，根据竞店数据对自己的店铺进行优化。

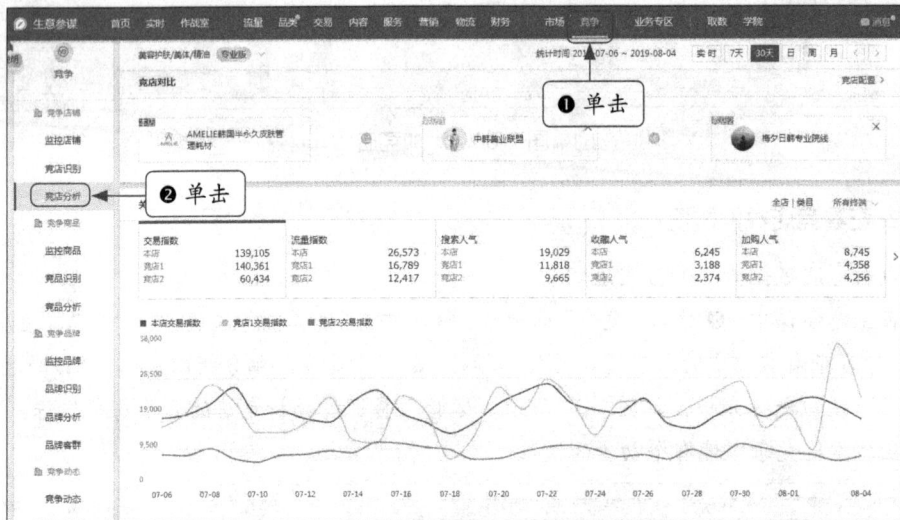

图 7-58　竞店数据对比

### 【实例 3】

　　A 店铺与 B 店铺进行数据对比，在店铺关键指标的对比中，A 店铺的运营人员发现A 店铺的流量指数、搜索人气等指标均比 B 店铺高，但交易指数却比 B 店铺低很多，这说明 A 店铺虽然在引流方面做得不错，但成交转化率并不高。因此，A 店铺的运营人员应该优化店铺的页面设计和客服服务，进一步提升店铺的成交转化率。

## 实践与练习

1. 某家新店铺在经过一段时间的运营和推广后，有了一定的流量和人气，但商家渐渐发现店铺的跳失率很高，产品的成交转化率很低。针对这种情况，运营人员应该如何分析出现这种状况的原因？找到原因后运营人员又应该如何提升产品的成交转化率？

2. 请利用数据化选款分析的方法为店铺挖掘一款潜力爆款产品，简述选款的步骤即可。

# 第8章

# 综合案例分析

在电商运营的过程中，成功之路不尽相同，有的是通过详尽的调研与规划来力争上游；有的是通过做好产品，推广品牌来谋求发展；有的则是通过强推爆款，带动全店销量，从而实现盈利，等等。下面通过几个综合案例，将前面讲解过的理论与案例中的实际经验结合起来，较为完整地展现如何在具体行业中开展运营工作。

## 8.1 水果店如何从零到行业 TOP10

A 网店是一家新开的销售水果的店铺，由于店主拥有自己的水蜜桃果园，并且在线下市场也有一定的销售渠道，因此，该店铺将水蜜桃作为网店的主营产品。运营人员将店铺的产品划分为建设期、推广期和维护期 3 个阶段进行具体的运营工作。

### 8.1.1 建设期

在建设期，运营人员首先需要对产品进行视觉建设，接着需要为产品设置标题，然后要选择产品的切入时机，最后需要进行基础销量的裂变工作。

扫码看视频

#### 1. 视觉建设

视觉建设是指对产品的主图、详情页和短视频进行定位、设计和优化。

首先，店铺的运营人员需要根据用户特征数据分析来为视觉制作工作进行定位。具体操作如下。

打开生意参谋，进入"市场"页面，单击页面左侧导航栏中的"行业客群"超级链接，进入"行业客群"页面，在该页面中可以对用户的属性画像进行分析，如图 8-1 所示。运营人员通过对用户的年龄、性别、地区等特征数据进行分析，可以对水蜜桃的主图、详情页和短视频的设计进行定位。

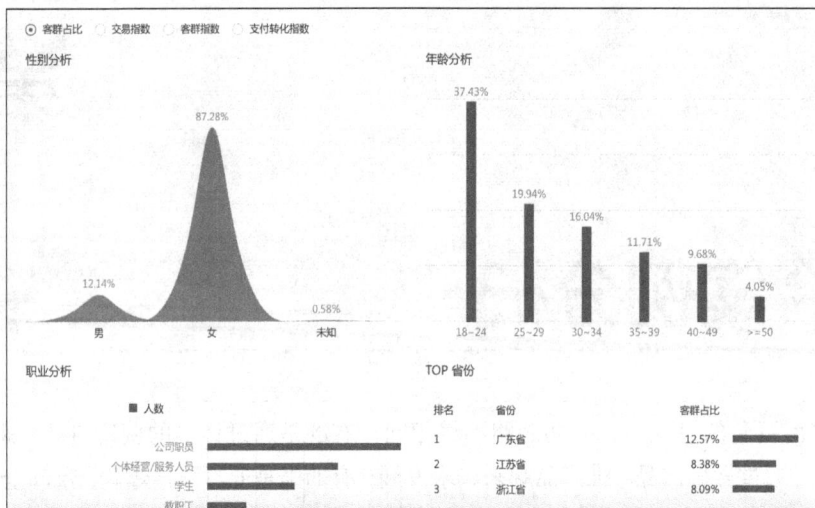

图 8-1　用户的属性分析

接下来，店铺的运营人员要对产品的主图、详情页和短视频进行具体的视觉设计和优化。视觉设计直接影响着店铺的各项数据，如点击率、页面访问深度、跳失率等。好的视觉设计能够有效提高店铺及产品的转化率。运营人员需要根据店铺品牌以及产品的特性进行图片和视频的拍摄与制作。

（1）产品主图。

A 网店的运营人员最初设计了 15 张主图，在对这 15 张主图进行全方位的评比后，最终选择了两张具有代表性的主图。其中一张主图主要是突出水蜜桃这个产品，图片中展示的是又大又鲜嫩的水蜜桃，水蜜桃上有水珠，旁边还有几片叶子，突出了水蜜桃新鲜、色泽诱人等特点，如图 8-2 所示。另一张主图展示的是水蜜桃的采摘场景，一位满脸皱纹的老农正在水蜜桃果园中采摘香甜可口的水蜜桃，目的是说明水蜜桃是直接在自家果园中采购的，而不是从别的商家那里分销或代销的，如图 8-3 所示。

图 8-2　水蜜桃产品图片

图 8-3　水蜜桃采摘图片

　　运营人员使用直通车对这两款主图进行测图，测图结果显示点击率更高的是老农采摘水蜜桃的这张图。运营人员分析原因后发现，大多数水蜜桃商家都将水蜜桃产品本身作为主图，而 A 网店的主图采用了采摘水蜜桃的实景图作为主图，这就突出了产品的差异性，所以其点击率更高。

　　（2）产品详情页。

　　在产品详情页的设计上，A 网店的运营人员采用的是产品实物图与实景图相结合的方式，既利用产品实物图介绍了水蜜桃的卖点，又通过还原种植、采摘现场的实景图向用户介绍了水蜜桃的生长环境以及水蜜桃的种植、培育和采摘过程。除此之外，运营人员还在产品的详情页中展示了产品的包装、水蜜桃的清洗方法（见图 8-4）以及一些新式的吃桃方法。丰富的详情页内容可以让用户更全面地了解产品，增加用户的页面访问深度，从而提高产品的转化率。

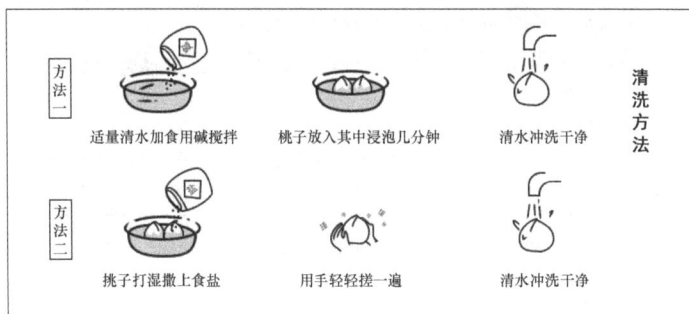

图 8-4　产品详情页中的水蜜桃清洗方法介绍

　　（3）短视频。

　　在短视频策划与拍摄方面，A 网店的运营人员也使用了当地人在丰收的果园中集体采摘水蜜桃的场景，向用户展示了水蜜桃丰收的真实盛况，如图 8-5 所示。这种利用真实场景来宣传产品的方式，提高了用户对产品的信任度。

### 2. 设置标题

　　设置标题主要是关键词的选择。A 网店的运营人员在生意参谋的"市场"模块中把所有关于水蜜桃的关键词都收集起来，然后根据搜索人气选择线上人气高、产品少的关键词，最后根据产品与关键词的匹配程度确定了最终的产品标题——水蜜桃多汁 新鲜超大桃子水果 5 两左右 12 个礼盒装现摘。

图 8-5　水蜜桃实景短视频

> **ℹ️ 提示　关键词一定要与产品相匹配**
>
> 　　运营人员在选择关键词时，千万不要选择匹配程度不高的关键词，因为关键词与产品的匹配程度不高，即使引来了流量，该流量也没有转化的可能。例如，A 网店如果使用"黄桃"这一关键词，可以为店铺引来一部分用户，但这些用户进店后发现店铺销售的是水蜜桃而不是黄桃，就会马上离开，所以这部分流量属于无用的流量。因此，运营人员在选择关键词时一定要注意关键词要与产品相匹配。

### 3. 切入时机

　　通常产品上市都会选择一个最佳的切入时机，特别是季节性强的产品，水蜜桃就属于这类产品。A 网店的运营人员通过搜索水蜜桃销售关键词发现，水蜜桃销售的旺季几乎每年都在 5 月。为了能在 5 月的销售旺季取得好的销售成绩，运营人员在 4 月就开始对即将上市的水蜜桃进行大量的推广宣传，并且通过预售的方式积累一些基础销量，如图 8-6 所示，为 5 月水蜜桃的大面积上市做好充分的准备。

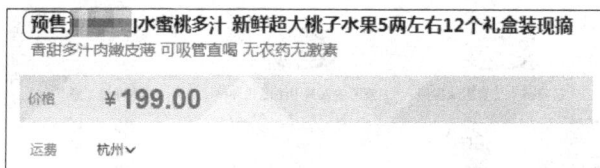

| **预售** | ▇▇▇▇水蜜桃多汁 新鲜超大桃子水果5两左右12个礼盒装现摘 |
| :-- | :-- |
| | 香甜多汁肉嫩皮薄 可吸管直喝 无农药无激素 |
| 价格 | ￥**199.00** |
| 运费 | 杭州∨ |

图 8-6　通过预售的方式积累基础销量

### 4. 基础销量裂变工作

　　一般情况下，很多产品在销售前期，都是通过身边的亲戚朋友来完成基础销量的。A 网店也是如此，当水蜜桃成熟后，A 网店先通过店铺员工的微信朋友圈进行推广宣传，让产品先在朋友圈中销售起来。为了完成基础销量，A 网店的运营人员还策划了加好友赠送礼品的活动——制作了一张加微信好友免费领取 3 斤水蜜桃的活动图，通过微信朋友圈实现裂变传播，引来大量的流量，保证了店铺的基础销量。

## 8.1.2　推广期

　　当产品建设期工作完成之后，便迎来了产品的销售快速增长期。这一阶段，A 网店的运营人员首先制定了一个销售总目标，然后进一步为店铺引流。

扫码看视频

### 1. 制定总目标的依据

运营人员可以根据以下 3 种方法来确定产品的销售总目标。

（1）根据电商平台上水蜜桃产品的销量进行排序，选择销量排名前 50 名中的最低销量作为店铺的销售目标。

（2）根据电商平台搜索结果，以前 3 页产品的销量的平均值作为店铺的销售目标。

（3）通过生意参谋的"市场"模块中的"行业大盘"，分析水蜜桃产品的交易指数和卖家数，可以了解产品的销量趋势。运营人员通过分析水蜜桃近一个月的销量趋势，可以得到产品每一天的增长幅度，并以此作为店铺每一天的销售增长目标。

A 网店采用的是第一种方法来确定产品的销售总目标，运营人员将店铺所在电商平台上的水蜜桃产品按销量进行排序，选择了销售排名前 50 名中的最低销量——200 单，作为产品推广期的月销售目标。

**2. 预估店铺所需要的流量**

有了目标之后，运营人员就可以根据制订的目标来倒推店铺所需要的流量了。其实，A 网店在产品建设期通过赠送礼品吸引来的流量没有为店铺带来很高的成交量。运营人员发现在赠送活动的第五天，店铺大约有 300 个流量；在赠送活动的第十天，店铺大约有 1000 多个流量。流量是有了，但这些流量的转化率却并不高，活动进行了半个月，店铺的成交率仍然不到 10%。

于是 A 网店面临一个两难的抉择：要么继续赠送，要么放弃这部分流量。运营人员最终决定减少赠送，因为赠送太多，店铺前期准备的费用就不太够了。当赠送减少后，店铺的流量也就相应减少了。运营人员计划从其他方面提高店铺的销量。

这时，运营人员通过对店铺的一些数据进行分析，发现用户的停留时间非常短、收藏加购率不高。那么这是什么原因造成的呢？通过对竞争店铺的分析、调研，运营人员发现问题在于自己店铺产品的定价比同行略高。店铺在 4 月积累基础销量时的产品定价是非常重要的，这个时段的主要目标是冲销量，因此产品的定价不能过高，这样才可能引来大量流量，为后面 5 月的销售旺季做好铺垫。

运营人员随即下调了产品价格，同时也将短视频的内容调整为上午在果园采摘、下午发货。通过调整，店铺的搜索流量和手淘首页流量上涨很明显，随着流量的成倍增加，成交量也大幅提高。到 5 月销售旺季时，店铺每天的发货量可以达到 800 多件。

为了进一步提高店铺的转化率，使用直通车进行精准引流是必需的。由于前期的积累基础销量的工作已经完成，这里的直通车推广只是为了引入精准流量，提高转化率。因此，投放直通车时不需要加太多的关键词，可以根据店铺已成交数据的关键词和人群特征来进行选择。

## 8.1.3　维护期

随着水蜜桃销售量的不断增加，各种售后问题也相继出现，如投诉、差评等。这些问题如果处理不好，会严重影响整个店铺水蜜桃的销售。

扫码看视频

运营人员经过查看，发现用户投诉和差评反映的问题主要集中在水蜜桃口感不好、甜度不够等问题上。随后运营人员又分析了这些问题的根源，主要是由于水果这种产品的特殊性，质量往往很难把控。同一棵树上的水果有可能上端的果实与下端的果实的甜度不一样，左侧的果实与右侧的果实的甜度不一样，这些都是由于日照和水分吸收的不同造成的。

为了不影响店铺的销量，运营人员采取了以下几项弥补措施。

（1）当用户下单后，马上邀请用户添加店铺客服人员的微信，明确告诉用户，如果水果有什么问题，请直接通过微信与客服人员联系解决。

（2）如果用户发现水蜜桃的甜度和口感确实较差，并进行了投诉或差评，客服人员在核实情况后，可以为用户重新发货，挑选一些又大又好的水蜜桃免费寄给用户作为补偿，并请用户撤销投诉或修改差评。

（3）如果用户发现箱中有个别的水蜜桃品质不达标，店铺可针对不达标的水蜜桃进行退款或免费换货处理。

通过上面的一系列措施，A 网店很快就解决了产品售后的问题，不仅维系了与用户的关系，还得到了不少用户的理解和好评。

经过一段时间的运营，A 网店的水蜜桃销量持续增长，很快 A 网店就成了水果类热销店铺的 TOP 排行榜前 10 的店铺。

## 8.2　多管齐下，平衡车店铺做到行业前三

当店铺发展到一定规模后，店铺竞争就变成了供应链的竞争。特别是在门槛较高的行业，这一点尤为明显。S 店铺是一家销售平衡车的店铺，进入电商市场已经有 5 年时间了。当平衡车市场从冷门逐渐走到竞争激烈，S 店铺凭借早期积累的供应链优势以及多店铺布局策略，逐渐建立行业壁垒，最终做到了行业前三、年销售额达数千万的骄人成绩。

### 8.2.1　市场分析

5 年前，平衡车这个产品在电商市场上还很少，属于比较冷门的一类产品。但 S 店铺的店主刘先生认为平衡车有很好的市场空间，并且当时产品的市场竞争也不是特别激烈，所以刘先生决定在网上开店销售平衡车。电商市场上销售的几款平衡车产品如图 8-7 所示。

通过对平衡车的市场发展状况进行调研和分析，店主刘先生发现，虽然平衡车这个

产品的价格高低不一，但是总体来说还属于中高价市场，利润也很可观。并且这个产品主要针对追求时尚、科技感且有一定消费能力的年轻群体，用户素质相对较高，因此，产品销售起来相对容易。

图 8-7　平衡车产品

由于平衡车属于冷门产品，所以在开店之初，销量其实并不是太好，后来随着市场需求逐渐增大，店铺的销量也就慢慢增长了。

在 2015—2016 年，随着销售平衡车的商家越来越多，该产品进入了市场销售的上升期。特别是 2016 年，小米平衡车也大规模推向市场。如今平衡车这个市场的竞争已经处于白热化状态了，价格战也相当严重。2018 年该行业开始重新洗牌，导致很多商家退出了平衡车市场的竞争。

## 8.2.2　产品的供应和升级

S 店铺之所以能在这个竞争非常激烈的行业中存活下来，主要优势还是店铺有好的供应链。S 店铺不仅有自己的生产工厂，还有自己的产品研发团队，可以自己生产、研发产品，这样就能使店铺拥有更好的产品和更优的价格，从而有较好的利润空间。

在产品的迭代和升级方面，S 店铺是从以下两个方面入手的。

（1）让运营人员在线上收集一些销售数据，然后通过数据分析了解哪些款式在网上比较畅销。

（2）让运营人员密切监测行业动态，看市场上有哪些新的款式，或者是哪些点在线上或其他市场上比较容易促使产品热销，然后把这些热销的点收集起来，组成一个新的款式。

在前端的信息收集和产品研发上面，店铺通常会投入很大的精力和资金。运营人员会对产品的性能进行精准评估和定位，这样到后期产品一般就不需要再进行测款操作，只要做一些基础销量就可以了。S 店铺的基础销量积累一般都是通过低价 + 直通车的模式来完成的。目前，S 店铺也在尝试通过一些新方法完成基础销量的积累，如通过电商平台 + 微信的模式，将用户引入微信群再对其进行营销等。

### 8.2.3　做好品牌推广工作

在产品推广方面，S 店铺具体做了以下几个方面的推广工作。

（1）站内推广。S 店铺从开店之初就一直坚持通过直通车和钻石展位的方式来推广产品，并且成功将直通车和钻石展位推广所带来的销售额控制在 5% 左右。

（2）站外推广。在视频营销时代，S 店铺也享受到了短视频的红利，利用美拍、抖音等短视频平台来推广产品，为店铺带来了大量的流量。从某种层面来看，短视频的受众和产品的受众其实是相吻合的，二者的受众都是爱潮流的年轻群体。店铺在抖音短视频平台上推广一款儿童平衡车的界面如图 8-8 所示。

（3）"名人"代言。近两年平衡车的市场竞争变得越来越激烈了，店铺必须做出差异化，才能在市场上长久地生存下去。于是 S 店铺决定邀请"名人"为产品代言，"名人"代言既可以为店铺塑造品牌优势，又可以为店铺带来非常可观的流量，同时能进一步稳固店铺在行业中的地位。

图 8-8　在抖音短视频平台上推广产品

### 8.2.4　建立店铺的竞争优势

店主刘先生亲眼见证了平衡车这个行业从冷门走到热门，店铺在经营期间也出现过很多困难，但最终还是很好地走到了今天，并成功在平衡车销售市场占据了一席之地。S 店铺的成功，主要有以下几点原因。

（1）抓住了行业的好时机。店铺进入平衡车行业的时间较早，后来又赶上了行业的红利期，S 店铺也因此获得了不少利润。

（2）有庞大的销售网络。S 店铺的销售渠道很广，在天猫、京东、苏宁易购等各大电商平台上都有自己的旗舰店；而且 S 店铺生产研发的平衡车除了在自己的旗舰店中销售以外，还会通过一些代理商在各大电商平台上进行销售。

（3）有自己的生产基地和研发团队。S 店铺非常注重产品的质量以及产品的研发。为此，S 店铺专门建立了自己的生产工厂和产品研发团队，时刻关注行业的动态发展，并投入大量资金在品牌的宣传和产品的研发上，形成了拥有自主市场和自主品牌的优势，从而具有超强的市场竞争力。就算后来有大量竞争者涌入平衡车市场，S 店铺的产品在款式和价格等方面也具有绝对的竞争优势。

由此可见，任何行业，只要进入得早，并且能抓住发展时机，打造自己的供应链优势，当行业竞争激烈时，就会具有较强的竞争力。当行业重新洗牌时，一家店铺必须保持一定的优势，才能塑造起自己的品牌形象。当一个行业整体的门槛越来越高、资金压力越来越大时，这些都将成为进入行业的壁垒，阻碍一些想进入此行业的商家，这样可以减少竞争对手，这时店铺的优势也就比较明显了。

## 8.3 运营达人的直通车打造爆款实操经验

W 先生是一名资深的电商运营管理人员，深耕直通车推广多年，擅长 3C 产品［主要指计算机类（Computer）、通信类（Communication）、消费类（Consumer）电子产品］、服装、食品等多个类目的直通车推广，在直通车营销方面颇有建树。W 先生根据自己多年操作直通车推广的经验总结出一套使用直通车打造爆款的实操技巧。

### 8.3.1 为什么要测款、测图

由于每个店铺的资源是有限的，商家必须把资源用在最有潜力的产品上。所以，商家在店铺运营的前期需要对销售产品的具体款式进行测试，选出测试效果最好的产品款式上架销售。直通车测款、测图通常都比较精准，商家可以根据选择的关键词和投放的人群，快速地获取非常精准的流量，并通过这些流量数据来判断自己的产品是否适合这部分群体。因此，前期利用直通车把有市场潜力的款式和图片快速测试出来，就可以抢占更多的市场流量。

直通车测款、测图不仅可以帮助商家选出好的产品款式，还可以降低商家对产品款式的投资风险，提升其投资信心，同时还能方便商家后期进行直通车推广。点击率决定PPC（点击付费竞价广告）值，人群质量决定产品展现，转化率决定产品的投资价值。一张好的产品图片能够快速降低直通车的 PPC 值，同时辅助其他流量渠道，比如平台的站内搜索、平台首页等，这样店铺的产品就能够获得一个好的排名。如果人群质量权重以及点击率高，在单位时间内来店的人就会较多。当然，商家在通过直通车进行测款、测图时，还需要考虑转化率的问题。

### 8.3.2 测图指标

直通车测图的关键指标主要有 4 个，即点击率、转化率、收藏加购率和人群数据。

**1. 点击率**

直通车测图的核心是点击率。根据 W 先生多年的直通车运营经验，一般在点击率测试中产品点击率的值应该为行业平均值的 1.5 倍以上，才能说明这张图片是一张优质的产品图片。例如，"麻将席"这个关键词的点击率的行业平均值在 11% 左右，所以这个关键词的点击率测试至少要在 16.5% 以上才算是一张优质的产品图片。这里的 1.5 倍，需要考虑是关键词出价排名前三的点击率，还是关键词出价排名前十的点击率。排名越靠后，点击率越高，说明产品图片的展现效果越好。这里的点击率测试还需要考虑个别自然的高点击率关键词。

### 2. 转化率

转化率决定了产品的成交速度，因此，选择转化率高的产品图片对于爆款打造来说非常重要。转化率决定了产品的成交高度，决定了一个产品最多能销售多少件。2% 的转化率和 3% 的转化率的同类产品，其最高销量是不一样的。通常来说，转化率低的产品，其搜索排名也更靠后。W 先生认为，从投产角度来考虑，如果一个产品的转化率比较低，推广成本就会比较高，在这种情况下，商家通常不敢贸然地引进更多的流量，这也就决定了产品的销量不会特别高，想要打造爆款也就不可能了。

### 3. 收藏加购率

W 先生认为一个爆款产品的收藏率或加购率通常应该在 10% 以上。产品具体的收藏加购率要根据产品的不同类目，参考产品具体的价格和描述来确定。

### 4. 人群数据

很多人在测图的时候只注重关键字，往往忽略掉了人群特点，实际上人群因素同样决定了产品的点击率和转化率。W 先生建议商家在测图时，一定要考虑人群因素。尤其是新品的测图，因为没有往期直通车的数据，平台就只能参考之前的店铺数据给商家推荐人群，所以在这种情况下必须考虑人群因素。

## 8.3.3　测图实操

直通车测图一般有以下几个步骤。

（1）设置 PPC 花费的"日限额"，投放方式选择"标准投放"。如果测试的图片较多可以相应地增加一些预算，如图 8-9 所示。

（2）设置投放平台。直通车的投放平台包括电脑端站内推广和站外推广、移动端站内推广和站外推广四大流量入口。可以只测试其中任何一个入口，如只测试移动端的站内流量，也可以测试所有的入口，如图 8-10 所示。

扫码看视频

## 设置日限额

- 如当前推广计划当日消耗达到日限额时，该计划下所有的推广将全部下线，第二天自动上线，了解详情>>
- 如推广计划因到达日限额下线，您可立即通过调整日限额来使推广计划重新上线
- 花费可能出现超出日限额的情况，但日终会自动返还超出部分

不设置预算　🔘　每日预算

预算：　890　元　◉ 标准投放 ⑦　○ 智能化均匀投放 ⑦　新

根据实时数据，您的计划日限额余额在24:00之前小于3000元，建议您尽快提高预算。

**到达预算下线时间：** ⑦ 设置提醒，预算下线早知道>>

过去 30 天有 26 天发生预算下线，取最近 7 次下线：

▭ 投放时段　▬ 下线时段　▭ 再次投放时段

| | | |
|---|---|---|
| 4月9日 | | 23 |
| 4月10日 | | 23 |
| 4月11日 | | 21 22 |
| 4月12日 | | 23 |
| 4月13日 | | 20 21 |
| 4月14日 | | 21 |
| 4月15日 | | 18 |

0　3　6　9　12　15　18　21　24

保存设置

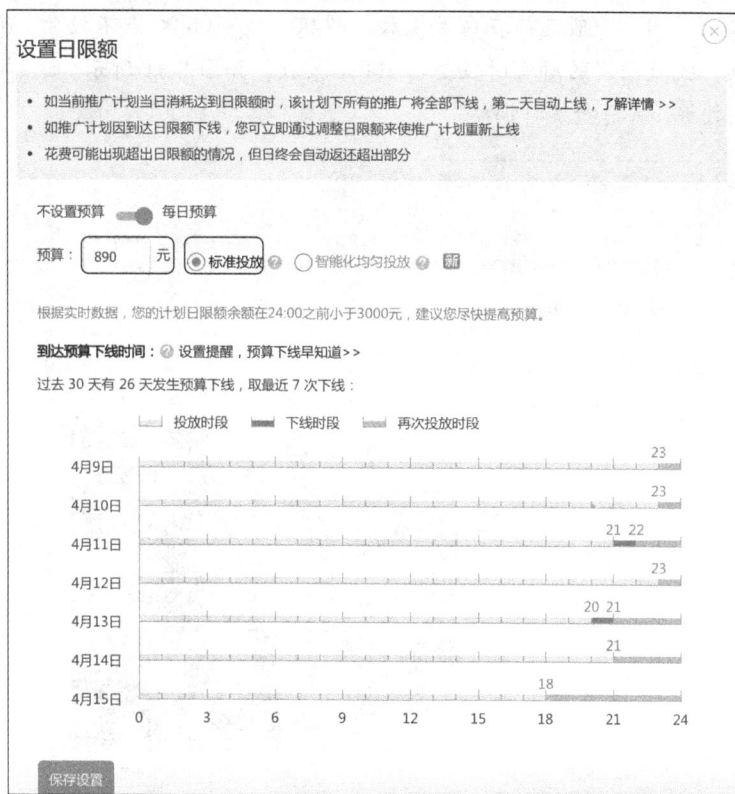

图 8-9　设置日限额

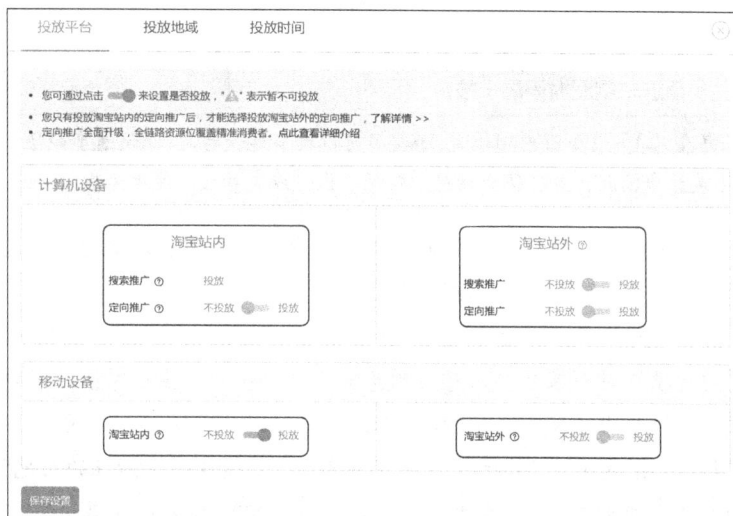

---

投放平台　　投放地域　　投放时间

- 您可通过点击 🔘 来设置是否投放，"⚠" 表示暂不可投放
- 您只有投放淘宝站内的定向推广后，才能选择投放淘宝站外的定向推广，了解详情>>
- 定向推广全面升级，全链路资源位覆盖精准消费者。点此查看详细介绍

### 计算机设备

淘宝站内

搜索推广 ⑦　　投放

定向推广 ⑦　不投放 🔘 投放

淘宝站外 ⑦

搜索推广 ⑦　不投放 🔘 投放

定向推广 ⑦　不投放 🔘 投放

### 移动设备

淘宝站内 ⑦　不投放 🔘 投放

淘宝站外 ⑦　不投放 🔘 投放

保存设置

图 8-10　设置投放平台

（3）设置投放时间。一般选择在白天投放，即 00：00—06:00 点不投放，08:00—24:00 点投放，投放期间的所有时段全部 100% 投放，如图 8-11 所示。这样做有利于查看测试数据，并进行实时调整。

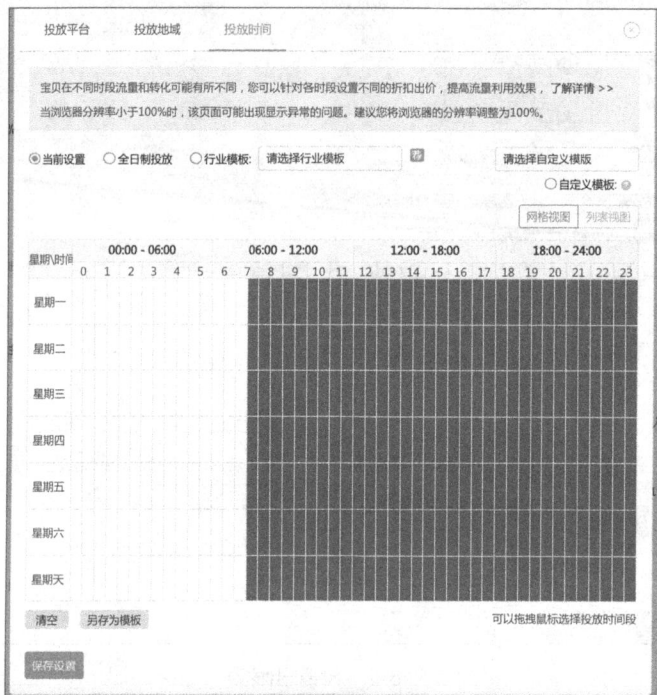

图 8-11　设置投放时间

> **ℹ 提示　关于直通车测图时间的小技巧**
>
> 　　商家应当尽量在 1～2 小时内测试完，小类目可以适当延长时间，测试速度越快，准确率越高。22:00 以后到凌晨竞争较弱，PPC 值会相对比较低。出价以流量获取速度为基准。

（4）设置投放地域。为保证测试数据的准确性，商家应对所有地域进行投放，但偏远地区以及国外等可以不投放，如图 8-12 所示。

（5）创意设置。在直通车测图时，添加 5 个创意测试，流量分配方式选择轮播，如图 8-13 所示。创意设置时商家需要注意，创意标题可以一样，但创意图片不要一样。

（6）关键词的选择和出价。直通车测款、测图期间的关键词一定要足够精准，添加的关键通常包括"方向词""类目大词""长尾词"，建议选择精准的长尾词进行测试。选词标准为：数量在 10 个左右；点击指数在 10000 左右；质量分不能低于 6 分，否则会影响点击率和 PPC 值；相关性满格。

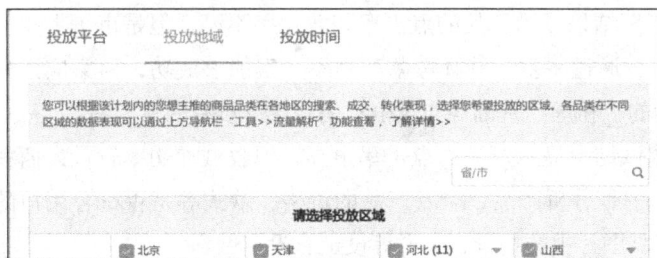

图 8-12　设置投放地域

图 8-13　创意设置

出价卡位的时候商家要根据自己目前的资金状况来考虑，如果商家有足够的资金，就可以冲一下排名，将大类目卡在前 15 位，小类目卡在前 6 位；如果商家的资金不太充足，建议按照行业均值的 1.2 倍为标准来出价，后面再进行调整，只要能获得展现就行。

（7）人群设置。添加符合自己产品的人群，系统推荐人群溢价为 5%，自定义人群溢价为 10%。

设置好以上信息以后就可以开始推广了，商家一定要注意观察、记录产品图片的点击率，测试完图片以后，选择点击率最高的产品作为潜力爆款来打造。

## 8.3.4　测图结果分析

商家通过直通车测图除了可以选出爆款产品以外，还能发现一些在打造爆款的过程中存在的问题。下面就来看看如何对图片的测试结果进行分析。

（1）如果排除地域、基础销量、评价、款式及价格等因素，测试结果显示产品的点击率不高，那么说明该产品不适合作为爆款产品，商家应该果断放弃。

（2）如果测试结果显示产品的点击率和转化率不高，但是市场上竞争对手的同款产品的销量却很高，通过跟款法选择爆款产品不一定能够成功，商家应该分析店铺用户的年龄层次、店铺的"粉丝"基础等与竞争对手相比有没有明显差距。

（3）如果测试结果显示产品的点击率很高，但收藏加购率较低，商家应该从两方面入手进行分析，一是分析产品，看看产品的价格、款式等是否符合用户的需求；二是分析图片，看看产品图片中的场景、人群等设定有没有做到位。

（4）如果测试结果显示产品的点击率不高，但收藏加购率较高，这说明产品本身是没有问题的，但产品图片可能设计得不够好，没办法在第一时间吸引用户，这时商家应该对产品图片进行修改和完善。

打造爆款的核心是优化点击率和转化率，而直通车测款、测图的目的是验证商家的产品是否具有足够的点击吸引力和转化能力。只要把握好产品的点击率、转化率以及市场需求，商家就能成功打造爆款。